陈兴良作品集

篆刻：魏璟岳

陈兴良作品集 6

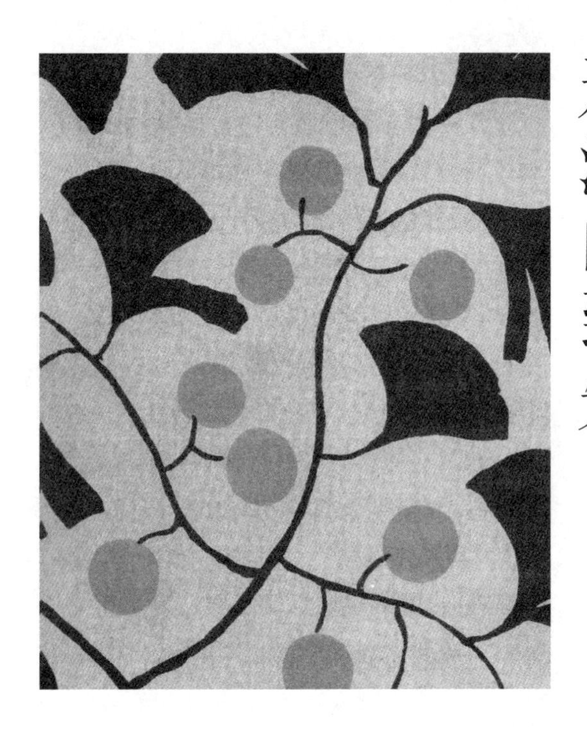

刑法的致知

陈兴良 著

北京大学出版社
PEKING UNIVERSITY PRESS

目　录

“陈兴良作品集”总序

"陈兴良作品集"是我继在中国人民大学出版社出版"陈兴良刑法学"以后,在北京大学出版社出版的一套文集。如果说,"陈兴良刑法学"是我个人刑法专著的集大成;那么,"陈兴良作品集"就是我个人专著以外的其他作品的汇集。收入"陈兴良作品集"的作品有以下十部:

1. 自选集:《走向哲学的刑法学》
2. 自选集:《走向规范的刑法学》
3. 自选集:《走向教义的刑法学》
4. 随笔集:《刑法的启蒙》
5. 讲演集:《刑法的格物》
6. 讲演集:《刑法的致知》
7. 序跋集:《法外说法》
8. 序跋集:《书外说书》
9. 序跋集:《道外说道》
10. 备忘录:《立此存照——高尚挪用资金案侧记》

以上"陈兴良作品集",可以分为五类十种:

第一,自选集。自 1984 年发表第一篇学术论文以来,我陆续在各种刊物发表了数百篇论文。这些论文是我研究成果的基本载体,具有不同于专著的特征。1999 年和 2008 年我在法律出版社出版了两本论文集,这次经过充实和调整,将自选集编为三卷:第一卷是《走向哲学的刑法学》,第二卷是《走向规范的刑法学》,第三卷是《走向教义的刑法学》。这三卷自选集的书名正好标示了我在刑法学研究过程中所走过的三个阶段,因而具有纪念意义。

第二,随笔集。1997 年我在法律出版社出版了《刑法的启蒙》一书,这是一部叙述西方刑法学演变历史的随笔集。该书以刑法人物为单元,以这些刑法人物的刑法思想为线索,勾画出近代刑法思想和学术学派的发展历史,对于宏观地把握整个刑法理论的形成和演变具有参考价值。该书采用了随笔的手法,不似高头讲章那么难懂,而是娓娓道来亲近读者,具有相当的可读性。

第三,讲演集。讲演活动是授课活动的补充,也是学术活动的一部分。在授课之余,我亦在其他院校和司法机关举办了各种讲演活动。这些讲演内容虽然具有即逝性,但文字整理稿却可以长久地保存。2008 年我在法律出版社出版了讲演集《刑法的格致》,这次增补了内容,将讲演集编为两卷:第一卷是《刑法的格物》,第二卷是《刑法的致知》。其中,第一卷《刑法的格物》的内容集中在刑法理念和制度,侧重于刑法的实践;第二卷《刑法的致知》的内容则聚焦在刑法学术和学说,侧重于刑法的理论。

第四,序跋集。序跋是写作的副产品,当然,为他人著述所写的序跋则无疑是一种意外的收获。2004 年我在法律出版社出版了两卷序跋集,即《法外说法》和《书外说书》。现在,这两卷已经容纳不下所有序跋的文字,因而这次将序跋集编为三卷:第一卷是《法外说法》,主要是本人著作的序跋集;第二卷是《书外说书》,主要是主编著作的序跋集;第三卷是《道外说道》,主要是他人著作的序跋集。序跋集累积下来,居然达到了一百多万字,成为我个人作品中颇具特色的内容。

第五,备忘录。2014 年我在北京大学出版社出版了《立此存照——高尚挪用资金案侧记》一书,这是一部以个案为内容的记叙性的作品,具有备忘录的性质。该书出版以后,高尚挪用资金案进入再审,又有了进展。这次收入"陈兴良作品集"增补了有关内容,使该书以一种更为完整的面貌存世,以备不忘。可以说,该书具有十分独特的意义,对此我敝帚自珍。

“陈兴良作品集”的出版得到北京大学出版社蒋浩副总编的大力支持,收入作品集的大多数著作都是蒋浩先生在法律出版社任职期间策划出版的,现在又以作品集的形式出版,对蒋浩先生付出的辛勤劳动深表谢意。同时,我还要对北京大学出版社各位编辑的负责认真的工作态度表示感谢。

是为序。

陈兴良

2017 年 12 月 20 日

谨识于北京海淀锦秋知春寓所

前　言

我曾经出版过一部讲演集，书名是《刑法的格致》(法律出版社2008年版)。转眼之间，又过去了10年，现在拟对讲演集进行增订出版。由于篇幅的缘故，讲演集扩展为两部。为此，如何确定书名，颇为踌躇。最终，我将格致两字进行了分拆，两书分别名之曰：《刑法的格物》与《刑法的致知》。我曾在《刑法的格致》一书的序中指出：

> 这里的“格致”一词，是致知格物的缩写。“致知格物”这四个字，在某种意义上体现了中国古代的科学精神，表明推究事物的义理法则，使之上升为理性知识。对于刑法，我们同样应该本着这种态度，从而使我们对刑法精神的认识达到一定的理论高度。唯有如此，才能不辜负时代对我们的期许。我们这个时代，是一个大变革、大动荡的时代，也是一个思想解放的时代。在这样一个社会背景下，我们每一个人的思考都将融入到思想的社会潮流当中去，并被其所淹没。在这一社会思潮的喧嚣面前，我们声嘶力竭的呐喊也只不过是声音的尘埃而已。我们刚从万马齐喑的社会中走出来，因而一个能够呐喊的社会仍然是值得期待的。我们的讲演是对社会的一种发言，也是知识分子对社会所具有的一份担当。因此，即使是只能使空气发生震动，也是值得自珍的。

《刑法的格物》一书侧重于对现实的犯罪与刑罚问题的思考，更多的是对刑法的理念、制度和规则的讨论。在我看来，刑法的理念、制度和规则是刑事法治的三个层面。其中，理念是较为抽象的思想观念，居于上层，对于刑法的制度建设和规范适用都具有指导作用；制度是刑事法治的一种体制性安排，它具有稳定性和基础性，对于刑事法治的实现具有促进功能；规则是刑事法治的具体体现，它对于权力的运作具有限制机能，对于权利的行使具有保障机能。在本书中，第一个专题中国刑法理念和第二个专题刑事司法理念，都属于刑法理念的范畴，包含着我对刑法理念的一些思考。第三个专题“严打”刑事政策和第四个专题宽严相济的刑事政策，都是对刑事政策的考察。刑事政策介乎于刑法的理念和制度之间，对于刑法的创制和实施具有指导意义。我国的刑事政策从“严打”到宽严相济，经历了一个艰难的转折过程。在这两个专题中，我对“严打”刑事政策进行了深刻的反思，对宽严相济刑事政策进行了深入的解读。第五个专题转型社会的犯罪与刑罚，具有某种描述性，当然也具有一定的反思性和批判性。我国处在一个社会转型时期，这个时期的犯罪和刑罚都呈现出一种十分复杂的形态。对此，我们必须要有深刻的认识。第六个专题案例指导制度，涉及我国具有创新性的案例指导制度。案例指导制度的创立和运行，会对我国的法治建设带来重大的影响。在这个专题中，我对案例指导制度进行了建构和探讨。第七、第八和第九这三个专题，分别对犯罪特殊形态的司法认定、金融诈骗犯罪的司法认定和财产犯罪的司法认定进行了讲述，属于刑法规范的适用范畴。最后两个专题，即第十、第十一专题涉及的是两个具有重大影响力的案件——董伟案和刘涌案，这两个案件的当事人都以被判处并执行死刑而告终。尽管这两个案件已经过去多年，但其中涉及的死刑适用问题、刑讯逼供问题、非法证据排除问题等，现在仍然值得我们加以关注。

《刑法的致知》一书则偏重于对刑法的学理性探讨，内容可以分为刑法的方法论、刑法的知识论和刑法的学术史这三个部分。其中，第一个专题到第五个专题可以归属于刑法的方法论。在此，既有刑法学习的方法论,也有刑法研究的方法论和犯罪认定的方法论。由此可见,刑法的方法论这个概念的外延是较为宽泛的,内容是较为丰富的。第六个专题到第八个专题可以归属于刑法的知识论。刑法的知识论和方法论当然是具有密切联系的,但两者又是可以区分的,也是应当区分的。刑法的方法论更加关注的是技术和技巧,而刑法的知识论则更加强调价值和规范。对于刑法的知识论的研究,成为我近年来倾注较多心血的一个学术领域。在授课和讲演中多有涉及,这些内容都是我对刑法知识论这个面向的思考所得,值得与读者分享。第九个专题到第十一个专题可以归属于刑法的学术史,内容包括对苏俄刑法学和德国刑法学的历史考察,涉及的刑法人物包括贝林、特拉伊宁、李斯特和罗克辛等。

就科研而言,我的主要方式是写作,以书面语言来传播我的所思所想。以口头语言进行的讲演或者授课,只不过是对自己科研成果的另外一种表达方式。因而,这是一种独特的学术表达样态。在《刑法的格致》一书的序中,我曾经指出:

> 无论世事变迁,总有一些东西是不会随之改变的。讲演是在一个特定场景中进行的,一旦形成文字却可以化为永恒的存留。随着时光逝去的是喧嚣,超越岁月积淀下来的是思想。这是令人欣慰的。

确实如此。

是为前言。

陈兴良

谨识于北京海淀锦秋知春寓所

2018年3月21日

专题一　论文写作:一个写作者的讲述

同学们,大家好!

今天非常高兴能给大家讲一讲论文写作的问题。

论文写作,对学者来说是生存技能,也是看家本领。我始终认为,学者就是作家,不写作无以称作家。文科的写作与理科的实验相对称,对学生来说也是如此。写作对于不同的学科也存在一定的差异。例如,实证性学科的论文写作离不开田野调查,借此可以获得大量数据。在此基础上,才能进行分析归纳,得出相应的结论,而不能闭门造车。例如,作为事实学的犯罪学论文,就应当建立在实证资料的基础上,对案例数据进行科学处理。应该说,目前大多数犯罪学论文都还是从概念到概念,没有达到犯罪学的学科要求。而思辨性的论文则以语言阐述和逻辑演绎为特点,离不开对文献资料的综述梳理。这些文献资料的梳理主要是通过阅读进行的,因此,从事这种论文的写作以读书为前提。唯有读破万卷书,才能下笔如有神。例如,作为规范学的刑法教义学,就是以法条为客体所从事的阐述性学术活动。下面,我以一名写作者的身份,讲讲关于论文写作的三个问题:

一、科研与写作

论文是科研成果的基本载体。在某种意义上来说,论文是研究成果的最终表述。如果说论文写作是一种“言”,那么科研成果就是一种“意”,科研和写作之间的关系就是言和意之间的关系。意在言先,首先要有意,然后才有意之所言。因此,就科研和写作之间的关系而言,首先必须要从事科研活动,提高我们的科研素质,只有在科研的基础之上才能进行写作,而科研和写作是两个既互相联系又互相区别的环节。

这里应当指出,文科和理科的科研两者有所不同:理科科研是一种科学活动,而文科科研是一种学术活动,因此,论文是一种学术成果。我们把作为科研成果的论文都称为学术论文,以区别于其他论文。那么,什么是学术?这个问题看似简单,其实不太容易回答。以一种较为学术性的语言来表述,学术是指系统化、专门化的知识,是对事物发展规律的学科化论证。因此,学术当然应当具有科学性,文科可以分为人文科学和社会科学,而且在文科中所采用的"科学"这个词,显然又不同于自然科学。例如,在社会科学中存在着较多的价值判断,而自然科学则更着重客观描述。

不仅文科与理科(广义上的理科,包括工科)的科研性质与形式有所不同,文科与理科在科研与写作的关系上也存在区别。理科科研与写作的关系是可以清晰地加以区分的。理科科研就是在实验室里做实验,在实验做出成果、取得数据以后,再将实验成果以文字的方式予以表现形成论文。对理科来说,无科研则无写作。因此,理科对科研更为注重,要求也比写作更高。也就是说,理科科研的主要精力是放在做实验上,实验做完了以后,把实验成果以论文的形式表达出来,这个写作过程相对较为简单。甚至是只要把实验数据和过程结论自然地记录下来就可以了,这是理科的特点。例如,陕西师范大学孙灵霞的博士论文题目是:《八角茴香对卤鸡挥发性风味的影响及其作用机制》。根据作者自述,这篇论文主要研究香料对肉类制品风味的影响,实现风味可控,产品质量达到一致性和稳定性,以便让传统肉类制品加工实现规模化工业生产。作者完成论文的过程是:为了保证实验结果的科学有效,选用广西产的八角茴香和河南一家企业固定提供的鸡大腿,做实验时将鸡腿卤煮,然后在固定的区域取样,再通过电子仪器检测产生风味的物质含量变化情况。作者通过实验,对比加入八角茴香的卤鸡和没有加入八角茴香的卤鸡之间的差别,了解八角茴香在卤煮过程中对风味的影响,风味形成的机制,卤煮的温度、火力、加热时间与风味控制的相关性。显然,从这篇论文创作过程可以看出,最为重要的是实验,而论文只不过是对实验过程和数据的记载。

文科科研和写作的界限并非那么清晰,这也是学习文科的同学会有的一个困惑。因为文科科研不像理科实验那样具有物理性的直观内容。对一个理科学生来说,天天进实验室就表明他在做科研。但对一个文科学生来说,什么是科研?这种科研活动本身不具有直观形态,往往不容易把握。实际上,文科的科研是读书、思考,甚至是旅行。中国古代所谓的"读万卷书,行千里路",都可以看作是对文科科研活动的一种描述。因此,文科科研是随意的,自在的,不拘形式的。正是由于文科的科研活动具有这种分散性,文科学生有时候会难以把握,以至于虚度光阴。这样就出现了在没有充分科研活动基础上进行论文写作的情形,当然也就不可能写出优秀的论文。

因此,对一个文科学生来说,首先要去看书,要去思考,逐渐积累知识,嵌入所在学科,进入一个与本学科前贤对话的境界。当你进入某个学术问题前沿的时候,就像登上高山顶峰,四顾无人,一种灵魂上的孤独感油然而生。将近 30 年前,我在写作题为《共同犯罪论》的博士论文时,就曾有过这种感觉。以后回想起那段经历,我这样描述:"在我写博士论文时,国外的资料还十分罕见,我只能翻故纸堆。从图书馆的阴暗角落翻检民国时期的论著、新中国成立初期的苏俄论著,以及零星介绍过来的现代外国刑法论著。在这种情况下,我开始了对共同犯罪的理论跋涉,这是一种与故纸堆中故人的学术对话,在写作的那段时间,我分明感到精神上的寂寞与孤独。"因此,肉体上的煎熬和灵魂上的孤寂,恰恰是论文水到渠成的一种身心状态。

当知识积累到一定程度,自己的想法逐渐产生。经过思考以后,在资料的基础上提炼独特的观点。这一提炼过程,为写作打开了最后的通道。因此,阅读书籍、资料收集、文献梳理、观点综述这些所谓的科研活动,都是为最后的写作服务的,只不过是写作的预备而已。在这个意义上说,文科写作的重要性要超过理科。

在文科中,科研活动和写作活动又可以互相促进,并交叉进行。也就是说,文科并不像理科那样,先把实验做完,取得实验成果,再进行写作。而是说,在科研过程中就开始进行写作活动,而且在写作过程中,又同时从事着科研活动。写作和科研这两者是一种互相促进的关系,难分彼此。当然,在写作之前肯定要有一定的科研基础。然而,任何一个人都不可能把科研完全做好以后再去从事写作,而是在写作的过程中,不断地进行思考,不断地完善学术观点。

对一个学者来说,长期从事科研活动,同时也长期从事写作活动。科研和写作就成为学者的工作重心,甚至是一种生活方式。不断地进行科研,不断地写作,在写作基础上再进行科研,这是一个逐渐展开、循环往复的过程。有些学者不是特别愿意写作,作品较少。不写东西,可以分为两种情况:一种是写不出来;另一种是不屑于写。写不出来,是写作能力问题,甚至是科研能力问题。但也有些学者虽然看了很多书,思考了很多问题,确实也有对学术问题的独特见解,但就不付诸笔端,就像孔子所说的述而不作。也有学者眼高手低,主张不随便写,一辈子就写一本书或者一篇论文,以此一鸣惊人,成为经典,但这种想法我觉得不太可行。因为一个学者不可能一辈子从事科研活动,平时从来不写东西,没有作品,最后突然蹦出一篇论文、一本书来,借此名传千古,那是近乎不可能的。

学者从事科研的过程,都要用论文或者专著这种形式反映出来。

不断地进行科研,不断地发表论文,然后,论文积累形成专著。论文以及不同阶段的专著,都是学者在不同阶段的学术研究成果的总结。通过学术成果可以把一个学者在科研活动中跋涉的过程,就像一步一个脚印一样,真实地呈现出来。不同时期的科研作品能够反映一个学者的学术成长,从青涩到老道。即使存在思路的曲折、观点的修正,也能够以作品的形式清晰地在学者的学术履历上予以展示。因此,我认为,那种把科研搞到最好,最后才出精品的想法是不切实际的,也是不可能的。所以,作为一个学者要不断地科研,同时要不断地写作,要把两者紧密地结合起来。

作为一个文科学者来说,写作极为重要。写作能力的培养是一个累积的过程,需要进行长期的训练。当然,写作只是科研成果表达的一种方式,除了写作以外还有言说,也就是口头语言的表达,像课堂讲课、会场发言等。这也是一种思想的表达方式,也能够反映一个学者的学术水平。书面表达和口头表达,这两种方式对学术呈现来说都十分重要,但这两者的学术影响又是极为不同的。口头表达只能影响到亲耳聆听者,范围极为有限。例如,课讲得好,只有亲炙弟子才能目击耳闻,其他人只能传闻。书面表达则具有超越时空的性质,凭借着书籍(包含纸质书籍与电子书籍)的永恒性,以文字为载体的学术思想也会在更为长久的时间与更为广泛的空间中传播。因此,对学者来说,书面表达更为重要,一定要进行写作,要有论文发表。那么,怎么训练这种写作,怎么能够做到拿起笔来就能写呢?我认为,写作本身也是一种童子功,需要从小练起。最好的方法是在中学阶段就坚持写日记,养成动笔的习惯。进入大学读书时一定要做笔记。按照古训所云,不动笔墨不看书,以此锻炼写作能力,习惯并且擅长于书面语言的准确表达。如果在大学本科阶段过了写作关,则之后开始研究生的专业学习时,入门会比别人快好多。我始终认为,学者包括作家,从事写作，就像农民种田、工人做工一样，都是一种熟能生巧的技能。只要坚持，其实掌握起来并不难。

二、论文与专著

论文和专著是学术成果的两种基本载体，如果说还有第三种的话，那就是教科书。但现在学术界对教科书褒贬不一，教科书在我国过去采取主编制，内容几乎千篇一律，是所谓的公知，即公开的知识或者公共的知识，是不存在知识产权的知识。因此，对教科书的学术评价较低，认为教科书没有学术含量。当然，近些年来对教科书的评价有所改变，主要是出现了一些学者个人独著的教科书，而且是学术性的教科书。教科书是对本学科知识的一种体系性的表达，它更多反映了一个学者对整个学科知识的整体性把握。因此，对教科书作者的学术要求很高。在德国、日本等国家，一个教授只有到了50多岁才开始写教科书。而且教科书反映一个学者的综合素质以及对本学科综合把握能力，因此，教科书是一种最为重要的学术成果。我国也应该向这个方向前进，恢复并提升教科书的学术声誉，尤其是要摈弃主编制的教科书。在我看来，主编制的教科书是没有学术灵魂的教科书。

我在这里重点讨论的是论文和专著。应该说，论文和专著这两者之间的差别并不在于篇幅大小，不是说论文篇幅小一些，而专著篇幅大一些。两者的区分主要在结构、内容和性质等方面的差异。论文是对一个论题的阐述，是对某一个专门性的问题进行思考，并将思考成果写成一篇论文。而专著是对一个专题的论述，是一种体系性的思考。论文要确定论点，提出论据，由此展开论证。而专著则是对某一专题的体系性叙述，具有较为广泛的展开和较为深入的论述。因此，专著的深度和广度显然超过论文。

现在的问题是,论文不像论文,专著不像专著,缺乏论文和专著的品格与品质。论文像专著,而专著则像教科书。例如学位论文,包括硕士论文和博士论文,都应当是一种论文的文体,应该具有论文的特征。即使是十几万字甚至几十万字的博士论文,它也应该具备论文的性质。但现在的硕士论文像综述,而博士论文则像专著,甚至像教科书,没有达到论文的要求。这些问题都说明了我们对论文、专著以及教科书这些学术载体的把握还存在一些偏差。当然,也有一些专著是论文的结集,也就是说先有论文发表,然后把论文编撰以后形成一本专著。这种专著意味着它每一部分都达到了论文的水平,而一本专著的十个章节就相当于十篇论文,这种专著的学术质量当然比一般专著更高。

一般的专著,并不是每一部分都能够发表。其中相当一部分内容是资料的梳理或者综述,或者是对本学科问题的一种沿革性叙述,而没有达到论文的程度。就这部分内容而言,资料价值大于观点,没办法作为论文在刊物上独立发表。一般来说,专著的这种水分可能会比较多一些,这也是对一般专著学术评价较低的原因之所在。相对来说,论文的学术含量要高一些,各单位对论文和专著在学术评价上也有所不同。有些单位更注重论文,并以论文发表的数量作为学术评价的主要标准。也有些单位注重专著,以专著作为学术评价的主要标准。而北京大学可能是属于第一种情况,把论文放在一个更为重要的位置上。评奖也会存在这样一个问题,有些奖项注重论文,有些奖项则注重专著。

在一般的情况下,就论文和专著这两种形式而言,我认为,注重论文可能更为合理一些。应该把论文作为主要的学术评价标准,而学者也应该以论文作为主要的学术成果载体。因为论文的篇幅不是很长,一般是一万字或者几万字,它能够在较短的时间内完成,而现在的学术刊物一般都是双月刊,还有月刊,论文这种形式可以把学者日常研究的成果及时地发表出来。有些学者虽然也在做研究,但一开始就确定其最终成果是以专著的形式出版的。在专著的写作过程中,并没有注重对阶段性研究成果的论文发表。因此,在三五年的专著写作期间,一篇论文也没有发表,只是最后出版了一本专著。这种做法并不值得提倡,而应该把阶段性成果发表出来,每年至少要发表两三篇论文。通过每年发表的论文,可以把学术进展、学术方向及时反映出来。三五年以后,等研究成果成熟了,再以专著的形式发表出来,这样一种做法是比较好的。

当然论文也有长短之分,就一个初学者而言,一开始可能要写一些篇幅较短的论文,比如说三五千字的论文。对短篇的论文能够把握以后,再逐渐写一万字左右的篇幅较长的论文,最后能够写两三万字的论文,这基本上就是硕士论文所要求的篇幅。因此,论文写作是一个由短到长逐渐发展的过程。专著的写作更需要学术积累,因为专著的篇幅比较长。对一个硕士生来说主要是论文的写作,而对于一个博士生来说基本上要达到专著的写作程度。就我本人而言,也是从短小的论文开始写起,例如,我发表在《法学研究》1984 年第 2 期的第一篇论文,题目是《论教唆犯的未遂》,只有 4 000 字左右。及至发表在《法学研究》1996 年第 2 期的《罪刑法定的当代命运》一文,篇幅长达 6 万多字,是我迄今为止在《法学研究》上发表的 29 篇论文中篇幅最长的一篇。

尽管论文和专著这两种学术成果的载体存在差异,但它们还是有共同之处,都要求写作者把握好其中的内容,能够顺畅地将学术思想以论文或者专著的形式表达出来。

三、选题和题目

选题是论文写作的第一步,也是最为重要的一步。在论文写作之前,首先要确定选题。在从事科研的时候,当然也会有个主题,但这只是一个研究方向或者研究领域。只有研究到一定程度,在开始写作的时候才会最终确定论文的题目。选题是非常重要的,它决定着科研的方向,对于科研的成败具有重大影响。一个好的选题会事半功倍,而一个差的选题则会事倍功半。

选择什么题目来进行写作?这是写作时经常会遇到的选题问题。例如,硕士生经过一年或两年基础课的学习以后,进入硕士论文写作阶段。论文写作首先要有个好的选题,而选题对初学者来说往往是一件非常困扰的事情。有的学生不知道选择什么样的题目,所以往往让导师指定题目,这样选题就变成了命题。论文题目最好是经过科研活动以后,由作者本人来确定。如果他人指定题目,写作效果不会太好。甚至有些学者也不会自主确定自己的科研课题,而是追着各种项目的课题指南跑,甚至是追着各种学术会议的议题跑。这是一种缺乏科研自主性的表现,对某些法学家来说,没有独立的长远科研计划,而是在立法与司法的热点推动下随波逐流,还美其名曰理论联系实践,这是没有学术自信的表现,还是应当强调学者的独立品格。

选题可以分为两种:一种是开拓性的题目,前人没有写过的。这样的选题可能较为冒险,失败的概率会大一些。当然如果成功了,成就也较大,甚至会填补某一个学术领域或者问题的空白。开拓性选题的特点是资料较少,发挥的余地较大。即使只是做了一些基础性的工作,也会取得一定的成果。所以,对这种开拓性的选题来说,资料收集是十分重要的,只有收集到他人所未能收集到的资料,才可以尝试进行写作。另一种是推进性的选题,前人已经研究得较为充分,需要在此基础上进一步推进。这种题目的好处是资料较多,因为前人在研究过程中已经积累了大量资料,为写作提供了便利,具有较好的写作基础。但这种题目的困难在于创新,因为前人已经进行了大量的研究,甚至论题已经枯竭,也就是该说的话都说光了,无话可说了,所以写作会有较大的困难。对这种题目必须要调整思路,另辟蹊径,别出心裁,如此才有可能推陈出新。总之,在确定选题的时候,首先要进行评估,不同的选题可能有不同的特点,要根据这些特点来最终确定选题。

选题还有大小之分,根据选题大小以及研究程度,可以分为四种情况:一种是大题小做,第二种是大题大做,第三种是小题大做,第四种是小题小做。这里撇开大题大做和小题小做不说,主要对大题小做和小题大做这两种情形做一些说明。就这两种情形而言,首先应当肯定的是小题大做,选择较小的题目然后进行较为充分的研究,这才是一个正确的方法。在某种意义上来说题目越小越好,因为题目越小越是能够反映理论研究的深入程度。当然,选题大小和一个国家的某一学科的研究水平相关。比如说将近30年前(1987年)我的博士论文选题是《共同犯罪论》,共同犯罪是刑法中的一章。以一个二级学科的章标题作为博士论文的题目,这个题目是非常之大的。共同犯罪作为一个博士论文选题,现在是难以想象的。主要是因为现在对共同犯罪研究已经非常深入了,在这种情况下,还用共同犯罪作为博士论文选题是完全不可行的。现在关于共同犯罪的博士论文题目已经是四级标题甚至五级标题,例如,《诱惑侦查论》或者《不作为的共犯研究》,这些内容在一般教科书中甚至没有论及。也就是说,博士论文题目已经超出了教科书的知识范围。在将近30年前,我进行博士论文写作时,我国共同犯罪的研究才刚刚开始,关于这个论题的框架性、基础性的知识结构都还没有形成,因此,《共同犯罪论》作为一个博士论文选题,符合当时的理论研究实际情况。现在对共同犯罪的研究越来越深入，所以选题也就越来越小。

另外，我们还注意到，中外的博士论文选题也有所不同。当然，在这里我指的是文科的选题。我的博士生蔡桂生在北大答辩通过的博士论文的题目是《构成要件论》，还获评北京市优秀博士论文。构成要件在德国是不可能作为博士论文题目的。构成要件是三阶层的犯罪论体系的第一个阶层，是100年前德国著名刑法学家贝林提出的。在德国，现在已经没有人以构成要件为题写博士论文。但在中国，由于我们对三阶层的犯罪论体系的研究才刚开始，所以，《构成要件论》是一个适合的题目，深入研究构成要件对推进我国犯罪论体系的转型具有重要价值。蔡桂生在德国波恩大学答辩通过的博士论文题目是《论诈骗罪中针对未来事件的欺骗》。这里所谓针对未来事件的欺骗，是指利用未来可能出现的事件进行诈骗，这是推定诈骗的一种情形。我国还没有人研究这个问题，甚至可能还处于一种不知所云的状态。因此，德国刑法研究的前沿问题在我国现在还未能成为一个问题，既没有文章也没有案例，从这个题目也反映出我国和德国之间在刑法理论上的巨大差距。所以，我国学生到外国去攻读学位，尤其攻读博士学位，对博士论文的选题有时候是两难的：要想写一个对中国有用的题目，则可能在所在国通不过答辩；在所在国写一个能够通过答辩的题目，则可能在中国没有现实意义。

选题不是随便确定的，它应该反映当前的一种学术状态。选题要小，小题大做，这是一个基本的考虑方向。选题虽小，但对于科研的要求则是非常之高的，必须要以小见大。小题只是一个切入点，以此反映作者对某一专题甚至整个学科的理论研究水平。而且我们不要觉得小题好做。小题小做，可能好做。小题大做，则不好做，因为对小题展开论述，要以整个学科知识作为背景来支撑。例如，一位历史学的博士生要写一篇博士论文,其研究领域是古罗马的社会制度。如果以《论古罗马的社会制度》作为博士论文题目,题目太大了,根本就通不过,甚至作为专著的题目都无从下手。后来把题目缩小到《论古罗马的军事制度》,军事制度是社会制度的一部分,这个题目应该说稍微小一点,不像社会制度那么广泛。但这个题目还是太大,后来又把这个题目再缩小到《论古罗马的军衔制度》。军衔制度是军事制度的很小一部分,通过军衔制度的研究,实际上是对古罗马的军事制度的一种具体研究。军衔制度应该说是较小的题目了,但还是嫌大,最后把题目再进一步缩小到《论古罗马军队的徽章》。这个题目小到不能再小了,就非常理想。徽章是军衔的标记,通过徽章不仅可以研究古罗马的军事制度,还可以研究古罗马的锻造工艺,研究古罗马的设计艺术,研究古罗马的等级制度,等等。而且徽章只是一个切入点,就像打开古罗马社会制度的一扇窗户。透过徽章,可以对古罗马社会制度的各方面进行研究,这就是所谓的以小见大。论文的题目应该较小,但也要小到能够把握的程度,并且具有学术价值。如果太小了,这样的题目可能没有现实意义。有部电影叫《决裂》,以歌颂劳动人民、贬低知识分子为主题。在这个电影中,由葛存壮扮演的农业大学教授因专门研究马尾巴的功能而遭到嘲笑。马尾巴的功能,这个研究题目确实有点小,而且好像也没有太多的实际意义。所以,这部电影的讽刺点找得还挺准。当然,即使是极小的题目,如果它具有价值,也还是值得写的。例如,上面我提到的陕西师范大学孙灵霞的博士论文《八角茴香对卤鸡挥发性风味的影响及其作用机制》,这当然是一个小到不能再小的题目。但这个题目正如作者所言,对实现传统卤制肉类食品的工业化生产具有现实意义。所以,这是一个好的选题。

选题除了上面所讲的大题与小题以外,还可以分为理论性选题与实践性选题。理论性选题要求处理较为复杂的理论问题,要有较高的学术含量,对作者的写作能力要求也就比较高。学术型的学位论文,例如,法学硕士或者法学博士的论文,当然是要求尽量写理论性的题目,解决一些理论问题。但应用型的学位论文,例如,法律硕士的论文,最好还是写实践性的题目。尤其是政法法硕,学生大多来自政法实务部门,已经具有四年以上的司法工作经历,这些学生在选题时,更应该写实践性的题目。写实践性的题目,容易收集到司法实际资料,便于写作,而且对将来的工作也会有帮助。

论文写作存在着如何处理资料与观点的问题。资料是论文的基本素材,也是写作的基础。而观点则是论文的灵魂,是作者学术思想的表达。正确处理好资料与观点的关系,对论文写作来说是一项非常重要的技巧。首先,资料对论文写作来说是十分重要的,没有资料就难以完成一篇论文。我们在平时所说的科研活动,其中的一项重要内容就是收集资料,收集资料的过程本身就是在从事某项科研活动。在一篇论文中,资料所占的比重较大;而在一本著作中,资料所占的比重更大。一篇论文上万字,不可能每句话都是作者自己的,实际上有大量的内容是他人的,是资料性的东西。过去中国有句老话,叫做"天下文章一大抄,看你会抄不会抄"。这句话容易引起误解,好像文章都是抄来的,好像写文章就是抄文章,会不会写文章,就看会不会抄。实际上,我们只要把这句话当中的"文章"解释为"资料",就可以消除这种误解。这句话的意思是说,在写文章的时候,要很好地处理资料,正确对待前人的研究成果。会处理资料了,就会写文章了。一篇论文有一大半是引用资料,如果一篇论文都不引用资料,那么这篇论文反而可能是不好的。因为论文首先要把在这个问题上以往研究的状况反映出来,学术研究是"接着说",所以首先要知道前人是怎么说的,这个故事说到什么程度了,然后我们才能接着说。我们可以把写论文比喻为盖房子,在盖房子时,砖瓦、木材等建筑材料都是现成的。我们不可能先去种树,等树长大以后把树砍倒,再来盖房子。也不可能先去挖土烧砖制瓦,等砖瓦烧制好以后再来盖房子。现在的建筑业分工已经很细致了,甚至有些房屋的架构在车间里面就已经浇筑好了,只要拉到工地吊装起来就可以成为房屋。写论文也是一样,不可能做无米之炊。资料就是论文的原料,关键是要对资料进行加工。资料不能简单堆砌,而是要对资料进行认真梳理,然后以适当的方式加以铺陈。资料的堆砌就像用砖砌墙,只是把砖块粗粗拉拉地叠放在一起,而没有在砖块之间进行黏合,也没有对砖缝进行勾缝,无法使墙变得坚固和美观。在一篇论文中,资料如果只是简单的堆砌,那么资料还是“死”的。只有对资料进行妥当的处理,使之成为论文的有机组成部分,资料才能变成“活”的。因此,对资料的处理是写作的基本功。资料处理的好坏,直接关系到论文的质量。

对资料的处理往往会采用一种综述的方法。这里所谓综述,是指对以往的研究资料进行专题性的或者系统性的整理。现在法学的各个学科都出版了资料综述的书籍,这对了解本学科的理论研究现状具有重要参考价值。综述是科研资料处理的一种较好的方法,有助于我们进入学科前沿。当然,综述是对原始资料的初步处理,还不能照搬到论文中去,在论文中引用的资料还要进行加工,并对资料进行分析。

观点是从资料中提炼出来的,也是论文的灵魂。对于一篇论文来说,大量的资料是别人的,但观点必须是自己的。所谓科研就是要对某个问题提出独到的个人见解,这也就是说,要有作者自己的观点。科研的难处就表现为观点的出新,提出不同于前人的观点。对一个初学者来说,要想对某一问题提出超越前人的观点,确实是强人所难。因此,写作的学习阶段是一个知识消费的阶段。在这个时期,汲取知识是主要的任务,还不可能在观点上出新。只有知识积累到一定程度,才能从学习向研究转变,从知识消费逐渐过渡到知识生产,这才有可能提出自己的观点。

我们都有这样的体会,刚开始接触某一学科的时候,感到书上说的一切都是对的,不可能有自己的想法,也不会有自己的想法。这个阶段就像爬山一样,刚起步从山脚往山顶上爬,这个时候一抬头是满山遮目不见天。爬了一半,到了半山腰,这时就不那么压抑了,眼界也就慢慢开阔了。爬到山顶,才会有见天的感觉。如果这是一座高山,那么到了山顶你就会体会到“一览众山小”的诗意。科研也像爬山一样,只有熟练地掌握了本学科知识,并有了深刻的思考,才能提出自己的观点。当然在论文写作过程中,要对观点进行提炼。把个人的独到见解在论文当中表达出来,这里仍然存在一个写作技巧问题。

一篇论文要有论点,并且要对论点进行较为充分的论证。这里的论点也就是我在前面所说的观点,但仅仅提出观点是不够的,还要对观点进行有效的论证。而对于一篇论文来说,论证是十分重要的,而论证的过程就是一个梳理的过程,也是一个说理的过程。没有论证的论点是武断的,而没有论点的论证则是盲目的。

我的讲座就到这里。

谢谢大家。

(本文整理自 2014 年 3 月 21 日北京大学法学院《法学研究方法与论文写作》课堂讲授稿)

专题二　刑法的为学之道

刑法的为学之道，就是如何学习刑法，也就是刑法学习方法的问题。在刑法教科书中，一般都设专门的章节讨论研究方法，但没有一本刑法教科书专门讨论刑法的学习方法。显然，刑法的研究方法与刑法的学习方法这两者之间有所不同。刑法的研究方法，是指解释的方法、思辨的方法、比较的方法以及实证的方法，这些方法的采用发生在对刑法进行研究时。在某种意义上说，根据不同的研究方法可以形成刑法学的不同理论形态。解释的方法形成的是教义刑法学，思辨的方法形成的是刑法哲学，比较的方法形成的是比较刑法学，实证的方法形成的是实证刑法学。

刑法的学习方法，是指在学习刑法的时候所采取的有效措施，以便更好地掌握刑法的基本原理。因此，学习方法在更大程度上是一个经验问题，应当在学习过程中逐渐地摸索和积累。在某种意义上来说，并没有抽象的学习方法。每个人的情况不同，其学习方法都应当有自身的特点。而且，论及刑法的学习方法，可能会涉及刑法的某些基本原理和法律规定。我们才刚刚开始学习刑法，这个时候讲解刑法的学习方法，就不能讲得太深，否则同学们会不太容易理解。因此，到底是在刑法学习之前还是刑法学完之后讲授刑法的学习方法，这个问题本身就是值得探讨的。出于课堂教学的需要，也是为了让同学们更好地学习刑法，我还是将刑法的学习方法放在第一讲，主要是将我个人学习刑法的体会和经验传授给大家。

围绕着如何学习刑法，我想讲三个问题，这三个问题也是我认为在刑法的学习过程中应当注意处理的三个关系，只有把这三个关系处理好,我们才能真正掌握好刑法。

一、法条与法理的关系

在学习刑法的时候,首先要处理好法条与法理的关系。这里的法条是指法律条文,法律条文是法律规范的基本存在方式,刑法的法条也就是刑法的法律规定。这里所讲的法理指的是法律的基本原理,刑法的法理就是指刑法的基本原理。

我们在学习刑法的时候首先遇到的一个问题是,我们是学习刑法法条还是学习刑法法理,这个问题本身就不好回答。在某种意义上说,我们既要学习法条,更要学习法理。正确的回答应当是,通过法条学习法理。

法条是学习刑法的起点,学习刑法必须从刑法的法条出发。学完刑法之后,对刑法的法条体系要有一个基本的掌握,如果学完了刑法,连刑法规定了哪些内容都一无所知,这就不能认为学好了刑法。因此,在学习刑法的时候,首先要强调对刑法法条的学习。

在学习刑法的法条,尤其是在处理刑法法条与刑法法理之间的关系时,我们首先遇到的一个基本的方法论的范畴,就是所然和所以然的关系。在某种意义上说,学习刑法当然要掌握法条,掌握法条就要解决法条之所然的问题,也就是掌握法条的内容。法条是用语言来表达的,语言是法条的载体。《刑法》(不包括修正案)一共452个条文,也不过8万多字,仅仅从字面来看,只要粗通汉语的人,8万多字都能认识,但是认识刑法法条的文字并不等于掌握了刑法内容。刑法条文所规定的内容到底是什么,需要通过学习刑法来逐渐掌握。这就是一个了解刑法内容、明确刑法之所然的过程。在学习刑法的基本概念的时候,我们不能望文生义。刑法的文字规定,具有不同于日常用语的专业内涵。例如,刑法中的洗钱罪,对于“洗钱”不能按字面来理解,认为是把肮脏的钱洗干净。这里的“洗钱”是一个专门的刑法术语,是指隐瞒或者掩饰违法犯罪所得的来源和性质。洗钱罪的基本含义是我们通过学习法条后才能理解的。

我再以伪造一词的理解为例进行分析。我国刑法以伪造为行为特征的犯罪不在少数。这里的“伪”就是假,“造”就是制作,伪造就是造假,这就是伪造的基本含义。我国《刑法》第 280 条第 2 款规定了伪造公司、企业、事业单位、人民团体印章罪,这里就包括了伪造事业单位的印章。如果一个人私刻了一枚北京大学的印章,而北京大学是事业单位,这一行为就构成了伪造事业单位印章罪。请大家注意,在此我使用了私刻一词,是指未经批准而私自刻制。我国存在单位印章刻制的行政管理制度,凡是单位刻制印章,都要到公安机关备案并获得批准。伪造事业单位印章的行为就违反了上述印章管理制度,并且侵犯了被假冒单位的冠名权。如果某甲刻制了一枚燕京大学的印章,那是否构成该罪呢?结论是不构成。因为虽然在历史上曾经存在燕京大学,但在现实中并不存在燕京大学,所以尽管某甲私自刻制了这样一枚印章,由于私刻的公章中的这个单位并不是真实存在的,所以这一行为就不构成伪造事业单位印章罪。

有时候情况稍微复杂一点,比如某乙私刻了一枚北京大学法律学系的印章,是否构成伪造事业单位印章罪?我们所在的这个单位在 1999 年撤系建院,从北京大学法律学系改称北京大学法学院。在北京大学法律学系这个印章中,北京大学是真实存在的,但法律学系并不是真实存在的。在这种情况下,私刻的印章中有一部分内容是真实的,但另外一部分内容是虚假的。这种虚假是指印章所指向的单位虽然存在但已经改名,对不知改名的人来说仍然具有一定的蒙蔽性。另外,如果某丙私刻了一枚北京大学农学院的印章,北京大学没有农学院。在这种情况下，私刻的印章中有一部分内容是真实的，但另外一部分内容是虚假的。这种虚假是指印章所指向的单位并不存在。以上两种虚假的程度还是有些细微的区分。在上述情况下，都不构成伪造事业单位印章罪。所以，也就是说，只有伪造真实存在的事业单位的印章，才能构成伪造事业单位印章罪。

又如，我国《刑法》第280条第3款规定了伪造居民身份证罪。这里的伪造能否沿用前面的伪造的含义，必须是伪造有真实身份的人的身份证？比如有一个人叫李四，张三伪造李四的身份证，被伪造者是真实存在的，这当然能构成伪造居民身份证罪。但如果伪造一个子虚乌有根本不存在的人的身份，能否构成伪造居民身份证罪？如果按照伪造事业单位印章罪中对于伪造的理解，在这种情况下被伪造者并不真实存在，那就不能构成犯罪。但是，伪造居民身份证罪的伪造不能这样理解。伪造居民身份证罪中的伪造，既包括伪造真实存在的他人的身份证，也包括伪造并非真实存在的他人的身份证，还包括对本人的身份证有关内容进行篡改。因此，刑法规定的同一个文字，在不同的法律语境中可能会有不同的含义。当然在某些情况下会出现更为复杂的问题，比如在某年研究生入学考试中，就出现了这样一个事件。有一女生报考清华大学的硕士研究生，她有一个真实的身份证，但由于用的时间较久有些字迹模糊了，她担心监考老师会误认为该身份证是假的而不让她参加考试，于是就花了100块钱让人给她制作了一张身份证，身份证的内容都是真实的，但该证并非由公安机关所制作。这位女生去参加考试，结果被监考老师发现这是一张私自制作的身份证，就取消了她的考试资格。取消的规范根据是，通过伪造证件、证明档案及其他材料获得考试资格和考试成绩的，应当取消考试资格。监考老师认为，该女生的行为属于伪造证件。该女生则说她的证件的内容是真实的，但这一辩解没有被采信，当场被阻挡在考场门外，与入学考试失之交臂。这种身份证是形式虚假、内容真实,即“假的真身份证”。另外,还可能存在“真的假身份证”,比如到公安机关去申领身份证,申报的个人信息是虚假的,但身份证是由公安机关颁发的。这种身份证是形式真实,内容虚假,即“真的假身份证”。在刑法理论上,把前者称为形式伪造,后者称为实质伪造。因此,伪造就有形式伪造与内容伪造之分。那么,形式虚假、内容真实是不是伪造居民身份证罪?或者形式真实、内容虚假是不是伪造居民身份证罪?这里都存在对法条的理解问题。法条到底要规范的是什么样的行为,这就直接关系到一种行为能否被认定为犯罪。这就是法条的所然问题,法条的含义到底是什么?这是需要我们通过学习刑法首先来解决的。

我们说法条是一种语言,是用语言来表达的,但语言是一种形式,语言是有内容的,语言是在表达一种立法意图,而立法意图才是法条的真实内容。立法意图是通过语言来表达的,因此,我们学习法条并不是学习语言本身,而是通过语言了解立法者在制定法条时所想要表达的真实意图。这里就存在着言和意的关系问题。言即语言,意即意图。法条是一种言,立法意图是一种意,这种立法意图是一种主观的、精神的东西,是无形的。这种意图必须要通过语言表达出来,这就要通过语言来掌握立法的意图。如果不通过语言这种载体我们就无从了解某种立法意图。所以法律总是有载体的,大陆法系国家的法条就是一种基本载体,英美法系国家的判例也是一种载体。无论是法条还是判例,总是用语言来表达,这就是成文法的问题,法律必须成文。当然在成文法之前,还有一个习惯法的时代。在那时,法律不是用语言表达出来,而是用习惯或其他方式表达的。但是,在现代任何一个法治国家,法律必须成文,尤其是涉及犯罪与刑罚的刑法,必须要用文字明确地记载下来,使人人都能够理解,这是现代法治的基本要求,即罪刑法定主义。但立法者在用某种语言表达立法意图时,可能表达得好，也可能表达得不好。也就是说，立法意图的表达本身就是一个立法技术问题，立法者应当通过语言十分明确地把自己的意图传递给社会公众。但立法者的立法技术并不总是完美无缺的，因此，立法者制定的法条，就反映立法意图而言，有时表达得好，有时表达得不好。在表达不好的情况下，就会出现言不达意，甚至言与意违的情况，即想表达的意思与语言的意思恰好相反，这样就会造成误解。就如一个人想表扬另一个人，但被表扬者听后以为是在批评他；或者一个人想批评另一个人，但被批评者听后以为是在表扬他。这种情形就是一个人的语言与他所想要表达的意思正好相反，这种现象是客观存在的。

这是从表达者的角度来说的。另外，从法条接受者的角度来说，同样有一个立场问题，法条接受者可能会曲解法律。法律本来这样规定，但由于规定不是很妥切，接受者就基于自己的需要，将立法意图予以歪曲。这就要求立法者在表达某种立法意图时，要做到非常明确，不容歪曲。比如，1996 年修改后的《刑事诉讼法》规定，律师在侦查阶段就可以为犯罪嫌疑人提供法律援助，可以会见犯罪嫌疑人。但是法律刚颁布的时候，公安机关对这一规定存在抵触，认为律师介入妨碍了对刑事案件的侦查，因此不安排会见。甚至有律师到法院起诉看守所，因为法律规定要安排会见而看守所不安排。在这种情况下，中央六部委（中央政法委、最高人民法院、最高人民检察院、公安部、国家安全部、司法部）专门颁布了一个解释，规定律师提出会见犯罪嫌疑人的要求，公安机关应当在 48 小时内安排会见。大家认为，这个规定的内容是十分明确的，即 48 小时内安排会见。但公安机关理解为在 48 小时内作出安排，至于会见可能是一个月以后。因此，公安机关认为，48 小时是限制安排时间的，而不限制会见时间。我认为，这完全是一种曲解。虽然说六部委的解释已经规定得如此清楚了，但还会出现这种曲解。如果法律的用语改变一下，要求公安机关在接到律师的会见要求后应当安排在48小时之内会见,这就不容易被曲解了。所以,言和意的关系问题是一个极为复杂的问题,法律要规定得尽可能清楚,不然接受法律规范的人就会想方设法曲解法律。

有意曲解法律的现象虽然存在,但毕竟是极个别的。而大多数情况是,法律规定存在不够严谨的地方,由此而引起不同部门的争议。例如,最高人民检察院向最高人民法院提起抗诉的马乐利用未公开信息交易案,就是一个典型的例子。马乐是一名证券投资基金的经理。2011年3月至2013年5月期间,被告人马乐担任博时基金管理有限公司旗下博时精选股票证券投资基金经理,全权负责投资基金投资股票市场,掌握了博时精选股票证券投资基金交易的标的股票、交易时点和交易数量等内幕信息以外的其他未公开信息。马乐在任职期间利用上述未公开信息,操作自己控制的三个股票账户,通过不记名神州行电话卡下单,从事相关证券交易活动,先于、同期或稍晚于其管理的基金账户,买入相同股票76只,累计成交额人民币10.5亿元,非法获利人民币约1 883万元。法院认为,被告人马乐利用因职务便利获取的未公开信息,违反规定,从事相关证券交易活动,累计成交额人民币10.5亿余元,非法获利人民币约1 883万元,其行为构成利用未公开信息交易罪。对以上事实与认定,检法两家均无争议。争议问题在于,对马乐的行为如何量刑。

我国《刑法》第180条第4款规定:"证券交易所、期货交易所、证券公司、期货经纪公司、基金管理公司、商业银行、保险公司等金融机构的从业人员以及有关监管部门或者行业协会的工作人员,利用因职务便利获取的内幕信息以外的其他未公开的信息,违反规定,从事与该信息相关的证券、期货交易活动,或者明示、暗示他人从事相关交易活动,情节严重的,依照第一款的规定处罚。"这一规定对利用未公开信息交易罪的构成要件作了规定,但该罪并没有规定独立的量刑幅度，而是规定“情节严重的，依照第一款的规定处罚”。那么，第 1 款又是如何规定的呢？我国《刑法》第 180 条第 1 款规定：“证券、期货交易内幕信息的知情人员或者非法获取证券、期货交易内幕信息的人员，在涉及证券的发行，证券、期货交易或者其他对证券、期货交易价格有重大影响的信息尚未公开前，买入或者卖出该证券，或者从事与该内幕信息有关的期货交易，或者泄露该信息，或者明示、暗示他人从事上述交易活动，情节严重的，处五年以下有期徒刑或者拘役，并处或者单处违法所得一倍以上五倍以下罚金；情节特别严重的，处五年以上十年以下有期徒刑，并处违法所得一倍以上五倍以下罚金。”对这一关于内幕交易、泄露内幕信息罪的规定我们不用看罪状，只要看法定刑即可。这里法律规定了“情节严重”和“情节特别严重”两个量刑幅度：前者处 5 年以下有期徒刑或者拘役，并处或者单处违法所得 1 倍以上 5 倍以下罚金；后者处 5 年以上 10 年以下有期徒刑，并处违法所得 1 倍以上 5 倍以下罚金。争议问题就在于此。如果第 1 款只有一个量刑幅度，则第 4 款规定的“依照第一款的规定处罚”，在理解上就不会发生歧义。但第 1 款有两个量刑幅度，那么第 4 款规定的“依照第一款的规定处罚”，是只适用第一个量刑幅度还是同时适用两个量刑幅度，就发生了争议。深圳市中级人民法院认为，这里的“情节严重的，依照第一款的规定处罚”，是指适用第一个量刑幅度，因此判处被告人马乐有期徒刑 3 年，缓刑 5 年，并处罚金人民币 1 884 万元。深圳市人民检察院认为，被告人马乐的行为属于情节特别严重，应当适用第二个量刑幅度，判处 5 年以上 10 年以下有期徒刑，并处违法所得 1 倍以上 5 倍以下罚金。因此，以适用法律错误、量刑不当为由提起抗诉，广东省人民检察院支持抗诉。广东省高级人民法院经审理认为，《刑法》第 180 条第 4 款并未对利用未公开信息交易情节特别严重的情形作出规定，故本案马乐利用未公开信息，非法交易股票 76 只，累计成交金额人民币 10.5 亿余元,从中获利1 883 万余元,属于情节严重,应在该量刑幅度内判处刑罚。抗诉机关提出马乐的行为应认定为情节特别严重,缺乏法律依据,不予采纳。因此,广东省高级人民法院终审裁定驳回抗诉,维持原判。广东省人民检察院认为,终审裁定确有错误,提请最高人民检察院抗诉。最高人民检察院认为,本案终审裁定以《刑法》第 180 条第 4 款未对利用未公开信息交易罪“情节特别严重”规定为由,对此情形不作认定,降格评价被告人的犯罪行为,属于适用法律确有错误,导致量刑不当。因此,向最高人民法院提起抗诉。抗诉主要理由如下:《刑法》第 180 条第 4 款属于援引法定刑的情形,应当引用第 1 款处罚的全部规定。按照立法精神,《刑法》第 180 条第 4 款中的“情节严重”是入罪标准,应当依照本条第 1 款的全部罚则进行处罚,即区分情形依照第 1 款规定的“情节严重”和“情节特别严重”两个量刑档次进行处罚。首先,援引的重要作用就是减少法条重复表述,只需就该罪的基本构成要件作出表述,法定刑全部援引即可。如果法定刑不是全部援引,才需要对不同量刑档次作出明确表述,规定独立的罚则。刑法分则多个条文都存在此种情形,这是业已形成共识的立法技术。其次,《刑法》第 180 条第 4 款“情节严重”的规定是入罪标准,作此规定是为了避免“情节不严重”也入罪,而非量刑档次的限缩。最后,从立法和司法解释先例来看,《刑法》第 285 条第 3 款也存在相同的文字表述,2011 年最高人民法院、最高人民检察院《关于办理危害计算机信息系统安全刑事案件应用法律若干问题的解释》第 3 条明确规定,《刑法》第 285 条第 3 款包含有“情节严重”“情节特别严重”两个量刑档次。司法解释的这一规定,表明了最高司法机关对援引法定刑立法例的一贯理解。对本案,最高人民法院还未作出最后的判决。从以上围绕着《刑法》第 180 条第 4 款规定的利用未公开信息交易罪是否应当适用该条第 1 款规定的两个量刑幅度而展开的争议来看，其与刑法规定本身的不严谨之间存在一定的关联。

法律不仅有不严谨之处，有时甚至言与意违。在这种法律的言和意发生矛盾的情况下，通过语言所表达的意图与立法者的真实意图并不完全相同，到底是按照语言的本身内容对法条作理解，还是违背语言本身的内容对立法意图作合理的理解，这就产生某种选择上的两难。在某些情况下，就不得不作出不同于语义的解释。例如，我国刑法规定的减轻处罚是指在法定刑以下判处刑罚。如果在法定刑以下只有一个法定刑的，这一规定的含义较为容易理解。例如，《刑法》第244条对强迫劳动罪规定："以暴力、威胁或者限制人身自由的方法强迫他人劳动的，处三年以下有期徒刑或者拘役，并处罚金；情节严重的，处三年以上十年以下有期徒刑，并处罚金。"如果某一被告人的行为属于上述强迫劳动的"情节特别严重"的情形，但具有减轻处罚情节的，所谓在法定刑以下判处刑罚，就是指在"三年以下有期徒刑或者拘役"这一量刑幅度内判处刑罚。如果在法定刑以下还存在数个法定刑的，又如何判处刑罚呢？对此，原先刑法没有作出规定。因此，在刑法理论上存在争议：第一种观点认为，只能在下一个法定刑幅度内判处刑罚，而第二种观点则认为，可以在法定刑以下的任何一个法定刑幅度内判处刑罚。对此，《刑法修正案（八）》规定："本法规定有数个量刑幅度的，应当在法定刑量刑幅度的下一个量刑幅度内判处刑罚。"显然，这一规定是采纳了上述第一种观点，对明确这个问题具有重要意义。但还是存在问题，如果刑法只规定了减轻处罚情节的，按照这一规定适用没有问题。如果刑法规定了减轻或者免除处罚，选择适用减轻处罚，而同时存在数个量刑幅度的，是否也只能在法定刑量刑幅度的下一个量刑幅度内判处刑罚呢？例如，《刑法》第390条规定："（第1款）对犯行贿罪的，处五年以下有期徒刑或者拘役；因行贿谋取不正当利益，情节严重的，或者使国家利益遭受重大损失的，处五年以上十年以下有期徒刑；情节特别严重的，处十年以上有期徒刑或者无期徒刑，可以并处没收财产。（第 2 款）行贿人在被追诉前主动交待行贿行为的，可以减轻处罚或者免除处罚。”* 如果被告人犯行贿罪，属于情节特别严重的情形，但又具有第 2 款规定的减轻处罚或者免除处罚情节。对于该被告人决定适用减轻处罚，是否受到只能在下一个法定刑幅度内判处刑罚的限制呢？如果回答是肯定的，对被告人只能判处 5 年以上 10 年以下有期徒刑。但这样裁量刑罚对被告人显然不公，因为该情节既可以减轻处罚又可以免除处罚。在未适用免除处罚的情况下，减轻处罚还要受到只能在下一个法定刑幅度内判处刑罚的限制，使得减轻处罚和免除处罚之间量刑不平衡。在这种情况下，我们就应该将刑法关于“本法规定有数个量刑幅度的，应当在法定刑量刑幅度的下一个量刑幅度内判处刑罚”的限制性规定只适用于单纯的减轻处罚的场合，而不适用于减轻处罚或者免除处罚并存的场合。因此，正确的理解法条的内容之所然，在某些情况下，具有超越法条文字含义的必要，而不能拘泥于法条的文字进行机械的理解。

如果说法条的言和意的关系是一个所然的问题，那么法理就是一个所以然的问题。我们不仅应当知道法条之所然，而且应当知道法条之所以然，法条为什么要作这样的规定，这就上升到法理的层次。法条之所然只是表象的东西，而法条之所以然才是一个本质的东西，是需要透过法条之表象来深刻把握的，并在法条背后起着支配作用。因此，只知道法条内容是不够的，还要知道法条背后的法理，而正确地掌

---

* 《刑法修正案（九）》将本条修改为：“（第 1 款）对犯行贿罪的，处五年以下有期徒刑或者拘役，并处罚金；因行贿谋取不正当利益，情节严重的，或者使国家利益遭受重大损失的，处五年以上十年以下有期徒刑，并处罚金；情节特别严重的，或者使国家利益遭受特别重大损失的，处十年以上有期徒刑或者无期徒刑，并处罚金或者没收财产。（第 2 款）行贿人在被追诉前主动交待行贿行为的，可以从轻或者减轻处罚。其中，犯罪较轻的，对侦破重大案件起关键作用的，或者有重大立功表现的，可以减轻或者免除处罚。”

握法理恰恰能够帮助我们正确地理解法条的内容。

我们在上面所讲的伪造犯罪,为什么伪造事业单位印章罪的伪造要求被伪造单位真实存在,而伪造居民身份证罪的伪造却不要求被伪造者真实存在?为什么同是伪造一词在不同的法条中需要作不同的理解?这就涉及法理的问题,也就是刑法保护法益的问题。之所以两罪的伪造一词应作不同理解,是因为两罪侵害的法益不同。伪造事业单位印章罪侵害的法益是被伪造单位的信誉,因此,只有当被伪造单位真实存在,该单位的信誉才会被侵害。如果被伪造单位是虚构的,也就不存在单位信誉受到侵害的问题。而伪造居民身份证罪侵犯的法益是居民身份证的管理制度,只有公安机关才有权制作居民身份证,因此,只要非法制作居民身份证,不管被伪造者是否真实存在,都不影响伪造居民身份证罪的成立。因此,从两种犯罪所侵害的法益不同这一逻辑前提出发,我们就可以对同是伪造犯罪却对伪造一词作两种不同的理解作出科学、合理的解释,这就是所以然的问题。

法理是法条之理,是法律之理,它和一般的哲理是有所区分的,不能将法理等同于哲理。法理与法条有着密切联系,它是隐藏在法条之中或者存在于法条背后的原理。当然,法理与哲理是特殊与一般的关系,法理实际是一般哲理在法律中的运用,从哲理中引申出来,尽管二者不同,但哲理对法理是具有指导意义的。例如,因果关系问题在哲学上是一个重要范畴,在刑法中为了将某一结果归咎于某一个人的行为,也需要讨论行为与结果之间的因果关系。但刑法中的因果关系和哲学上的因果关系有所不同,两者不能混为一谈。以往在我国刑法学界讨论因果关系的时候,存在着机械地套用哲学因果关系原理的现象,这是错误的。现在,随着德日刑法中因果关系和客观归责学说的引入,我国越来越强调刑法因果关系的特殊性。

关于法理和法条之间的关系,一方面,法理具有对法条的依附性;

另一方面,法理又具有对法条的相对独立性。法理相对于法条来说,法条是变动的,法律总是处在不断的废、改、立的变动过程中。相对法条的变动性,法理具有相对的稳定性。因此,如果我们学习刑法,只是会背诵刑法条文,而没有掌握刑法条文背后的刑法法理,那刑法修改以后,我们又要重新学习刑法,这就没有学好刑法。这里存在一个法学教育何以可能的问题,法律教育之所以可能,就是因为存在法理。如果法学只是法条之学,学习法律只是背诵法律条文,那么正如那句格言所说,立法者三句修改的话,全部法律藏书就会变为废纸。如果法学理论只是对法律的解释,完全依附于法律,没有自己独立的理论品格,那么立法者三句修改法律的话,全部的法学著作都会变为废纸。法律教育之所以可能,就是要通过法条传授法理,我们掌握了法理就能够举一反三,以不变应万变。这里的法理,我认为实际就是某种法律的思维方法。学习刑法,更重要的是要掌握刑法的思维方法。刑法的思维方法当然是法律的一般思维方法在刑法中的具体运用。因为刑法也是法,刑法的思维方法和其他法律的思维方法在很大程度上具有相似性。另一方面,刑法的思维方法又具有它的特殊性。对许多法律问题的分析,刑法的思维方法与民法的思维方法是不同的。因此,我们既要掌握刑法思维方法的一般性,又要掌握刑法思维方法的特殊性,这就是学习法理的重要性。当然,我们强调学习法理,并不是脱离法条学习法理,而是通过法条来学习法理。正是法理使得法学成为一门科学,独立于立法者、司法者。

法理不仅解决了法律之所以然的问题,从某种程度上来说,还解决了应然的问题。法理具有对法条的依附性,同时又具有相对独立性。解决法律之所以然的问题的法理,在很大程度上具有对法条的依附性,它是建立在法条之所然的基础之上的。而对于法条具有相对独立性的法理,则在更大程度上超越法条,这里面涉及实然和应然的范畴。我们不仅要理解法条之实然,这里的实然包括所然与所以然,而且要掌握法条之应然,这里的应然超越实然。因此,这种对应然性的追求具有某种反思性、批判性,它与实然的描述性是不一样的。实然主要是一种描述,把内容的真实状况反映出来,应然则不满足于对法条内容的客观反映,还要对法条内容进行价值的评判,法律规定得好或者不好,是一种应然性的考察。

法律应该怎么样与法律实际怎么样是两个不同层次的问题,我们首先要掌握法律实际是怎么样的,然后进一步提升,反思法律应当是怎么样的。解决法律之实然的问题主要是规范刑法学的思路,解决法律之应然问题主要是理论刑法学,甚至是刑法哲学问题,涉及某种价值的评判。实然立场与应然立场当然是有所不同的,在刑法语境中,应当将两者明确地加以区分。在我国刑法研究中,存在着实然立场与应然立场的语境混乱。例如,在《刑法修正案(六)》设立虚假破产罪后,某位学者写了一篇关于虚假破产罪的论文,在阐述虚假破产罪的成立条件以后,以论文的主要篇幅讨论虚假破产罪立法规定的不足,这种做法在我看来并不妥当。一般来说,在某个法律颁布之初,学者的主要使命是解释这个法律规定的内容,为这个法律的适用提供理论指导。在法律适用一段时间以后,学者对司法实践的经验进行总结归纳,并作出理论的回应。如果具备条件的,应当进行实证性研究。只有经过相当长的时间以后,法律适用中暴露出越来越多的问题,学者才会对法律规定的不足进行探讨,并为此后的法律修改创造条件。但虚假破产罪刚刚设立,在司法实践中还没有出现一个虚假破产案例的情况下,撰写论文大谈立法不足则毫无意义。因为法律刚颁布,不可能马上修改。更何况,在法律未及适用的情况下,所谓的法律不足只能是一种主观杜撰,而不是现实的反映。在此,存在一个法学论文面向的读者问题,我们的法学论文到底是写给谁看的?一般来说,主要是写给司法者看的，为司法活动提供理论资源。我们不是不可以批评法律，问题是这些批评法律的话应当向立法者说，向法官说有什么用？这和法官没有关系。法官的使命是适用法律，某个法律制定得好，法官要执行，制定得不好，法官也要执行，法官的使命就是司法。法官不能说这个法律制定得好，我执行，那个法律制定得不好，我不执行，这显然不行。至于立法者，只有在修改法律的时候才需要了解法律的不足。法律刚制定不可能马上修改，这些批评法律的话是没有意义的。因此，我们更应该关心法律的实然问题，至于法律的应然问题，只有在特殊情况下才具有探讨的价值。

学习刑法，尤其是初学刑法，我认为，应当以规范刑法学的知识为内容、为主线，适当辅之以理论刑法学的内容。也就是说，我们首先要掌握刑法条文的基本内容，并且能够对刑法条文的内容进行所以然的分析，这是我们首要的使命。在此基础上，适当地给同学们灌输一些价值性的东西、理念性的东西，尤其是进行刑法思维方法的训练，使大家能够从应然的角度来对刑法作一个超法规的审视。这两者要适当的结合，但必须以规范刑法的知识为主。如果本末倒置，还未掌握刑法的具体内容，上来就光知道刑法典这里有问题，那里有问题，这就可能会造成同学们的思想混乱。

这里有一个如何正确对待法条的问题，在认识上，我们一方面要反对法律教条主义，也就是光会死记硬背法条，仅知法条之所然，而不知法条之所以然，更不知道法条之应然。另一方面，我们也应当反对法律虚无主义，反对以指责法律为能事。我知道法律规定存在几十个、几百个错误，这里规定得不好，那里规定得不好，以此为荣，这种做法同样是错误的。正确处理好法条与法理这两者之间的关系，既要正确理解法条的基本内容，掌握法条之所然和所以然，又要能够超越法条，从价值角度对法条进行评判。这两者分寸的拿捏，我认为是十分重要的。关键的问题是,我们要把两种立场、两种语境加以明确的界定,而不要发生语境的混乱。也就是说,当我站在司法的立场上来理解刑法,刑法就不是被指责、被嘲笑的对象,而是被信仰的、被崇拜的对象。对司法来说,法律就是最高的、至高无上的。就像我前面所说,法律制定得好法官要执行,法律制定得不好法官也要执行,这就是一种司法的立场。在这种立场下,就不能随便批评法律,我们首先要建立这样一种立场。另一方面,我们又不是固守这样的立场,如果在另外一个场合,就需要对法律的优劣进行考察,进行更高层次的价值评判,我们就应当对法律规定进行反思,看哪里规定得好,哪里规定得不好,以便将来规定得更好,甚至对整个刑法制度、整个刑事司法体制进行反思。如何推动刑法的改革,推动刑事司法体制的改革,这是一个立法的层次,一个应然的语境。司法的立场与立法的立场,这两者的语境是有所不同的。我们站在什么立场上,首先就必须明确,而不能发生错位。上面谈到的那篇论文指出虚假破产罪的各种不足,应该在立法者召开虚假破产罪的法律论证会时向立法者去说。因此,这种语境的错位是最致命的。

在学习刑法当中,首先需要正确地处理好法条与法理的关系,使法条与法理两者能够和谐的相处。只有这样才能把刑法真正掌握好,将来无论是从事刑法的专门研究,还是从事刑事司法活动,我想都是会有帮助的。

二、总则与分则的关系

在学习刑法当中,除了要处理好法条与法理的关系外,还要注意处理好刑法总则与分则的关系。刑法可以分为总则与分则,与此相对应,刑法学也可以分为总论与分论。总论是对刑法总则进行研究的基本理论体系,分论是对刑法分则进行研究的基本理论体系。这学期我们学习刑法总论(简称“刑总”),主要是刑法总则的基本原理,下学期学习刑法分论(简称“刑分”),也就是刑法分则的基本原理。但是在学习刑法之前,首先对刑法的总则与分则两者之间的关系要有一个基本的了解。

刑法总则是对犯罪和刑罚的一般内容的规定,是一般性的规定,刑法分则是对具体犯罪及其法定刑的规定,刑法总则和分则的关系就是一般与特殊的关系。从刑事立法史的角度考察,真正确立总则和分则分立刑法体例的是1810年《法国刑法典》,这是刑事立法漫长演变的结果,在这个意义上说,1810年《法国刑法典》是刑事立法史上的里程碑。从刑法规定来看,存在着从个别规定到一般规定的发展过程。刑法是最古老的法律,犯罪产生以后就出现了刑法。最初的刑法都是一些个别性规定,后来才出现一般性规定。这种个别性规定反映为一事一立法。例如,1975年我国在湖北云梦县睡虎地秦墓挖掘出了大量的秦代竹简,秦墓竹简反映了秦朝法律的制度。我们可以从秦简中看到秦朝的法律是如何规定的,其中也包括大量的刑法规定。秦墓竹简中有这样一个记载:“盗采人桑叶,臧(赃)不盈一钱,可(何)论?赀繇(徭)三旬。”意思是:偷采人家的桑叶,赃值不到一钱,如何论处?罚服徭役一个月。对偷采桑叶专门作出规定,可见其规定之细琐。如果偷采桑叶要作专门规定,那么偷伐树木势必也要作专门规定,由此可见古代刑事立法的繁琐和细碎。不仅中国古代刑法存在大量的个别性立法,在外国古代刑法中同样存在大量的个别性立法。例如,在《萨利克法典》有这样两个法律条文:一个条文是若有人偷窃一头小猪而被破获,罚款120银币,折合3金币。另外一个条文是,如有人偷窃一头公牛或带犊的母牛,应罚款1 400银币,折合35金币。如果刑法都是这样规定的话,那我们现在刑法中一个盗窃罪条文的内容就需要几百个、几千个法律条文才能容纳。为什么最初的立法是这种个别性的立法呢？这主要和人类逻辑思维能力有关。当时人类缺乏抽象概括能力，对各种犯罪现象只能作出个别性规定。随着人类逻辑思维能力的提高，在刑法中出现了一般性规定，表现为某些抽象的罪名。中国晋代著名法学家张斐在注解《晋律》的时候，就对"盗"作出了这样的界定："取非其物谓之盗。"在"盗"的这一定义中，首先把"盗"理解为"取非其物"，这是对盗的行为特征的描述。偷采桑叶的动作是"采"，偷小猪的动作是"赶"。不管是什么动作，都是"取非其物"，也就是拿了不是自己的东西，侵犯了他人的财产所有权，这就是"盗"的行为。然后再来界定"物"这个概念，这是对"盗"的客体的规定。它把各种各样具有财产价值的财物都包含进来，舍弃了物的外在特征和现象形态。"物"这样的抽象概念就能把所有种类的物品都含括进来，既包括树叶、树木等植物，也包括牛、羊等动物，这就达到了一种高度概括的程度。中国古代在《晋律》中就出现了"盗"这样一般性的罪名，这在世界刑法史上属于开创性的立法。中国古代的《唐律疏议》又对"盗"作了进一步的区分。《唐律疏议》将"盗"分为公取与窃取。根据《唐律疏议》的解释，公取、窃取皆为盗。明代律学家雷梦麟在其所著的《读律琐言》这本书中，对公取与私取作了这样的解释："公取者，欺事主之不敌，公然而取之，盖强盗、抢夺之谓也。窃取者，畏他人有知，潜形隐面而取之，盖窃盗、掏摸之谓也。二者虽其所取不同，皆非其有而取之，故皆为盗也。"公取就是公然使用暴力取得，窃取是害怕他人知道，潜行隐面而取之，这就是窃取。根据行为方式对"盗"再作进一步的区分。这里的公取实际上就相当于我们现在所说的抢劫与抢夺，在犯罪学上称公然犯，属于以公然方式实施的犯罪。与公取相对应的是窃取，现在刑法称盗窃，中国古代刑法称为窃盗。盗窃是秘密窃取，在犯罪学上称秘行犯，与公然犯相对应，通过隐蔽的方法取得他人财物。

公然犯与秘行犯这两种犯罪在行为方式上是有所不同的。随着这些财产犯罪罪名的出现,就能容纳各种各样的侵犯他人所有权的财产犯罪,从而为刑法总则性规定的出现奠定了基础。《唐律疏议》分共十二编,第一编就是《名例律》,它相当于又不完全等同于我们现在所说的刑法总则。《名例律》中对刑法中的基本概念、基本原则作了规定。《唐律疏议》在解释"名""例"这两个字时就说:"名者,五刑之罪名;例者,五刑之体例。"名例就是关于刑罚的一般性的内容,从具体犯罪当中剥离出来,作出专门性的规定,对整个法律的适用具有指导意义。例如,在《名例律》中,就有"共犯罪,分首从"的规定。每一种犯罪都有共同犯罪的问题,可以说共同犯罪就是所有犯罪共同存在的问题,因此把它从具体犯罪中抽出来,在《名例律》中加以规定,作为对共同犯罪处罚的基本原则,使其上升到一般制度的高度,并和具体犯罪的规定相脱离。因此,刑法总则规定相对于刑法分则规定而言,总则为纲,分则为目,纲举才能目张。刑法这种从个别规定到一般规定的演变过程,从整个刑事立法的发展来看脉络是极其清楚的。刑法这种抽象性、一般性的规定具有更强的辐射性、概括力,能够更多地涵摄各种犯罪的现象,因而使刑法规定变得更为简洁。过去需要用几十个、几百个法条才能包含的内容,现在只需要一个法条就能包含了。正是这种一般性规定的产生,使得刑法典的出现成为可能。

当然我们也必须看到,法律规定如果过于抽象、过于概括,同样也会出现弊端。尤其是刑法对于具体犯罪的规定如果过于抽象,可能使这种犯罪行为变得毫无界限,从而使刑法规定丧失限制机能,这就会破坏罪刑法定原则。罪刑法定是刑法的基本原则,这是我们在刑法学习过程中需要反复强调的一个命题。中国古代的《唐律疏议》中有这样一个罪名——"不应得为罪"。这种犯罪行为就是指,一个人做了不应该做的事情。这个罪名的涵括力是最强的,甚至可以把所有的犯罪行为包括进来。但是,在什么应当做、什么不应当做,法律并没有具体规定,这样的罪名就过于概括。只要统治者认为不应该做的,一个人做了,其行为就构成犯罪。这样的罪名是个筐,要想将任何行为往里装就可以往里装,所以是典型的口袋罪。法律规定的具体性和抽象性一定要有合理的界限,过于具体、过于个别当然是不可取的,但过于概括、过于抽象同样是不可取的。刑法如何科学设置罪名,使罪名既有一定的具体性,又不至于过度抽象,能够达到合理的状态,这是非常值得研究的问题。总之,明确地将刑法分为总则与分则,始于1810年《法国刑法典》。1810年《法国刑法典》是近代刑法典的摹本与典范,后来大陆法系国家的刑法典大都模仿1810年《法国刑法典》。

我们在学习刑法时,如何处理好总则与分则的关系?首先要强调对总则的基本原理的学习,因为总则性的规定涉及刑法的一般原则、一般制度,体现了刑法的基本精神。如前面所讲,刑法总则的规定是刑法之纲,把它学好,就掌握了整个刑法的基本框架。尤其是刑法总则中的犯罪论体系,是我们学习的重中之重。犯罪论体系,也称为犯罪构成理论,实际上是一种认定犯罪的思维方法。我们掌握了犯罪论体系,就是掌握了区分罪与非罪的一般标准,就能够对具体的罪与非罪的界限来做划分,因此犯罪论体系的学习,我认为是非常重要的。从学习时间的安排来看,我们也把刑法总则的学习放在了重要位置。

当然,刑法总则的学习同样离不开对于刑法分则的掌握。刑法分则的规定是对具体犯罪的规定,如果光知道关于犯罪和刑罚的一般性规定,而不知道刑法对具体犯罪的规定,同样解决不了司法实践中罪与非罪的界限问题。实际上,我们在现实生活当中并不存在一般的犯罪,我们看到的总是具体的犯罪,如杀人、放火、强奸、抢劫,这些犯罪总是具体的。如果我们进一步考察,甚至可以说我们没有也不存在一般的杀人、抢劫。我们只能看到张三杀李四,李某抢劫王某。犯罪是具体的,而法律规定是抽象的。我们在掌握整个刑法的时候,应当将刑法的总则性规定与分则性规定两者有机结合起来,只有这样才能全面掌握一部刑法。

随着刑事立法的发展,刑法的分则性规定越来越多,而我们学习的时间又有限,因此不可能就刑法分则中的每个具体犯罪作逐个讲解,刑法分则当中有450多个罪名,完全没有必要对每个罪名都作讲解。因为许多犯罪都是有共性的,是同一类犯罪。我只能进行示范性的讲解,就一些具有代表性的、典型性的罪名来进行讲解,其他罪名可以举一反三,尤其要对司法实践中的常见罪名进行重点的讲解,我们可以把这种罪名称为重点罪名。虽然刑法当中有450多个罪名,但是我估计不到20个罪名就占到了整个刑事案件总数的90%以上。有相当一部分,至少1/3的罪名是备而不用的,这样的罪名我们就不需要花大量时间去掌握。但是,像杀人、放火、强奸、抢劫这些重点罪名是时时刻刻在现实生活中发生的,所占的比重很大。在司法实践中,盗窃罪就占到全部刑事案件的50%以上,个别地方甚至占到70%。在这种情况下,我们当然要有重点地掌握这些常见罪名,而不是每个罪名都要掌握。因此,有针对性地掌握刑法分则中的重点罪名,对我们学习刑法来说是有帮助的。

综上所述,刑法总则和分则之间的关系就是一般性规定和个别性规定之间的关系。一般性规定与个别性规定是不能割裂的。当然就总则与分则而言,总则是更为重要的,需要重点掌握总则的基本原理。当然,我们这样说并不意味着分则不重要,因为分则是对具体犯罪的规定,而犯罪总是具体的。因此,我们在掌握总则性规定的基础上,还要重点掌握分则性的规定。通过对刑法总则和分则的学习,建立起刑法基本的规范框架和理论框架,这样就达到了我们学习刑法的目的。

三、规范与案例的关系

在学习刑法过程中,正确处理好刑法规范与刑法案例之间的关系,我认为也是非常重要的。我在前面所讲的刑法总则规定与分则规定都是指刑法的规范。刑法是一种规范的存在。当然,从广义上来说,刑法的规范不仅是指立法机关通过的刑法法规,还包括大量的司法解释。在我国,刑事司法解释也具有法律的性质,也是我们需要掌握的。刑法是一种规范的存在,因此学习刑法要掌握刑法规范是毫无疑问的。但是,仅掌握规范而不结合具体案例来学习,就不能深入掌握刑法。因此,我认为,在刑法学习过程中,在掌握刑法规范的同时,还需要掌握大量的刑法案例,应当结合案例学习刑法。

"案例"一词是非常中国化的表述。从文字来看,案例可以包括"案"和"例"两部分。其中,"案"是案件,"例"是成例,在"例"这个词中就包含了某种规范,例是指可以比照的、可以引用的具体规则。规范是一种法律规定,因此是抽象的。案件是一种规范性的事实,它是事实性的概念。在学习刑法中首先要将规范与案件加以区分。当我们说"杀人"时,要注意区分所指的是杀人的规范还是具体的杀人案件。如果是指规范,指的是刑法关于杀人罪的具体规定。如果是一起具体的杀人案件,那就是事实问题。这两者有所不同,但又有密切联系。因为杀人案件是规范性事实,只有符合刑法关于杀人罪规范的事实才能叫"杀人案件"。所以从逻辑上来说,案件是以规范为前提,不是一种裸的事实,而是一种规范性事实。在某种意义上说,犯罪案件是根据一定的刑法规范加以认定的结果。某一行为经过司法认定构成杀人罪,杀人的事实被刑法规范所确认。从这个意义上来说,刑法的规范优于案件事实,因为刑法的规范是认定案件事实的法律根据,要根据刑法规范设定的标准来认定某一案件。正是在这个意义上,是规范决定案件而不是案件决定规范。规范是认定案件的依据,案件从属于规范,是被规范所确认的某种事实。运用某一规范来认定一个具体案件的过程就是刑法的适用过程,刑法的一般规定适用于某一案件是从一般到个别的演绎过程。

我们还要看到,案件本身是一种事实性的存在,这种案件的事实性在某些情况下又具有优先于规范的性质。我经常讲这样一句话,犯罪人不是根据法律规定去犯罪的,恰恰相反,法律是根据犯罪事实来规定的。大家体会一下这句话的含义,一个人在犯罪时不会说法律怎么规定我就怎么去犯。犯罪毕竟不是表演,表演是演员根据剧本所设定的剧情进行的。与之不同,犯罪就是犯罪。法律应当根据犯罪事实来规定,从这个意义上来说,规范又是从具体的案件事实当中抽象出来,又在一定程度上决定于具体的案件。因此,规范和案件的关系是一种辩证的关系。关键在于我们是在什么角度上来看这个问题,这种角度不外于实然的视角和应然的视角以及立法的视角和司法的视角。从司法的角度来说,规范是优于事实的,只能根据规范来认定某一个案件事实,来确认某一事实的性质。但从立法的角度来说,规范又要从事实当中引申出来,要尽可能地符合这个事实,并涵括这个事实,因此规范又是被案件事实所决定的,这是两个不同的语境,两种不同的立场。

在司法过程中,将一个一般性的法律规定适用于具体案件,必然存在一些疑难问题,由此就出现了一些疑难案件。我们可以将案件分为普通案件与疑难案件。普通案件主要是指法律规定与案件事实相吻合,这样的案件在认定有罪无罪的时候是非常简单的,一看便知。但有些案件是疑难的,这些所谓疑难案件就是指案件事实与法律规定不完全吻合,或者只是部分吻合,或者案件事实处于法律规定的边缘。

具有这些特征的案件就是司法实践中的疑难案件,它所占的比重虽然不大但对司法人员的专业水平却是一个重大的考验。比如说刑法关于拐卖妇女罪的规定,被拐卖对象必须是妇女。这里的"妇女"是指14周岁以上的女性。为什么要加一个14周岁的限制呢?因为不满14周岁的就是儿童,而刑法另外又有关于拐卖儿童罪的规定。在现实生活中就会出现这种案件,被拐卖的是两性人。两性人中又有以女性特征为主和以男性特征为主的两性人之分。这就出现一个问题,拐卖两性人到底是不是拐卖妇女?这种拐卖两性人的案件可能几十年才出一起,这就是疑难案件。最高人民法院的《刑事审判参考》就专门刊登过张世林拐卖妇女案,该案的裁判理由明确指出,两性人不属于妇女。这里的两性人既包括以男性特征为主的和以女性特征为主的两性人。因此,明知是两性人而予以拐卖的行为不能认定为拐卖妇女罪,将两性人误认为妇女而予以拐卖的行为构成拐卖妇女罪的未遂,是对象认识错误的未遂。只有通过具体的案例,才能正确地解决这些疑难问题,所以案例的学习在整个刑法的学习中是非常重要的。如果我们只是注重规范的学习,对刑法规范都能够切实的掌握,甚至能够把一些主要的刑法条文背得头头是道、滚瓜烂熟,但碰到疑难案件不能进行正确的分析,那就是"纸上谈法",缺乏实际分析能力。因此,我们在刑法学习中,不仅要注重规范学习以及理论学习,还需要去了解大量的在现实生活中真实发生的案例。无论是刑法总则还是刑法分则的问题,每个规范后面都有大量案例存在。不仅要掌握刑法规范,而且要掌握规范背后的刑事案例。只有这样,才算真正学好了刑法。

当然,案例的学习是逐渐积累的过程,不是一朝一夕就能掌握的。我们要养成阅读案例的习惯,也就是说,我们不仅要阅读刑法教科书或者其他刑法书籍,还要阅读法条,更要阅读案例。阅读案例具有完全不同于阅读其他法律读物的感觉。一般来说,法律读物都是抽象的,阅读起来也是较为枯燥无味的,甚至很难懂。因此,阅读法律书籍的要领在于将抽象的内容转化为具象的内容,使法律变得生动化、现实化。与之相反,案例是较为具体的,初读起来也许会因其故事性而被吸引。但案例中存在大量琐碎的细节,对定罪量刑并没有影响,因此要予以删除。因此,阅读案例的要领在于从繁复的案件细节中提炼出对于定罪量刑具有重要意义的构成要件事实,我们可以称之为关键性事实,而将其他非关键性事实予以舍弃。在接触案件之初,我们会被大量琐碎的案件事实所遮蔽,捕捉关键性事实就像大海捞针一样。只有在大量阅读案例以后,我们才能像熟练的猎人一样,能够很快地捕捉到猎物。所以,同学们需要大量阅读案例,尤其是各种司法文书,例如起诉书和判决书。

阅读案例要解决两个问题:一是厘清案情,二是法律适用。在遇到一个案件的时候,我们首先要掌握案情。有些案件的案情是较为简单的,但有些案件的案情却是极为复杂的,主要是经济犯罪案件。因为在这种经济犯罪案件中,存在各种纵横交错的法律关系,经营行为与犯罪行为交织在一起,要在短时间内厘清各种法律关系和案件事实,确实是较为不易的。一般来说,可以以案情推进的时间为纬线,以发生的行为为经线,由此确立案件的基本结构框架。例如,我曾经写过一本个案性的书籍——《立此存照:高尚挪用资金案侧记》(北京大学出版社 2014 年版)。该书以时间为维度,记述了发生在安徽省淮南市的一起挪用资金案,本案可以说是一个征表我国司法体制弊病的难得的标本。这个案件不仅案情复杂,而且法律适用也较为疑难。一审判决无罪,检察机关抗诉以后,二审改判有罪。经过多年申诉,再审部分改判,但仍然维持有罪的结论。大家有兴趣,可以读一读这本典型的案例书籍。

在论及案例的时候,还有一个相关的概念,这就是判例。如果说案例一词侧重点在于“案”，那么判例一词的侧重点则在于“例”，判例是可以作为先例的案例。一般认为，法官判决之前称为案件，经过判决以后就可能成为判例。判例中所包含的裁判理由，是法律规范在具体案件中适用的结果，这种结果对此后同类案件的审判具有比照的作用。因此，在判例中所包含的裁判理由，实际上是一些规范性的内容，同样也是一种具体的司法规则。英美法系国家实行判例法，它们的刑法存在于判例的裁判规则之中。当然，英美法系国家的刑法领域是成文化程度最高的一个领域，也有完整的法典。大陆法系国家由于实行法典法，因此，刑法主要是以法典的方式存在，但判例同样具有对成文法的补充作用。

我国自古以来，以成文法为主，可以说是成文法发展十分成熟的国家。例如，公元七世纪颁布的《唐律疏议》，是成文法的登峰造极之作。当然，中国古代也重视判例的作用。但是，中国古代的判例并不是以案例比对的方式发生作用的，而是从案例中引申出“例”，然后以例入律，形成律例合一的成文化法典。例如，《大清律例》就是一部律例合编的法典。相对于强大和顽强的成文法传统而言，中国古代判例法的传统相当微弱，只能成为成文法的点缀。

近些年来，我国司法机关非常注重案例的指导作用，颁布了一些权威的案例，对司法实践进行指导。这里应当指出，在我国语境中，案例与判例这两个用语通常被混杂使用，为了避免与英美的判例法混同，我国甚至回避使用判例一词。从刑法领域来说，现在这些权威性的判例，如《最高人民法院公报》所颁布的案例，都是经过最高人民法院的审判委员会讨论通过的，因此具有指导意义，在一定意义上也可以称为判例。另外，还有最高人民法院的有关业务部门颁布的一些案例，较为权威的是最高人民法院刑事审判庭出版的《刑事审判参考》，每年由法律出版社出版6本，也是我们学习刑法的重要参考资料。此外,还有最高人民法院应用法学研究所编纂的《人民法院判例选》,每年由人民法院出版社出版,其中的刑事案例也具有参考价值。再来,就是中国人民大学出版社出版的《中国审判案例要览》,每年1卷,里面也有一部分是刑事案例。这些权威性案例真实地反映司法实践的情况,尤其是有些案例中所确立的一些司法规则,实际具有对刑法的补充作用。因此,这些权威性案例实际上具有判例的性质。例如,前几年我国刑法学界对于婚内强奸的问题存在很大争议。丈夫强行和妻子发生性行为,能否构成强奸罪?有人持肯定说,刑法已经规定强奸妇女的行为构成犯罪,并没有对妇女的身份加以限制,因为妻子也是妇女,所以丈夫强奸妻子可以构成强奸罪。有人持否定说,认为这里的妇女是指妻子以外的其他妇女,不包括妻子,因此丈夫强行与妻子发生性行为不构成强奸罪。对这些问题的处理在刑法理论上存在争议,那么在司法实践中如果出现了这样的案例,司法机关到底怎么处理?最高人民法院在《刑事审判参考》中就曾先后刊登过两个案例:一个是王卫明案,另一个是白俊峰案。这两个案例基本确立了这样一个规则——在婚姻关系正常存续期间,丈夫对妻子发生强制性交的行为,不构成强奸罪,但是在婚姻关系非正常存续期间,例如,婚姻已经进入到解除程序,一审判决离婚,正在上诉,二审没有结束,这时从法律上说夫妻关系仍然存在。但在这种情况下,丈夫强奸妻子的,可以构成强奸罪。在白俊峰案中,由于双方没有进入离婚程序,所以白俊峰强奸妻子,法院判决不构成犯罪。但在王卫明案中,已经进入到离婚程序,并且一审法院已经判决离婚,正在上诉期间,因为二审判决没有生效,所以婚姻关系没有彻底解除。在这种情况下,王卫明强奸妻子,法院判决构成强奸罪。现在是通过判决形成双重规则,这个规则就是对刑法关于强奸罪规定的重要补充。如果我们只知道刑法的规定,而不知道判例中所确立的具体规则,那么就不能认为已经掌握好刑法了。因此,案例学习非常重要。为了方便查询这些案例,我、张军和胡云腾共同主编了《人民法院刑事指导案例裁判要旨通纂》(北京大学出版社2013年版)一书,该书对这些刊物中刊登的刑事指导案例进行了编纂,从裁判理由中提炼出司法规则,对司法活动具有参考价值。

2010年,随着最高人民法院和最高人民检察院分别颁布《关于案例指导工作的规定》(以下简称《规定》),标志着案例指导制度在我国的正式建立。案例指导制度中的案例,又称为指导性案例。指导性案例区别于不具有指导性的普通案例,在某种意义上说,所谓指导性案例其实就是判例。因此,我们也可以把案例指导制度称为具有中国特色的判例制度。

案例指导制度的建立增加了法律规则的提供方式,对完善我国法律规则体系具有重要意义。我国法学界有一种观点认为,只有立法才创制规则,司法解释和判例都不创制规则,而只是解释规则。虽然对规则进行解释也具有普遍指导意义,但其并不具有创设法律规则的地位和作用。实际上,这种观点值得商榷。从法律样态来说,宪法作为根本法,其规则具有纲领性,法律的规则具有原则性,司法解释的规则具有细则性,而案例指导规则则具有具体性。就司法解释而言,它确实是对法律的一种解释。但解释法律的过程就是将法律予以细则化的过程,其本质就是一种创制规则的过程。案例指导制度也是如此,从指导性案例中提炼出来的案例指导规则本身就是一种比法律和司法解释更为具体的规则。因此,不能否认司法解释和案例指导制度都具有规则创制功能。与此相适应,在我国正式建立案例指导制度以后,我国的法律规则体系由法律、行政法规、司法解释、案例指导规则构成。案例指导制度实际上创制了一种新的规则提供方式,案例指导规则是一种全新的法律规则样式。

案例指导制度的建立给我国的司法解释制度带来了一定的影响，个案性的司法解释将被指导性案例所取代。我国的司法解释从性质来划分，可以分为抽象性的司法解释与个案性的司法实践。所谓抽象性的司法解释其实就是一种司法机关创制的规范，其形式无异于法律。而个案性的司法解释则是针对具体案件如何适用法律所作的解释，这种解释具有个别性与具象性。随着案例指导制度的建立，个案性的司法解释的功能将逐渐被指导性案例所取代，这是必然的趋势。案例指导制度所创制的规则，相对于抽象性的司法解释来说是一种更加细则化的规则，因而能够为司法机关处理一些疑难复杂案件提供更为明确具体的指导规则。就此而言，它与以往针对个案所作的司法解释在性质上相趋同。但从功能定位上来看，个案性的司法解释将会被指导性案例取代，最终形成司法解释与指导性案例互补、共存的局面。前者以法律文本为客体进行语义、逻辑等解释，侧重于对法条用语的演绎，具有很强的抽象性与普适性，后者以个案案情为客体进行分析、总结等活动，侧重于对个案所反映的法律问题的归纳，具有很强的具体性与针对性。

案例指导制度的建立对司法活动会产生较大的影响，主要表现为法官的思维方式将发生深刻变化。通过指导性案例形成的法律规则，其机制具有自发秩序演化的特征。就指导性案例中的单个案例而言，法官是在处理个案，而并非脱离个案地去创制一般的法律规则。但是，从个案中引申出来的法律规则又具有超然于个案的一般性，可以为以后处理类似案件提供裁判规则。在这种情况下，法官在审理具体案件时，其思维方式势必将发生以下转变：

(1) 更加重视对指导性案例的寻找。在指导性案例公布以前，当法官遇到疑难问题时，首先会查阅有没有相关法律规定，没有法律规定时再去查阅相关司法解释。如果也没有司法解释，则去翻阅理论著作。在指导性案例公布以后,当没有相关司法解释时,法官就需要查阅有没有相关的指导性案例。实际上,无论是查阅法律规定、司法解释,还是指导性案例,都是在寻找规则。案例指导制度自建立以后,为法官提供了一种新的规则来源,必将引起法官的重视。

(2) 更加重视运用区分技术来确定案件之间是否存在同一性。在案例指导制度确立以后,法官不再像以前那样,是在与立法者对话,而是转为与整个司法系统对话,尤其是与法律传统对话,司法的重心也从阐释法律转变为案情对比。因为在案例指导制度施行以前,由于法律规则本身较为抽象,将一个抽象的法律规则适用于个案,重要的是对法律规则进行解释,为司法三段论的演绎推理提供逻辑起点。在案例指导制度下,由于裁判规则本身已经十分具体,对此已经不需要解释,关键问题在于后案与先例所依存的前案之间是否具有同一性,这与存在于判例法制度中的区分技术所要解决的问题相一致。

(3) 更加重视指导性案例所确定的裁判规则。案例指导规则虽然是零散的,但却因为审级制度的存在而自发地形成一种法律规则效力体系。审级制度决定了指导性案例的效力等级,因而使指导性案例具有一种天生的服从性,否则,不同于上级的判决就会被撤销。这里存在一个判决的淘汰机制与遴选机制,它们都是自动地发挥作用的,而不是人为的设计。因此,案例指导制度完全能够满足自上而下的控制,这主要是通过审级制度实现的,这种诉讼程序对于实体规则的牵引作用体现得十分明显。

案例指导制度的建立也会对法学知识形态造成重大影响,判例研究将成为法条研究之外的重要内容。最高人民法院和最高人民检察院所颁布的指导性案例对于整个法学研究与法学教育都会产生重大影响,甚至对法学研究的理论形态也将产生重要影响。案例指导制度的影响是全方位的,不仅会大量涌现专门研究指导性案例的论文,还将对法学教科书、法学著作、法教义学研究产生巨大的影响。学者们在进行法学研究时,除了研究法律或司法解释以外,将会更加重视对指导性案例的研究。指导性案例能够更为现实地反映我国司法实践中存在的实际问题,学者需要对案例指导制度进行进一步的研究,把与法律规定、立法精神相符合的那些内容阐述出来、提炼出来,使它成为理论的根据。在进一步推动我国法学研究本土化的同时,指导性案例还能够增强法学研究的实践意义,最终将对司法活动产生一定的积极影响。指导性案例将会进入法学教科书,进入法学课堂,成为法学教育的主要素材。因此,案例指导制度建立以后,法学教育,包括教科书和教学方法都要作出回应。

总而言之,刑法的规范与案例,尤其是指导性案例,都是我们在刑法学习过程中不可或缺、不可偏废的内容。

(本文整理自2006年9月北京大学法学院2005级本科刑法总论课堂讲授稿)

专题三　刑法方法论

同学们:晚上好!

今天晚上的讲座题目是关于刑法方法论的问题。刑法方法论是当前在刑法理论研究中一个前沿性的问题,刑法学研究经过二十多年的发展,在目前这样一个阶段必须要通过对刑法方法的思考来进一步提高我国刑法学的理论水平,因此,刑法方法论的研究是非常重要的。这里的刑法方法主要是指刑法适用的方法,而不是一般意义上所指的刑法学研究方法。刑法方法从广义上来说,也包括刑法学的研究方法,但我们这里所讲的刑法方法更重要是指刑法的适用方法,它是一种法律方法,而不是一种法学方法。

刑法的方法论问题是一种刑法适用的技术,因此,它是一个技术层面的问题。在法治建设中,有三个层次的问题需要解决:第一个层次的问题是理念的问题,是思想的问题,它也是最高层次的问题;第二个层次的问题是体制的问题,主要是指司法体制的问题,也包括刑事政策的问题;第三个层次的问题就是技术方法问题,尤其是司法技术问题。这三个层次的问题是具有明显联系的,只有这三个问题都得到很好的解决,法治水平才能提高。

过去我们往往比较重视思想观念问题、司法体制问题,而对技术手段问题却在一定程度上有所忽略。实际上,一种正确的司法理念,一种科学的司法体制,最终都要借助于一定的司法技术来达到其目的,因此,更应该强调这种司法技术手段对于法治建设的重要意义。这种技术手段对于整个社会的治理可能是非常重要的,是客观支柱。而过去我们往往是过分强调思想,认为思想可以改变一切、理念可以改变一切。实际上,这种思想发挥作用的背后都存在某种技术的支撑，离开了这种技术，这种理念、思想就不可能单独地发挥作用。

比如，近代刑罚有一个重大的转型，从中世纪以前残酷的刑罚变成较为轻缓的刑罚。像肉刑这样一些以折磨人的身体为主要内容的刑罚从近代以后就逐渐消失了，自由刑就出现了。对这样一种刑罚进化现象的出现，过去我们往往归结为是受到刑罚人道主义思想的影响，在这种思想的影响下，刑罚实行轻缓化，但实质上，这种看法本身上是肤浅的，也是不符合事实的，绝不能把这种刑罚从残酷到轻缓的历史性演变过程归结为一种思想观念作用的结果，它的背后实际上是有着某种技术的支撑的。对于这一点，法国著名思想家福柯在他的著作《惩罚与规训》中曾作过非常深刻的分析。福柯认为，在古代，社会对个人的控制主要是通过控制人的肉体来实现的。正是通过对人的肉体的摧残，通过酷刑制造一些血淋淋的场面，来彰显权力的尊贵和不可侵犯，从而达到社会对个人的控制的目的。在这样的社会背景下，必然会存在酷刑。近代酷刑之所以消失，刑罚变得轻缓，主要是因为社会对个人控制的技术改变了，也就是社会发明了一种新的技术手段，借助于这种技术手段，社会对个人的控制就不需要通过肉体来实现，而是通过对人的精神思想的控制来实现，这是一种权力技术。福柯讲的规训，就是通过监禁，校正人的思想精神，使它符合一定的社会规范，从而使这些被监禁的人能够改变个人内心的想法，接受社会共同的价值规范。这是一种新的权力控制技术，正是因为有了这种权力技术，所以过去的酷刑就消失了。借助于对人精神的控制来实现社会对个人的控制，就是对个人治理方式的一种改变，发现一种新的治理技术，从而导致酷刑的消失。我认为，这样一种分析是非常另类的，而且也是更为深刻的，刑罚人道主义的影响也只有在发明了这种权力技术之后才能发生作用，如果没有发明这样一种权力技术，社会对个人的控制仍然需要通过对人的肉体作用，即使有刑罚人道主义，酷刑也同样不会消失。

这个例子也可以用来分析其他一些现象,比如刑讯逼供,在古代是盛行的,甚至是一种合法的刑讯,但是在近代,刑讯被宣布为非法,并且赋予被告人更大的权利,甚至沉默权。这是一个巨大的变化,这个巨大变化的背后,同样也包含着司法技术的提高。关于这一点,德国的法学家们曾经作过深刻分析,他们认为,随着近代科学技术的发展,尤其是随着医学的发展,对血液、基因、痕迹的鉴定,就有了一种科学手段,借助于这种科学手段,我们的司法对被告人口供的依赖就降低了。正是在这种情况下,才可以将刑讯宣布为非法,并且赋予被告人沉默权。在近代以前,之所以需要酷刑苛法,将口供作为证据的中心,实行口供中心主义,口供至上,把被告人的口供作为"证据之王",就是因为当时科学技术不发达,当时的侦查能力离开了被告人的供述就很难发现案件的真相,如果没有这些技术的出现,那么刑讯逼供现象就不可能在短时间内退出历史舞台。这些分析都是非常深刻的,对我们的研究很有启发。

我们在刑事法治建设中,在司法过程当中不仅仅强调司法理念的改变、司法体制的完善,还应当着重于司法技术的提高,借助司法技术来实现我们的司法观念,因此,我认为刑法方法论的问题对于提高刑事司法水平是有重要意义的。

按照贝卡里亚的观点,刑法适用是一个司法三段论的过程。司法三段论就是法律规定是大前提,案件事实是小前提,最后在案件事实和法律规定之间来比对,看它们之间是否具有同一性,最终确定被告人是否有罪。刑法方法就体现在这种刑法逻辑三段论推理中。

首先来看第一个环节,也就是确定大前提。这是一个找法的问题,找到法律规定是司法活动的一个出发点,尤其是在罪刑法定的原则下,一个行为是否构成犯罪,就应当看法律有无明文规定,因此确定法律的规定对正确认定犯罪具有重要意义。我们过去往往存在一种错误的倾向,认为法律是现成的,放在那儿等着我们适用,实际上事情并不是这么简单,在很多情况下,找法的活动是一个非常曲折复杂的过程,而案件能否得出正确结论关键在于你能否找到前提法。在罪刑法定的原则下,关键是看对一个行为法律有无规定,法律有规定就是犯罪,反之则不是犯罪。如果你找错了法律规定,对法律本来规定的犯罪不认为是犯罪,就会发生“误有罪为无罪”;相反一个行为法律没有规定为犯罪,但是你找错了法律,误以为是法律规定的犯罪,这样就会发生“误无罪为有罪”。无论是哪种情况,都会造成冤假错案,由此可见,找法的过程是非常重要的,但是法律规定本身是相当复杂的,法律规定可以分为显性规定和隐性规定。所谓显性规定是指法律的字面规定,在这种情况下,对一个行为是否为犯罪,法律规定是十分明确的,也是比较容易确定的。而另外一种是隐性规定,在这种情况下,仅从法律条文上看不出一个行为在法律上有没有规定,需要对相关条文作交互分析和逻辑分析,最终才能确定一个行为在法律上有无规定。在这种情况下,找法的过程可能是一个更为复杂的过程。比如说前几年曾经出现过这样一个案件:有一个被告人从香港乘飞机入境,他随身携带了 9 公斤黄金没有报关,后来被人举报案发。对这种行为可否定性为走私黄金进口的行为,能否按照犯罪来处理,关键是看刑法对这种行为是否有明文规定,那么我们就开始来寻找法律。《刑法》第 151 条第 2 款有一个走私贵重金属罪,在贵重金属中就包含了黄金,但是刑法规定的走私贵重金属罪是指走私国家黄金出口,而本案被告人的行为是走私黄金进口,显然和法律规定不符,也就是说《刑法》第 151 条第 2 款关于走私贵重金属罪并没有将走私黄金进口这种行为规定为走私贵重金属罪,对该被告人的行为就不能按照《刑法》第 151 条规定作出判断,但能不能就此得出对这种走私贵重金属进口的行为刑法没有明文规定为犯罪,就不能作为犯罪来处理的结论呢?我们认为不能如此简单地得出结论。那么我们刚才找法的过程中所得出的结论,只能说对这种走私黄金进口的行为刑法没有明文规定为犯罪,但是法律没有显性规定并不等于法律没有规定,还要看法律有无隐性的规定。如果某一种行为虽然法律没有显性规定但是有隐性规定,这种情况同样也应该按照犯罪来处理,因此,我们继续来寻找法律。

我国《刑法》第 153 条规定走私普通货物、物品罪,走私《刑法》第 151、152、347 条规定以外的物品,构成走私普通货物、物品罪。有人就认为,《刑法》第 151 条第 2 款规定走私黄金已经有罪,因此不属于这里所讲的走私《刑法》第 151 条规定以外的物品,那么根据这种观点,走私黄金进口的行为也不能按照走私普通货物、物品罪来处理。但是我们认为,这种理解是不正确的,因为《刑法》153 条所讲的走私《刑法》第 151、152、347 条规定以外的物品,是指规定为犯罪以外的物品,那么走私黄金出口的行为已经被《刑法》第 151 条第 2 款规定为犯罪,因此,在逻辑上仍然可以包含在《刑法》第 153 条走私普通货物、物品罪中去,而且《刑法》第 153 条所规定的走私普通货物、物品罪是根据偷逃关税税额的大小来作为定罪量刑的标准,这一点和《刑法》第 151、152、347 条规定不同。这里面就涉及对我国刑法关于走私罪名设立的立法原意的理解,反映了我国刑法走私罪的设置有一个演变的过程。早在 1979 年《刑法》中只规定了一个走私罪,不管你走私何种物品,都定为走私罪,但在 1988 年《关于惩治走私罪的补充规定》中就根据走私货物、物品内容的不同分别设立了不同的走私罪。在 1997 年《刑法》修订当中,基本吸收了 1988 年的《关于惩治走私罪的补充规定》,这样就形成了我国《刑法》第 151、152、153、347 条的规定,其中第 347 条规定的是走私毒品罪,因此,从我国刑法关于走私罪罪名设置看,它是根据走私物品的性质来设置的。走私物品的性质有两种:一种是国家禁止进出境的物品,走私这种物品,就破坏了国家海关管制。像《刑法》第 151 条规定的枪支、弹药、核材料等,第 347 条规定的毒品等,都是国家禁止进出境的物品;而第二种是走私罪,就是《刑法》第 153 条规定的走私普通货物、物品的犯罪,应当根据偷逃关税税额的大小作为定罪量刑的标准。在这种情况下,某种物品要么是国家禁止进出境物品,要么是国家允许进出境物品,如果是前者,就应该按照《刑法》第 151、152、347 条规定处罚;如果是后者,就按照《刑法》第 153 条规定走私普通货物、物品罪处罚。黄金具有特殊性,关系到国计民生,因此刑法就专门设立了走私贵重金属罪,但是法律却不禁止进口黄金,只是进口黄金必须要缴纳关税,因此,走私黄金进口这种行为就偷逃了关税,这种行为完全符合《刑法》第 153 条关于走私普通货物、物品的规定,应当按照走私普通货物、物品罪来定罪。那么通过对走私黄金进口这样一种行为的法律规定的分析,我们就可以看出来这里面存在一个找法的过程,而如何寻找恰当的法律,能否找到正确的法律,直接关系到案件定性是否准确,关系到最后处罚结果。

在找法的过程中,一种主要的方法就是法律解释的方法,只有我们娴熟地掌握了法律解释方法才能准确找法。因此,在刑法方法论的研究中,法律解释的方法是一种找法的方法,可以说任何一种法律规定都需要通过解释以后才能被适用,没有解释就没有法律适用。有人主张可以制定完美的刑法典,而不需要对刑法进行解释,因此,贝卡里亚就主张法官不应当有解释法律的权力,甚至认为,如果法官有解释法律的权力,那么法官就会滥用这个权力,法律精神就会取决于法官的解释,因而对相同的案件,不同法官就会有不同的理解,就会作出不同的判决,这样就破坏了法律的统一性和严肃性,正是在这种思想的指导下,主张一种绝对的罪刑法定,完全禁止法官对法律进行解释。但是事实已经证明,这样严格的罪刑法定,禁止法官对法律规定进行解释适用是不符合司法活动的客观规律的,因为案件是千差万别的,而法律规定是抽象的,抽象的法律规定使用起来不具体,必须要对法律进行解释,没有解释就无法适用。有时一个法律规定从表面上看起来好像是明确的,甚至好像不需要解释,实际上,在碰到具体案件时,这种疑问就会发生。比如,在英国制定法当中有这样一个规定:“在毒品交易中,使用枪支的应当从重处罚。”这个规定内容很明确,不会产生异议,但后来碰到一个具体案件,对这里讲的“使用枪支”产生异议。有一个被告人,他本人吸食毒品,向别人购买毒品,这里面就存在毒品交易。向他人购买毒品,当然要向别人支付金钱,但被告人没有钱,他就用他的枪和他人交换毒品。这个案件发生后,就出现这样一个问题,这个被告人的行为是否属于在毒品交易中使用枪支?对这个问题就产生了两种理解:一种理解就认为,法律规定的“使用枪支”是指利用枪支对他人进行威胁,使用枪支的“使用”是利用枪支的设计功能致人死亡、伤害,因此,被告人的行为不属于法律规定的“使用枪支”,因而不能用使用枪支来判定。另一种理解认为,法律规定的“使用枪支”并没有对使用枪支的方式进行限制,利用枪支的设计功能是使用枪支,难道利用枪支的经济价值和他人进行毒品交易就不是对枪支的使用吗?因此,根据这样一种理解,这个犯罪人的行为就属于在毒品交易中使用了枪支,因而按照法律规定从重处罚。从这个例子可以看出,“使用枪支”这样一个清楚的问题,在碰到具体案件时,还会存在争议。

这里所说的“使用”概念,实际上在我们的法律当中也是存在的。例如,我国刑法关于挪用公款的规定中,就有挪用公款归个人使用的问题,这个使用就是对公款的使用。如何理解这个“使用”?按照通常理解,就是花钱消费。如果公款是一种财产凭证,行为人用支票向银行贷款作抵押,这种情况是否属于公款归自己使用?从表面上看,只是使用存单，没有使用存单上的款项，钱仍然是在银行保管的，因此就不是一种使用，但这种理解显然没有理解“使用”的真实含义。因为使用公款是对公款的使用权的一种侵害，当公款所有人不能正常使用公款时，这种情况下，该行为就侵犯公款的使用权，就应当视为使用公款，也就是说将公款的存单在银行作抵押，在抵押期间，单位就不能正常使用存单账下的款，因此，这种行为本身就是对公款的使用，侵犯了公款的使用权，只有这样才能正确理解“使用”的含义。在有些案件中，我们恰恰就是因为对“使用”的理解有误，导致案件处理产生一些错误的结果。比如，曾经有过这样一个案件，有一个单位的财务管理本身就比较混乱，存在着公款私存的现象，单位有一个小金库。一次，单位的一个领导的儿子要办理出国留学的手续，在办理签证的时候，大使馆要求他提供一个家庭存款30万元的存单的复印件。领导就找到财务处长，问能否给他办这样一个存单，由于小金库的存款本身就存在个人名下，财务处长就将存在他名下的30万元公款以这个领导的名义存在银行，然后提供存单的复印件，但存单仍保存在单位的财务处，该领导就拿着复印件到使馆去办理签证。后来司法机关就逮捕了财务处长，以挪用公款罪提起诉讼，认为他将公款转到领导名下，供领导的儿子办理出国手续使用。这样一种行为是否适用挪用公款罪呢？关键在于这种情况下公款的使用权是否受到侵害。在这种情况下，向大使馆提供的是一张复印件，真实存单仍然掌握在单位财务人员手中，因此并不影响单位对这个存单项下的款项的使用。这种情况下，就不能认为工作人员的行为是一种挪用公款的行为，实际上是一种欺骗大使馆的行为，因为这种行为并没有妨害单位对公款的使用权。从这个例子可以看出，刑法的一些规定本身是很简单，但是在具体案件中如何来正确理解，就涉及解释的问题了。

法律本身以语言为载体，因此法律的解释首先是一种语义的解释。我们在学习法律时,首先要有语言的敏感性,在某种意义上我们是实践着的语言学家,我们是在处理语言问题。语言本身具有发声的规律,它是一种符号,是用来描述某种事物存在的,因此,语言和它所表述的客观事物存在着某种对应性,是一种词与物的关系。社会生活发展是迅速的,而语言的发展相对滞后。因此,社会生活改变了,语言仍然存在,在这种情况下,我们可以通过语言的考古发现曾经存在的事物。摩尔根在对某一部落的考察当中,发现存在一种亲属的称谓,但是和这种称谓相对应的亲属制度并不存在。考察者就设想这种亲属称谓一定与亲属制度是相对应的,虽然现在这种制度不存在了,但称谓存在,由此可以推断出在古代一定存在着和这种亲属称谓相对应的亲属制度,由此而揭示了氏族社会中亲属的秘密。这样的例子非常能够说明问题,因此,我们在对法律的解释中,也要注意词与物的对应关系以及语言的发展性。语言有一定的张力,它能够通过解释把其他内容给包含进去,那么在法律解释中首先对语言的变动性以及可解释性加以关注。比如,南京曾经发生过一起组织他人进行同性性交易的案件,被告人到底有罪无罪就取决于对刑法当中"卖淫"这个词的理解。有些人认为,卖淫是指妇女向男性出卖肉体,而本案被告人是组织他人进行同性性交易,这种同性之间的性交易不能理解为卖淫,因而被告人不构成组织他人卖淫罪。但是另外一种观点则认为,卖淫罪的概念是会变化的,随着社会生活的发展而不断变化。在 1979 年《刑法》中就规定了组织强迫妇女卖淫,因此,卖淫的主体只能是妇女,但是在 1991 年全国人大常委会《关于严禁卖淫嫖娼的决定》中已经把组织妇女卖淫改为组织强迫他人卖淫,尽管"他"指的是男性的他,但是包含女性在里面的。之所以修改是由于当时出现了男性向女性出卖肉体的现象。卖淫这种现象发生了一种新的变化,不仅有女性向男性出卖肉体,而且存在个别男性向女性出卖肉体的行为,在当时,的确没有出现同性性交易的行为,但后来这种现象出现了。这种现象能否包含到“卖淫”中?如果能,对被告人的行为就可以按照组织他人卖淫罪来定性;如果不能,就不能对被告人的行为按照组织他人卖淫罪处理。这里面就存在法律解释的问题,在这个法律解释中,关键是看语义的可能范围,也就是看卖淫能否把这个现象装进去,且没有突破这个词的边界。因为任何一个词它都包含一种现象,它呈现一种放射状,这种放射状就有一个语义的射程,处于这个射程中心的事物,是这个词所描述的最典型的现象,但是处于射程边缘的事物就可能不典型,但语义的射程到底有多远,这就直接决定了对这种现象能否用这一语义加以涵括。就“卖淫”一词来说,它指性交易,没有对主客体作出限制,只要是性交易都可以说是卖淫,但由于过去是指女性向男性出卖肉体,后来出现了男性向女性出卖肉体,同样可以包含在卖淫这个词中,现在出现了同性之间的性交易,它仍然是一种性交易,尽管它是发生在同性之间,但是性交易这个本质属性并没有改变。从这一意义上来说,可以把同性之间的性交易现象包含在卖淫中,因此,对本案被告人的行为可以按照组织他人卖淫罪定罪。通过对“卖淫”一词的解释可以看出,通过这种法律解释方法,可以使某一种法律规定适应犯罪发生的变化。因此,法律解释方法是法律发展的一种机制,在不需要修改刑法的情况下,把新出现的法律现象涵括到已有的法律规定当中,当然关键问题是要看这个语义是否能涵摄。

在另一种情况下,新出现的一种犯罪现象,它不能被某一种可能的语义所包含,存在于解释之上,在这种情况下,就不能通过法律解释方法来解决问题,而需要通过立法方法来解决这一问题。例如,前几年在我国刑法学界曾经出现过关于“婚内强奸”能否按照强奸罪来处理的争论。对这一问题也有两种观点:一种观点认为,婚内强奸也是强奸,可以按强奸罪来处理。它的主要理由有两条:一是刑法关于强奸罪的规定,使用暴力或其他方法强奸妇女,对这里的妇女,并没有将配偶排除在外,既然这里的妇女可以指配偶以外的妇女,也可以指配偶本身,因此存在这种解释的可能性,通过这样的解释就可以把婚内强奸包含在强奸中。二是外国关于“婚内强奸”也是通过法律解释的方法解决的,外国可以这样做,我们也可以。另一种观点认为,婚内强奸这种行为如果按照犯罪处理,应当通过立法,而不能通过法律解释来解决。我个人赞同第二种观点,关于这个问题不能简单地采用解释的方法来解决,这里面存在法律上的语言障碍。从刑法规定来看,刑法确实没有将配偶从强奸的客体当中排除出去,因此配偶也可以包含在妇女中,但是我们对于强奸罪规定的解释,尽管从妇女这个概念来看可以包含配偶,但是关键在于强奸的“奸”字。强奸的罪名,尤其是“奸”这个字,可以说是我国古代刑法中保留下来的少数罪名之一。那么在古代刑法里就有强奸这样的犯罪,当时称为“奸罪”,这里所谓的“奸”,指的是婚外性行为,婚内无奸。奸罪都是指违反封建伦理道德的一类行为的总称,可以分为强奸和通奸,因此,正是由于“奸”这个古老的汉字妨碍了将违背配偶的意愿强行发生性行为解释为强奸。这一点我们也可以从台湾地区“刑法”关于这个问题的处理中看出,台湾地区采用的是 1935 年《中华民国刑法》,尽管已经改得面目全非。1999 年台湾地区曾出台了一个“刑法修正案”,就是对强奸罪进行修改,当时台湾地区刑法学界也出现了关于“婚内强奸”能否按照强奸来处理的讨论,最后是通过修改“刑法”来处理这个问题的。修改“刑法”的结果是取消了强奸罪的罪名,甚至全部取消了刑法中的“奸”和“奸淫”这类词,认为“奸”“奸淫”这些词包含了伦理上的某种否定评价,包含某种贬义,而用“性交”这个词来取代“奸淫”这个词,因为“性交”是个中性词,把强奸罪修改为强制性交罪,它的内容就大大扩大了,既可以是男性强制女性性交,也可以是妇女强制男性性交;既可以是强制配偶以外的人进行性交,也可以是强制配偶进行性交,因此不仅丈夫可以强奸妻子,也可以是妻子强奸丈夫,它是无所不包的。台湾地区“刑法”这个界定已大大超出了日常理解的性交,英国也有这样的现象,关于“性交”这个词在刑法中也是不断发展的,但台湾地区在这方面走得更远,以至于有的台湾法学家说,如果按照台湾地区“刑法”性交的定义,那么医院肛肠科的大夫每天都在进行性交。更有意思的是,台湾地区“刑法”强奸的罪名虽然取消了,通奸这个罪名仍然存在,通奸这个词中的奸能否适用台湾地区“刑法”第10条规定的性交?如果采用性交来描述通奸这种行为,通奸的范围就大大扩大了,以至于后来法官开会以后决定通奸里的性交和其他性交不是一个概念,不能用“刑法”第10条的规定来形容通奸。这里面就出现一个解释的问题,在台湾地区“刑法”中关于婚内强奸是通过立法来解决的。在法律没有修改以前,“奸”字本身是指婚外性行为,因此不能把婚内强奸包含在内。实际上,我们在讲婚内强奸的用语时已经不符合“奸”这个词的用法了。至于外国法律解释的问题,同样不能作为我们能否把婚内强奸作为强奸的依据,因为国外这个词的意思本身就跟中国的不一样,把英语中 rape 这个词翻译为强奸时实际上已经“强奸”了这个词,它本来是指非法性交,而我们的“奸”只能是婚外性行为,婚内性行为不能叫“奸”。

语言具有国别性,汉语与英、法、德语都是不一样的,那么同一个概念有的语言张力小一点,它能够包容更多的东西,而有些语言张力小一点,不能包含更多的事物。因此,同一个问题在不同的国家,有的国家是通过法律解释来解决的,有的国家则是通过立法来解决的。比如,关于盗窃电能的问题,盗窃是一个最古老的罪名,但是电能是近一百年才发明的。随着电能在生活中的普遍使用,就出现了盗窃电能的现象。这就给我们的刑法提出了一个问题,盗窃电能的行为是否能够按照盗窃来处理？过去所讲的盗窃是指盗窃财物，电能是不是一种财物，就出现了一个问题，这个问题在法国是通过案例来解决的，但是在德国却是通过立法来解决的。德国联邦法院在一个判例中说，如果把电能这些无形的东西包含在财物中就会破坏财物这个词的一般使用习惯，因此，窃电这种行为要按照盗窃来处理必须有法律规定，所以在《德国刑法典》中就设立了一款窃电按照盗窃处理的规定。因此，语言是有民族性的，不同民族的语言是不一样的，不同的语言有不同的张力，不同的涵盖力。我们在借鉴外国的法律规定时也同样要考虑到语言上的差别，而不能采用简单照抄的方法。否则，有时就会产生误解。例如，德国著名的刑法学家考夫曼在《法律哲学》中表达了一种看法，他认为在刑法中是可以类推的。他的另外一本书叫《类推与“事物本质”》，在这本书里他指出，事物的性质类型相同时就可以类推。因此，有些学者就认为考夫曼主张类推，对过去我们简单地把罪刑法定和类推对立起来这种观点的正确性产生了怀疑。这种看法完全是一种误解，是一种语言上的错觉造成的。实际上考夫曼所讲的需要类推的场合，在我国会被认为是一种典型的，而且就是应当这样做的，也就是他对语言的解释太窄，在我们看来它是语言本身所包含的，但是他却需要通过类推，因此，他所讲的类推和我们的类推不同。比如，德国最高法院曾经审理过这样一个案件，有一个犯罪分子抢劫一个妇女的财物，在抢劫当中使用了硫酸，将该妇女泼伤，抢劫了财物。而德国刑法中有一个规定，在抢劫中使用武器造成他人伤害的，要加倍处罚。这个案件发生后就产生争议，泼硫酸的方法造成被害人伤害是否属于在抢劫中使用武器造成他人伤害，也就是说硫酸是不是武器？有人说硫酸就是武器，是一种化学武器，因为武器这个词本身就是不断变化的，在冷兵器时代，刀剑就算是武器，现在枪支就算是武器，但是现在又有化学武器，而化学物质本身就可以当作武器来使用，所以这种情况就属于法律规定的情况。但是另外一种观点认为,不能对武器这个词作如此宽泛的理解,武器应当是指一种器械,它是一种军事上的用语,应当遵守它本来的含义。硫酸是化学物品,不能把化学物品包含到武器中,虽然泼硫酸致人伤害,但不能将硫酸视为武器,因此不能加重处罚被告人。这个争议很大,但像这样的问题,在我们中国人看来,想都不用想就会把它当作武器对待,根本不会产生争议,在德国争议却非常大。这个案件德国最高法院是按照使用武器来看待的,但是遭到很多学者的批评,认为这里面就包含类推,但是考夫曼是赞同最高法院的判决的,他认为在这种情况下类推是正确的。后来《德国刑法典》作了修改,通过修改,刑法就能把使用其他器械或方式致人重伤这种行为包含进来,而不仅限于使用武器。从这里可以看出来,德国的刑法学界对于一个概念的解释是非常严格的。因此,有时为了达到某种事实的合理性,不得不采用所谓的类推。而在我国,恰恰词的概念非常宽泛,在很多情况下,根本就没有类推存在,因此,在法律解释中,如何来处理语言是非常重要的。

当然,在法律解释方法中,不仅涉及对语言的处理,还涉及对逻辑的处理,因此,从事刑法学研究的学者,不仅应当是实践着的语言学家,而且应当是一个实践着的逻辑学家。我们应当有严谨的逻辑思维,逻辑的严谨性对于刑法的学习和研究是有着非常重要的意义的。但是我们发现,在很多情况下,在对法律作出理解时逻辑都非常混乱,也就是没有掌握正确的逻辑方法,从而得出错误的结论,这方面的问题确实是非常多的,因此,我觉得逻辑问题是一个很重要的问题。实际上,我们在学习法律的时候,很多情况下并不在于你了解多少法律规定,而在于你能否正确运用法律方法来进行逻辑推理,是否严谨,这才是最重要的。最近我在研究判例法,在研究过程中就发现存在大量的逻辑问题,我们的法官有时逻辑推理非常混乱,有时结论可能是正确的,但是推理过程是错误的。如何提高我们的逻辑推理的严谨性,是一个很重要的问题。实际上,我们的理论水平的高低并不在于我们知道多少法律,恰恰在于我们的逻辑思维能力能否达到一定的水准,这一点非常重要。

法律适用的第二个环节就是对事实的认定。在案件事实认定中同样也涉及这种法律方法,也就是一种事实认定的方法。如何来认定这个事实,这里面就存在方法的问题。在事实认定过程中,有一种方法我认为非常重要,就是推定。尤其是在构成主观要件的认定中,行为人的主观心理态度(如故意或过失)不能完全取决于被告人的供述,对这种主观的构成要素,往往要采用推定方法来认定。这是一种事实的推定,是一个从已知到未知的过程,比如刑法中的"明知"如何来认定,在有关司法解释中往往把明知说成是"已经知道"或"应当知道",实际上"应当知道"就是推定知道。另外像刑法中的"非法占有"的目的,在金融诈骗中,到底有无非法占有的目的,并不是以被告人的供述为依据的,而是要根据客观事实进行推定,这种推定的方法主要确定推定的前提,推定的前提都是事实性的问题,只要确定了推定的前提,就可以得出推定的结果。关于非法占有的目的,只要具备司法解释规定的七种情形之一的,就认定它具有非法占有的目的,这就是一种推定。这种推定获得事实证明具有必定性或必然性,它与事实证明的事实不太一样,而且这种推定可以反证。如果可以提出相反的证明就可以推翻这个推定,如果提不出相反的证明,这个推定就是成立的,就可以按照这样的结论来给被告人定罪处罚,所以我认为,这种推定的方法在司法中是应该广泛使用的。我们的司法机关尤其是侦查机关,往往强调查清一些客观事实,但对于行为人的主观构成要件的推定往往缺乏依据,这对案件后期的认定带来一定的难度。另外,法律规定与司法解释没有为推定方法的运用提供一些基础性的事实,给控方对案件的证明带来很大难度。因此,我认为,在案件事实认定中,要广泛使用推定方法,在刑法中需要对推定进行研究,在有关法律规定和司法解释中需要对推定方法作更详细的规定,只有这样才能更好地对事实进行认定。

最后一种方法是演绎的方法。从大前提到小前提,到最后认定有罪无罪,就取决于法律规定与案件事实之间是否具有同一性,如果具有同一性,就可以将案件事实涵摄到法律规定当中。这里有一个“涵摄”,这个过程实际上就是一个演绎的过程,一种演绎的推理,它要求大前提是正确的,并且小前提也得到清楚的证明,在这样的基础上,再进行演绎推理,最后得出有罪无罪的结论。这种演绎推理是最常见的逻辑推理方法,不仅在法律适用中广泛采用这种逻辑推理方法,法学研究包括刑法学研究中也是广泛采用这种逻辑推理的方法。但是人们对于演绎这种方法往往有一种误解,比如,张明楷教授曾提出这样一个命题,他说“少一点演绎,多一点归纳”。他认为,演绎没有增加新的知识,因为结论已经包含在大前提里面了,通过演绎得出的结论本来就是大前提所有的,并没有增加新的知识,而归纳增加了新的知识,在我们的法学研究中演绎过多,缺乏归纳。因此,他提出要多一点归纳,少一点演绎。在刑法学的研究中,也许这样一种提法是对的,但是在法律适用中,我认为,不能认为演绎的方法没有增加新知识,演绎方法本身是增加知识的,而不是对大前提的重复,尽管这种结论已包含在大前提里,但是抽象的法律规定运用到具体案件中,得出一个结论,也是增加了新知识,它解决了案件中被告人有罪还是无罪的问题。因此,我们不应该贬低演绎这种逻辑推理方法在法律适用中的重要性,而要强调它的重要性。演绎的过程实际上是在法律规定和案件事实之间进行同一性的认定,在这里,它不是一个简单的推理的过程,不是一个单向的过程。张明楷教授说过另外一句话:定罪过程是从法律规范到案件事实之间不断地循环往复的审视的过程，它是一个复杂的过程，尤其是在复杂的案件中，不是先去理解法律规定，而是依据案件事实去理解法律规定，如果法律规定不能把案件事实包含进去，那么对案件事实再作另外一种塑造，再去看它能否包含进去，这里有一个循环往复的过程，而且法律规定本身是可以塑造的，它不是死的，有时是非常复杂的，在理解法律规定时不能限于法律的字面规定。比如，刑法中有关绑架罪的规定，刑法规定以勒索为目的，但是在实际中，有被害人被扣押，要他把钱拿出来，但是他身上没有钱，被害人就给公司会计打了一个电话，说要做买卖，需要 10 万元，赶紧送到什么地方来。会计就送来了，但送钱的人并不知道他被绑架了。这样的案件能不能认定为绑架罪？以勒索为目的扣押他人作人质，好像符合这个规定，但是法律规定的以勒索为目的是向谁勒索，是否包括被害人本人？还是指向被害人以外的人勒索？从法律的字面上并不能看出来。我们通常所讲的绑架罪不仅仅是侵害了被绑架人的人身权利和财产权利，而且还有一项重要内容，就是他的亲朋好友为他的生命安全担忧。因此，绑架罪的勒索只能是将被害人扣为人质以便向他的亲属进行勒索，勒索的财物作为释放被害人的赎金，只有这样才能构成绑架罪。像前面那种情况，只能认定为抢劫罪，而不能认定为绑架罪，这就涉及在案件和法律之间不断地进行穿梭巡回、比对，而且对法律规定不仅是从字面上理解，还存在对法律规定内容的塑造问题，可能还涉及其他一些因素，如情理、法理、价值取向，这些都会影响到案件的处理。比如，刑法规定绑架他人致使被绑架人死亡的或是杀害被绑架人的处死刑，但是实际中存在这样一种现象，某一犯罪人绑架一人被公安机关发现了，公安机关对人质进行解救，在解救过程中，不得已向实施绑架的犯罪分子开枪，但是一枪没有打中犯罪分子，却把人质打死了，这种情况下对于犯罪分子来说是否属于刑法所规定的绑架他人致使被绑架人死亡或者杀害被绑架人？如果这种情况视为致使被绑架人死亡，就应当适用死刑；如果认为不是，就不能判处死刑。像这样的问题如何解决，就是一个比较复杂的过程了，超出法律知识的范围，可能需要从更多的角度来考虑。如何来处理，则需要更高的法律智慧和对法律更深刻的理解。

今晚就讲到这里，谢谢大家！

（本文整理自 2007 年 3 月在北京大学法学院讲座的演讲稿）

专题四　法学知识形态及其方法论

同学们:大家好!

今天我的讲座题目是“法学知识形态及其方法论”。这个题目中包含了两个关键词,这就是法学知识形态和方法论。我觉得,法学知识形态和方法论,是从事法学研究之前必须掌握的重大理论问题,对初入法学研究之门的研究生来说,更是如此。在此,我想讲三个问题:第一个是法学的知识形态问题;第二个是法学的方法论问题;第三个是以刑法为视角的考察。

一、法学的知识形态问题

法学知识形态是对法学的一种知识社会学的专门考察。首先要考虑的问题是为什么要研究法学的知识形态问题,或者说研究法学的知识形态有什么意义。我记得前些年我国法理学界提出了一个“法理学向何处去”的问题,就是说法理学要怎么发展。因为法理学是整个法学的代表,一个国家的法学发展水平基本取决于法理学的发展水平,法理学向何处去的问题其实就是中国法学向何处去的问题。我想法理学界之所以提出这样一个问题,是因为我国的法学理论经过一段时间的发展,已经从意识形态和政治话语中走了出来。我国过去的法理学以及整个法学理论带有很强的意识形态色彩,都是以阶级斗争、无产阶级专政等这样一些政治话语为主线的,经过20世纪八九十年代的拨乱反正,法学界对法理学的意识形态倾向进行了批判和反思,这是一个“祛魅”的过程,问题是“祛魅”之后的我国法理学该向何处去？这就出现一种迷茫的状况。对“法理学向何处去”这一问题，法学理论上有不同的回应。我个人认为，应该对法学的知识形态问题进行专门的研究，这对于引领法学理论向前发展具有重要的意义。

法学的知识形态问题，主要是如何看待法学理论的层次性问题。通过对法学知识形态的考察，把过去笼统的法学理论区分为不同形态的法学知识，为不同形态的法学知识勘定相互之间的边界，使不同形态的法学知识形成良性互动关系，促进我国法学理论的发展。换句话说，促使我国法学理论的分化。此前，我国的法学领域处于一种未分化的状态，不同性质的法学知识笼而统之地被放在一个理论框架之下，而这些知识之间实际上存在某种冲突，这说明我国的法学理论本身缺乏科学性。法学理论的发展必须促进法学知识实现分化。就此而言，我个人觉得非常重要。那么，法学的知识形态问题，它的研究起点是哪儿？从哪里开始研究呢？这里涉及法学的研究对象——法的多元性的问题。法学之所以存在不同的知识形态，根源在于法本身的多元性。因此，对法的多元性的考察是对法学知识形态考察的逻辑起点。对法的多元性问题的考察，我觉得应该包含三个方面的问题：

第一种意义上的法是一种规范的存在。这种规范意义上的法被称为实在法或实定法。实在法的一个基本特征是在一个国家发生法律效力，具有法律拘束力的法律规则。规范是法存在的一种基本形式，我们讲到法时首先讲的就是法的基本形式。当然，不同的法系，法存在的规范形式又有所不同。在大陆法系国家，由于采用的是成文法，这种法规范的主要载体就是法条，法条存在于法典之中。英美法系国家，由于采用的是判例法，法规范主要表现为判例所确定的一些法律规则。尽管大陆法系和英美法系之间存在差异，但是，法是某种规范的存在这一点是毋庸置疑的，这是法的最基本的含义。

第二种意义上的法是一种事实的存在。法不仅是一种规范，而且是这种规范对实际生活发生一定作用后形成的某种法律事实，或叫“法事实”。我们对法的关注，不仅要看到法规范，而且要看到法事实。研究法事实对于正确理解法非常重要。例如，刑法里面研究的犯罪，就具有规范和事实的双重属性。我们在规范刑法学中研究的犯罪是规范意义上的犯罪，是刑法关于犯罪构成的基本条件，即所谓的犯罪构成要件。这些犯罪构成要件为司法机关正确认定犯罪提供了规范依据，从这个意义上说，犯罪构成要件本身是一种规范。但是，一个行为一旦被认定该当某一犯罪构成要件并且构成犯罪，这就形成事实意义上的犯罪，是一种法事实。法规范和法事实这两者是有联系的，法事实以法规范为前提，是由法规范确认的。但法事实又不同于法规范，事实具有不同于规范的自身特点，法事实是法规范作用或者适用的一种结果。比如，婚姻是婚姻法中最基本的内容，婚姻又可分为法律婚姻和事实婚姻，法律婚姻是符合法律要件、被法律认可、受法律保护的一种婚姻关系；事实婚姻则不符合法律规定的婚姻要件，不受法律保护。不过，虽然不受法律保护但它同样是一种婚姻，这种婚姻仍然是一种法律事实。因而法规范和法事实两者之间是有区别的，不能混为一谈。我们在考察法的时候，如果只看到法规范而看不到法事实，显然不是一种客观的、科学的态度。我认为，对法事实的考察非常重要，需要我们认真进行研究。

第三种意义上的法是一种价值的存在。法不仅是一种僵硬的规范，也不仅仅是一种生硬的事实，在法规范中还包含着价值内容，正是这种价值内容成为对法进行正当性讨论的一种根据。我们在界定法、理解法的时候，还需要透过法规范的表层，发现和把握法的价值内容。法不是绝对的善，有善法也有恶法，这里的善恶就是对法的价值考察。当然，在法学理论上恶法是不是属于法，也有不同的意见，有人主张恶法非法，有人主张恶法亦法。不过，从规范的层面说，无论恶法还是善法都是法,因为它具备法的形式特征。然而,从价值层面说,善法恶法是对法的价值评判,因而恶法非法的命题是可以成立的。这里所谓的非法,不是说恶法就不是法律规则,而是说恶法是不具备正当性的法。

通过以上对法的多元性的考察,我们可以看到,规范是法的一种基本的存在形式,离开规范也就不存在法。而事实是法的前提和结果,在某些情况下,事实可能是法规范的一个前提,在另外一些情况下,事实可能是法规范的一种结果。法离不开作为法规范前提的事实,因为如果不存在法事实,法就没有存在的必要。因为法是要为规范社会生活而设计的,为的是规范某种事实,这种事实正是法存在的一种前提。价值则是法的本原,对于法而言,是不可或缺的因素。由此可见,法具有多元性,也就是说法不是一个单一概念,它具有多重含义,我们只有从规范、事实、价值这三个角度来考察法,才能获得有关法的全新的、完整的知识。当然,对法的这种认识,存在一个逐渐深化的过程。我们总是发现法的事实,然后再发现法的规范存在,而后去提升、去挖掘法规范当中包含的价值内容,由此来对法规范进行正当性的考察,这是对法的认识的一种不断提升的过程。

法的多元性决定了法学知识的层次性。我在前面讲了,法分为规范的法、事实的法、价值的法,对不同的法的研究形成了不同形态的法知识,对法规范的研究形成了规范法学的知识,对法事实的研究形成了法社会学的知识,对法价值的研究形成了价值法学,即法哲学的知识。法规范学、法社会学、法哲学是法学的不同知识形态,法学的知识形态因而呈现出一定的层次性,从规范法学知识到法社会学知识,再到法哲学知识,是一个从法的形而下到法的形而上的提升过程,因此,从法的多元性可以引申出法知识形态的层次性。正如有些学者指出的那样,西方思想史上的法的发展变化是引起西方法哲学演变的重要原因之一,就是说整个法学史,其知识形态发展和演变的重要原因是人们对法的认识在不断地变化、不断地深化、不断地发展。法的变化应当理解为人们对法的认识的变化,也就是逐渐认识到法的多元性。这里所谓的法哲学实际上是指法学的知识形态,法哲学的演变其实就是法学知识形态的演变。这一点我们可以从法学史上得到佐证,比如,古罗马法中就存在自然法和实在法这样一种二元观念。当然,古罗马法更关注的是实在法,关注的是市民法和万民法这样的实在法,因而自然法和实在法之间二元对立的紧张关系并没有凸显出来,罗马法的法学知识因之主要是规范法学的知识,这种状况一直持续到近代古典自然法的兴起。古典自然法作为对实在法的批判力量,使自然法和实在法的对立得以凸显,尤其是在孟德斯鸠的思想中,法和法律在概念上被区分开来。孟德斯鸠的代表作《论法的精神》并不是一部规范法学著作,而是一部包含法哲学内容的著作。孟德斯鸠所说的法是应然的法,而非实然的法,应然的法指的是对法的一种价值评判。孟德斯鸠《论法的精神》采取了一种科学的方法,对所谓法的精神进行了深入的批评。在孟德斯鸠的观念中,所谓法的精神并不是一种主观的精神,而是一种客观的存在,是包含在法律中的价值内容,因而译成法的精神往往容易引起误解。在孟德斯鸠的观念中,法律一词指的才是法规范。法律和法不同,法是一种抽象的、形而上的存在,而法律是一种具象的、形而下的规范。孟德斯鸠把这两者加以区分,这种区分就是对法的不同角度考察的结果。孟德斯鸠在法律之外看到了所谓价值意义上的法,这是对法的认识的一种升华。孟德斯鸠是在法学史上对法进行形而上的价值考察的先驱。在德国古典哲学家中,黑格尔所倡导的法哲学研究非常著名,我们现在所讲的法哲学,主要是从黑格尔开始的。黑格尔把法理念和实在法加以区分,实在法又称实定法,是指在一个国家生效的具体法律规范,法理念是指法的意识的存在,也就是我们所说的法的价值。黑格尔法哲学的研究对象不是实在法、实定法，而是法理念，因而其法哲学是对法的形而上的研究，属于价值法学。所以，这种法与法律的二元区分，实际上是自然法和实在法二元区分的另外一种表现形式。应该说这样一种法与法律的二元区分对青年时代的马克思有一定的影响。青年时代的马克思在一些著作中贯穿了这样的法与法律二元区分的分析框架。当然，这些思想家对法和法律的区分仅仅停留在分析方法、分析工具上，还没有看到这种区分带来的法学知识形态的不同。此后，欧洲大陆兴起了实证主义法学，以凯尔森为代表，这种实证主义法学又称规范主义法学，意图把法学统一于实在法学，反对形而上的思辨方式和寻求终极原理的做法，反对法理学家试图辨析和阐释超越现行法律制度的法律观念的任何企图。实证主义法学想对法学重新作一次清理，把形而上的研究驱逐出法学领域，认为法学就是对法规范的研究，不包括对法的形而上的研究。法律的实证主义试图将法的价值方面的考虑排除在法学研究的范围之外，把法理学的任务限定在分析现行法律制度之内。法律实证主义认为只有实在法才是法律，而所谓的实在法也就是国家通过立法所确定的法律规范。因此，从某种意义上说，实证主义法学想对法学知识作一个清理，避免不同法学知识的混杂，想要保持法学知识的纯洁性，这样的努力本身作为理论自觉的一种表现是有一定价值的，尤其是对推进规范法学的研究具有重要意义。不过，我们也要看到，实证主义法学对法学知识试图加以垄断，将法学知识一统于规范法学知识，认为只有实在法学、规范法学才是法学的内容，试图把法哲学这种形而上的、思辨的研究方法驱逐出去的这种做法本身是有其专横一面的，这里面存在自然法学知识和实在法学知识的竞争关系。

除此之外，随着科学知识的发展，尤其是人文社会科学领域不同知识的互相融合，形成了另外一种法学知识形态，这就是法社会学。法社会学基本上是把法当作一种事实加以研究的。法社会学思潮对法学的发展起到了很大作用，法社会学一方面认为，法的形而上的终极问题的研究是虚幻的，另一方面又认为，法规范是抽象的，是和社会现实生活脱节的，如果只是研究法规范，同样也不能获得对法的正确认识，法规范是死的法，法社会学研究的是社会生活中发生作用的法，是一种活法，是一种行动中的法。在法社会学领域中，有很多作出贡献的学者，像马克斯·韦伯、迪尔凯姆等，其理论都具有很强的解释力。法社会学让我们看到了法在社会生活中是如何发挥作用的，以及发生作用的机制是什么。这种法不再是一种死法，而是一种活法。应该承认，规范的法和现实的作为事实的法之间存在巨大分歧，这种分歧的存在是客观的，如果我们只关注客观法而不关注规范法，显然不是一种科学的态度。

自然法学、规范法学以及法社会学，这些不同的法学知识形态在法学史上先后出现，它们都以各自不同的方式对法学的发展作出了应有的贡献。那么，如何看待这几种不同的法学知识？我们过去往往把自然法学、实在法学、法社会学看作是不同的法学流派或者学派。我认为这是值得反思的。这里涉及什么是法学流派、这三种法学知识是不同的法学流派还是不同的知识形态的问题。我个人认为，把这三种法学知识看作是不同的法学流派，有片面性和局限性，并且容易产生误导。实际上，这三种法学知识的对立性并不是内在的，而是由于它们是从不同的角度考察法、采取不同的方法研究法而形成的不同的法学知识形态。因此，不应该看成是不同的法学流派。一般来讲，学术流派是对待同一个问题，因为价值判断上的区别而产生观点的对立，这种观点的对立形成了不同的流派。然而，自然法学、实在法学和法社会学不是在同一个层次、同一个角度思考问题而产生的观点对立，而是用不同的角度、不同的方法对法进行研究产生的不同的知识形态。我们不能把这三种法学知识之间的对立绝对化，甚至从某种意义上说,它们的观点根本没有对立,不形成对立。因为是从不同的角度、用不同的方法研究法而形成的知识形态,而不是从同一个角度、用同一种方法研究法而形成的不同观点。只有在后一种情况下,才有对立可言。我觉得这是值得研究的问题。在这个意义上,我赞同美国法理学家博登海默提出的综合法理学的观点。博登海默对自然法学、实在法学和法社会学这几种不同的法的知识形态的认识比较客观和正确。博登海默曾经说过这样一段有名的话:法律是一个带有许多大厅、房间、凹角、拐角的大厦。在这种情况下,在同一时间,想用一盏探照灯照亮每一间房间、每个凹角、每个拐角极其困难。尤其是在技术知识和经验受到局限的情况下,照明系统不适当或不完备时,情形就更是如此了。因此,博登海默说,我们似乎可以恰当地指出,这些学说最为重要的意义乃在于它们成为整个法理学大厦极为珍贵的建筑之石,尽管每一种理论只具有部分和有限的真理。随着我们知识面的扩展,我们必须建构一种综合法理学。博登海默没有再把自然法学、实在法学、法社会学看成是互相对立的、你死我活的知识,我们不能站错队,只能站一个队,这样的观点显然不对。博登海默的观点是这样的:不同的法学知识是法学理论大厦的组成部分,是它的建筑之石,应当把这些法学知识综合起来,才能使我们对法的认识更为全面,因为每一种知识都是有局限性的。所以,综合法理学不反对从各个视角对法进行研究,但又将其纳入法学的理论体系,使之在法学理论的大厦中找到自己的位置。各种法学的知识形态丰富和充实了法学知识,扩大了法学领域,各有其对法学的贡献。这种理解我认为是比较可取的,一个国家的法学应当容纳不同的法学知识形态。法哲学作为最高层次的法学知识形态,它标志着一个国家、一个民族对法的感悟和体认的最高水平。如果把法学研究完全局限在对法规范的考察上,法规范的价值内容可能就没人关心,失去了法学的人文关怀,法学就会沦落为一种纯技术的分析,成为一种工具主义的法学。当然,我们也应看到规范法学或者实在法学是法学知识的主体,因为法学毕竟是一种应用型的学问,完全否认规范法学的规范性和正当性,法学就会堕落为哲学或者其他学科的附庸,就会变成虚幻的学问,就难以有其理论发展的强大生命力。因此,对这三种不同的法学知识要有一个正确的认识,应该看到这三种知识是法学的不同的知识形态,它们在一个国家的整个法学理论的知识大厦中,各有各的位置。我们现在做的工作,并不是强化它们的知识对立性,在不同知识形态的相互冲突中消耗我们的理论资源,而是要形成这三种不同法学知识形态之间的良性互动关系,从而促进、提升我们整个法学理论的水平。

二、法学的方法论问题

法学方法论和法学知识形态问题有着密切的联系,从某种意义上说,法学不同知识形态的形成,在很大程度上是源于采用了不同的法学方法论。探讨法学知识形态必须涉及对法学方法论的考察。法学方法论是一个复杂的问题。在法学领域始终涉及一个问题,即法学到底是不是一门科学。法学的发展始终为这一问题所困扰,而这个问题又和方法论问题有关。

德国著名法学家拉德布鲁赫曾在讨论法学方法论时有过这样一段精彩论述:就像因自我观察而备受折磨的人多数是病人一样,有理由去为方法论费心忙碌的科学,也常常成为病态的科学,任何健康的科学并不如此操心地知道自身。这段话非常有意思,从这段话中我们可以引申出三层含义:第一层含义,一门学科的科学性主要取决于方法论,因而对该学科科学性的探究就成为对方法论的探究。第二层含义,拉德布鲁赫提出了一个病态科学和健康科学的区分。这里的病态和健康自然是拟人化的。他所讲的病态科学指的是幼稚的学科,而他讲的健康科学指的是成熟的学科。按照拉德布鲁赫的说法,越是幼稚的学科越为它的方法论所困扰,成熟的学科根本不需要考虑方法论的问题。正如一个病态的人老是考虑自己的身体。这里有个问题,就是什么是病,什么叫有病。一个搞医学的人说,当你感觉到一个器官的存在,这个器官就有病了,生理上有病和无病的区分就在于你是否感觉到某一器官的存在,这是有道理的。对于方法论来讲也是一样。一个学科很成熟,根本不会去考虑方法论的问题,只有那些拉德布鲁赫所说的病态学科才会考虑方法论的问题,被方法论的问题所困扰。第三层含义,在拉德布鲁赫看来,法学就是这样一门病态的科学。法学方法论是一个没有得到很好解决的问题,因而对法学方法论的关注是有充分的理论价值的。这里又涉及什么是方法论的问题,对它的理解也是多种多样的。法学有自身独特的方法论吗?这里面又涉及法学的方法论问题。法哲学是用哲学的方法来研究法,法社会学是用社会学的方法来研究法,哲学方法、社会学方法显然不是法的方法。法史学是用史学的方法来研究法,法经济学是用经济学的方法来研究法,都不是法学方法。这样说好像法学没有自己的研究方法,它唯一与其他学科的区别在于它的研究对象,即研究的是法,不管用什么方法都是法学,这就有了一个法学被殖民化的问题。研究法经济学的时候,有人认为这是经济学帝国对法学的入侵。其实,法学被殖民化的过程也是法学扩张的过程。在法学领域,法史学、法经济学、法人类学等所采取的确实不是法学特有的分析方法。但是,规范法学所采取的方法应当是法学所特有的分析方法,这就是规范分析的方法。但是,就这个问题,还是存在很大的分歧,没有达成共识。

目前,书店以法学方法论为书名的书很多。像德国学者拉伦茨的《法学方法论》、我国台湾地区学者杨仁寿的《法学方法论》、我国学者胡玉鸿的《法学方法论导论》等,还有一些虽不以此为名但内容以讨论法学方法论为主的著作,像德国学者考夫曼的《法律哲学》等。但是,我们看到他们讨论的问题各不一样,这里面存在一种法律研究方法论和法律适用方法论的区分,即我们所讲的方法论到底是法律研究的方法还是法律适用的方法。这两种方法到底有没有区分?法学的研究方法是指在对法的研究过程中采用的是一种什么样的分析方法。从这个意义上说,思辨的方法、法哲学的方法、法经济学的方法都是法学研究方法。而把抽象的法律规范适用到一个具体的案件中所采用的方法和法律研究方法就不一样了。适用法律的方法本身对实践有着直接的作用,这是应当引起注意的。但是,只有在规范法学中,法学研究方法和法律适用方法才能够得到统一。规范法学在德国也称为法教义学,这种实在法学是以实在法或者法规范为研究对象,通过对法律语句的阐述来解释法律的意蕴,从而将正确地适用法律作为其使命。按照拉伦茨的理论,法教义学是一种狭义上的法学,法教义学所研究的方法是法律的适用方法。法律的适用方法实际上是一种法律技术、法律的思维方法。我国学者陈金昭指出,法律方法包括以下方法:法律发现、法律推理、法律解释、漏洞补充、法律论证、价值衡量等。规范法学或者法教义学是以法规范为研究对象的,广义的规范法学包含了法规范的适用。规范法学本身又有广义、狭义之分,狭义的规范法学只是讲法律解释,即注释法学、解释法学。广义的规范法学还包括法律适用,包含对法律适用过程的研究。从这个意义上来说,规范法学的研究方法和法律适用方法两者是具有等同性的。在规范法学中产生的这种方法就是法教义学的方法。法教义学不仅提供法律规则而且关注法律规则在司法活动中的运用,从而为司法裁判的正当性提供某种保障。这是我们对法学方法论本身的一种界定,这里我想重点讲一下法教义学的方法论。

法教义学是以法律适用为中心而展开的。法教义学的方法论中，首先提到的是大陆法系国家通行的司法三段论。这种司法三段论是从形式逻辑的演绎推理演变而来的，即通过大前提与小前提之间的联系，推演出结论。这种形式逻辑的司法三段论，是欧洲大陆法官寻求正当裁判的经典推理工具。司法三段论能够有效地限制法官的肆意裁判，确保法律推理的客观性。在司法三段论的基础上，司法过程就是逻辑推理的演绎过程。德国学者拉伦茨将司法三段论的逻辑语势确定为法效果的三段论法，其中，一个完整的法条构成了大前提，将某一个具体案件事实看作是一个事例，而把它归属于法条构成要件之下的过程就是一个小前提的形成过程，结论是指对一个案件事实应当赋予法律所规定的效果。法效果的产生过程就是司法三段论的推理过程。意大利著名的刑法学家贝卡里亚是在刑法学中首先确立司法三段论的学者。贝卡里亚指出，法官应当对任何案件都作出三段论式的逻辑推理，大前提是一般法律，小前提是行为是否符合法律，结论是自由或者刑罚。通过三段论的推理，使得具体案件的结论是从法律规定中合乎逻辑地引申出来的，确保罪刑法定的司法化，就是说罪刑法定的司法化是由三段论推理保障的。这里又涉及对演绎推理的功能的认识。有人认为，演绎推理不能使我们获得新的知识，认为演绎推理是有局限的，在研究当中不宜过多提倡。有的学者提出，应当减少演绎增加归纳，归纳可以增加新的知识。也许这种说法是有一定道理的，但我个人认为，在司法活动当中，演绎是能够增加新的知识的，这一点是可以肯定的，尤其是在刑法中，在罪刑法定的情况下，如何保证案件的处理结果是符合法律规定的？这就必须由逻辑演绎的方法加以保障。通过演绎，将通用的法律适用于个别的案件，使个别案件纠纷得以解决，使个别案件有罪无罪的问题得到解决。从这个意义上来说，司法过程中的这种演绎方法是一种解决纠纷的方法，是能够增长知识的。法律对一种行为作出规定,并不等于对这个案件已经有了明确的处理意见。案件能不能得到正当处理还应当通过演绎推理。我个人认为,在司法过程当中,这种演绎推理具有存在的正当性和必要性。

在司法三段论的推理当中,首先要确定大前提,这个过程是一个找法的过程,即发现法律的过程。这涉及法律解释方法,就是说法律规定需要解释,如果不经过解释,任何法律都是无法适用的。法律解释的方法在法律适用当中具有极其重要的地位。正因为如此,人们往往把规范法学看成是法律解释学或者注释法学,这是有一定道理的。对一个规范给出解释涉及很多理论问题,一个最为基本的问题就是,是主观解释论还是客观解释论,二者基本立场对立。主观解释论认为,法律解释乃是对立法者主观意图的一种表达,解释法律实际上是对立法原意的寻求,这种原意存在于立法者的头脑中,因而需要从立法者的头脑中寻求立法本意。客观解释论则认为,法律尽管和立法者有联系,法律是立法者制定的,但是法律一旦制定出来便和立法者脱离了,成为一个独立的文本,人们只能用法律用语所反映出来的东西来解释法,而且对法律的解释并不是一个单向的寻找立法精神的过程,解释者本身的前见也包含在其中。因而,对法律的解释只能限制在法律的语义范围之内。解释者可以根据客观需要来解释而不必追求立法者的原意,尽管立法者在立法过程中没有想到,但是,只要是包含在可能的语义范围之内,同样可以作出解释。这两种解释的立场是不一样的。主观解释论的出发点是对的,法律解释不是创制法律,解释应当符合立法原意。但是,主观解释可能存有缺陷,一方面立法者是谁,可能是一个根本无法搞清楚的问题,所谓立法者的原意,可能由于立法者的不明确而难以明确,难以操作;另一方面,由于法律自身的稳定性,法律本身没有变化,但是社会生活发生了变化,要使法律适应变化了的社会生活,也不可能完全拘泥于立法者当时的所思所想,应当通过解释使法律不断地发展。从这个意义上来说,客观解释论是有一定道理的,但是,客观解释论也不能完全违背立法者的原意,作出任意的所谓自由解释,不能把立法者完全否定的意思解释进去,只能是立法者没有明确态度或者态度模糊的时候,对语义范围之内的法律用语进行解释。所以,目前看来,极端的主观解释论和极端的客观解释论都是不可取的,理论上还是应该持一种中庸的解释态度。客观解释论应该成为法律解释的基本立场,因为不管是主观论还是客观论,都应该在法律条文文义可能的范围之内对法律进行解释,不能超越法律条文文义。当然,怎么确定法律条文的文义,也是一个值得注意的问题,涉及扩张解释和类推解释的区分问题,这种区分很难。德国有这样一个案例,被告人用泼硫酸的方法伤害被害人劫取他的财物,问题是能否适用德国刑法关于使用武器抢劫的规定,即能不能把泼硫酸解释为使用武器。对此有不同的看法,有人认为,硫酸可以解释为武器,武器应当包括化学武器。有人则认为,一般人理解的武器应限于刀、枪等器具。这就要看对法律的解释是一种比较宽松的解释还是比较严格的解释。另外,法律解释还可能跟一个民族的语言有关系,汉语中的武器一词是个含义很广的词汇,各个时期的武器形态是不一样的。从这个角度来说,硫酸只要能给受害方带来伤害就可以称为武器。所以,不同的语言完全可能作出不同的解释。还有个例子是关于窃电的问题,窃电能不能构成盗窃罪,问题的关键在于电能属不属于财物,这个问题在法国通过法律解释,认为电能可以看成是财物,是无形的财物,在没有另外立法的情况下可以把电能看作财物,因而可以把窃电当作盗窃加以处理。同样的问题,德国最高法院认为不能把电能解释为物,否则会与物这个词本身的一般理解产生冲突。因而德国通过立法途径解决了这个问题,在德国的刑法中专门作出盗窃电的规定。对于同一个问题,一个国家使用法律解释的方法,另一个国家则用立法的方法来加以解决,说明德国和法国在对财物这个概念本身的包容性的理解不同。每个国家的语言不一样,语言是最具有民族性的,某个词汇在一个民族的语言中具有包含力,在另一个国家则是特定的。因而,我们说确定大前提的过程,就是一个法律解释的过程,在某种情况下,也是一个发现法律的过程。

司法三段论的第二个步骤,是确定小前提的过程。确定小前提主要是一个事实认定的过程。案件事实是客观存在的,但是案件事实有一个从自在事实向自为事实转变的过程,也就是查明案件事实的过程。最终形成的是作为一种陈述的事实。陈述是一个修辞学、逻辑学上的概念,是把一个事实描述出来,用语言陈述出来。陈述的事实是一种自为的事实,跟自在的事实完全不同。对这个问题,德国学者拉伦茨曾经指出,在判决的事实部分出现的案件事实,是陈述的事实,基于此项目的,案件必须被陈述出来,并予以整理。在无限多姿多彩、变动不居的时间之流中,为了形成作为陈述的案件事实,总是要先作选择,选择时,判断者总是要考虑个别事实在法律上的重要性,因此作为陈述的案件事实,并非自始存在显现给判断者,毋宁是必须一方面考量已知的事实,另一方面考量个别事实在法律上的重要性,以二者为基础才能形成案件事实。因此,案件事实有一个从客观事实到法律事实的转变过程,客观事实是指经过法规范格式化的事实。查明案件事实的过程是一个在规范和事实之间反复巡视的过程,这也就是司法认识的过程。一个事实能不能得到法律的确认需要采用推定的方法,推定的方法就是通过已知事实推定另外一个事实的存在。推定的方法在查明案件事实的过程中是非常重要的,我们过去在司法实践当中,对推定的方法缺乏应有的研究,我认为,推定的方法值得深入研究。那么,案件的事实,如拉伦茨所说,作为陈述的事实——这句话是耐人寻味的——和客观存在的事实是不一样的。客观存在的事实,如拉伦茨所说,需要人们去寻找,不是现成地放在那里等着你去认识的,因为事实很多,要找出那些具有法律意义的事实,找到以后还需要用语言陈述出来,当一个案件的事实被陈述出来的时候,实际上某种价值判断就已经被包含进去了。所以,一种经过陈述的事实和客观事实是不一样的。如何对案件进行陈述,这种陈述到底是个什么样的思维过程,如何确保对案件的陈述能够正确反映案件的事实,这里面有很多司法认识论的问题值得研究。

司法三段论的最后一个环节,就是得出结论。从法律规定这样一个大前提出发,经过案件事实这样一个小前提,最终得出结论,这个过程就是法律规定和案件事实的糅合过程,也就是从法律的一般规定到个别案件的演绎过程。这个过程在法教义学上称为涵摄。这里的涵摄就是把案件事实归属于法律规定的构成要件之下,从而获得其法律性质的过程。通过三段论的推理,使得法规范能够正确适用到案件当中去,法教义学就是对规范适用的过程加以研究。法教义学所研究的就是法规范被适用的过程中所采用的一些方法,像法律解释方法、事实认定方法、演绎推理方法等。从某种意义上来说,这些方法本质上是法律思维的方法。法律思维的问题十分重要,在我们的刑法中,定罪是由犯罪构成要件来解决的,犯罪构成要件并不仅仅是法律规定犯罪成立条件问题,实际上是一个定罪的思维方法问题。我们只有从法律思维的角度来理解法律方法,才能够正确地界定和正确地研究它。我发现,包括我们从事理论研究的人,法律领域的好多争议主要是由于逻辑思维方法的不同所造成的。我认为,这种逻辑思维的水平很大程度上决定了我们的司法活动的水平,决定了我们的法学理论研究的水平。我们在大学学习法律,实际上并不是简单地掌握一些法律知识,而是通过法律知识的学习、培养、训练,形成一套法律思维方法,这才是最根本的。我们之所以出现很多无谓的争执，主要是思维方法还存在缺陷，很多结论得出的过程十分怪异。我最近在研究判例，研究过程中经常发现，结论可能正确但推理过程是错的，反之，推理正确但结论错误，这反映出逻辑思维的混乱。在理论研究和司法实践中，思维混乱是一个亟待解决的问题。只有解决了法律思维的混乱，我们才能用相同的思维方法来解决问题。在这个基础上形成的观点之争、价值判断之争，才是有意义的。目前的很多争论实际上不是价值判断的差别，而是逻辑方法上的差别，因而没有办法产生对话。我们必须克服法律思维方法上的混乱，才能提高司法活动的有效性和科学性。

三、以刑法为视角的考察

最后，我想从刑法学的视角来考察法学知识形态及其方法论问题。刑法学是一个部门法学。在部门法学中，刑法学是一个比较成熟的学科。这主要是因为，一方面刑法作为一种比较重要的法律一直都受到统治者的关注，而且中国古代的法律传统又主要是以刑罚为主；另一方面，我国刑法确立得也比较早，因而刑法的理论研究发展得就相对早一些。我觉得一个国家的法学发展水平取决于这个国家的法制发展水平，只有法制发达，这个国家的法学理论才能发达。这一点和文学正好相反。有句话叫“国家不幸诗家幸”。国家不幸，战乱痛苦能够造就大诗人，诗人在社会动乱所带来痛苦中得到某种内心体验、精神升华，李白、杜甫都是在乱世中产生的大诗人，和平的、安逸的社会中不可能产生大诗人。法学家就不是这样的，在动乱之中不需要法律，也不可能产生法学家，不可能产生法学理论。在法治社会，法治建设需要提出一些理论上的要求，由于存在对法学理论的社会需求，法学才能发展。因此，法治越发达，法学理论越发达。法学理论的发达程度和法治建设的发达程度是成正比的。具体到部门法也是这样，一个国家不同的法律部门发展程度也不一样，这种部门法发展的不平衡是由于国家法律发展的不平衡所造成的。我国最早拨乱反正确立的七部法律中就有《刑法》，刑法起步得早，到 1986 年才制定出《民法通则》，到现在还没有一部民法典。因为法制定出来后需要解释，因而最早发展起来的法学就是规范法学，规范法学发展到一定程度，理论需要突破，才能凸显法社会学、法哲学的价值。从这个意义上来说，我国的刑法制定得比较早，而且比较发达，刑法理论也是比较成熟的理论。正是刑法学者最早感觉到规范法学、注释法学的局限性，因而最早产生了对部门法哲学的需求。

我在 1992 年出版的《刑法哲学》一书的后记中曾经有这么一段话："刑法学是一门实用性极强的应用学科，和司法实践有着直接的关联。然而，学科的实用性不应该成为理论的浅露性的遁词。作为一门严谨的学科，刑法学应当具有自己的'专业槽'。非经严格的专业训练，不能随便伸进头来吃上一嘴。这既是维护刑法学的学术性的需要，更是维护刑法学的科学性的需要。当然，我们并不反对在刑法学中理论层次上的区分，由此而形成从司法实践到刑法理论、从刑法理论到司法实践的良性反馈系统。但现在的问题是：理论与实践难以区分，实践是理论的，理论也是实践的，其结果只能是既没有科学的理论也没有科学的实践。"这段话是我针对刑法学当时的研究状况有感而发的。这里面提出了几个问题，一个问题是关于刑法学的专业槽的问题。之所以提出专业槽，主要是有感于当时刑法学理论的浅显性、直白性。我认为一个严谨的学科，它的理论必然具有精致性，而且具有高深性，只有经过专门学习才能看得懂，这样的理论才具有科学性。我们过去往往强调理论的通俗易懂，把通俗易懂作为衡量一个理论好或不好的标准。我觉得对通俗易懂要进行反思，法学理论并不是一种大众话语,应该是一种专业话语、精英话语。法学理论著作不能沦为普法读物。专业槽的问题是一个学科自身的边界问题,也是一门学科成熟的表现,这种表现有两个标志:第一个标志是基石范畴的确立。任何一门成熟的学科都要有自己的范畴,尤其是作为理论基石的范畴。基石范畴是对这门学科基础思想的理论概括,是这门学科所有理论的出发点和原点。在法学领域,研究法学的基石范畴,是吉林大学张文显教授提倡的,也是其身体力行的。这种对法律范畴的研究,对法律的体系化、科学化,应当说是非常重要的,我们很多部门法学科连自己的基本范畴都没有,这样的学科很难说是一个基本的学科。而且不可否认,我们的部门法学的发展是极端不平衡的,有些部门法学可能已经提出了哲理化的要求,而有些部门法连自身的科学性都没有解决,甚至连自己的生存条件都没有解决,还需要不停地为自己作辩护,所以说,基石范畴很重要。第二个标志是一个学科的基本问题的确立。每一个学科都有一个基本问题,这里的学科基本问题是从哲学的基本问题中引申出来的。法学过去没有这种提法,但是存在哲学基本问题的提法,是恩格斯提出的。近代哲学的基本问题就是精神和物质谁是第一性的问题,这个问题是唯物论和唯心论的根本区分点,对这种根本问题的不同回答形成了不同的哲学流派。学科基本问题的提出,使得一门学科的理论发展达到理论自觉的程度。每个学科都有这样的基本问题,关键是我们有没有找到这个基本问题,只有找到这个问题,从中切入,才能使一个学科的理论围绕其基本问题展开,达到真理化的程度。我认为,刑法的基本问题是报应和预防的关系问题,对这个问题的不同回答形成了不同的刑法学流派。这个基本问题确立以后,为我们对这门学科的知识清理提供了分析工具,并且为其理论的体系化提供了一个起点,这是非常重要的。我提倡刑法学科的专业槽,就是要摆脱刑法学这种非常浅显的、通俗易懂的、自在的理论状态,从而不断地提升刑法学的学术水准。当然,这里面有一个思想认识的过程,要从注释刑法学向理论刑法学转变,意味着要以理论刑法学来取代注释刑法学,似乎是否定了注释刑法学存在的正当性和必要性,这样的判断是有弊端的。这里不应该是转变,而应该是提升,应当承认注释刑法学和理论刑法学各自有其存在的正当性。我们的刑法学不能止步于注释刑法学的状态,要提升到理论刑法学,使注释刑法学和理论刑法学形成一种良性互动关系,起到一种互相促进的作用。

我在这里还要提出一个刑法理论的层次性问题。我认为,刑法理论有层次之分。我们过去的刑法理论,正如我们整个法学理论一样,处于一种未分化的状态,把各种不能兼容的知识汇总在一起,这种状态表明我们的刑法理论还处于一种幼稚的状态。刑法理论要向精致化的、科学化的方向发展,必须区分刑法理论层次,这是刑法知识的分化。我们既要有高深的刑法理论,又要有规范的刑法理论,还要有刑法社会学的理论,各种理论都应该在刑法的理论大厦中找到它应有的位置。关于这个问题,北京大学储槐植教授曾经说过这样一句话,我觉得很有道理:研究刑法应当在刑法之中研究刑法,在刑法之外研究刑法,在刑法之上研究刑罚。在刑法之中、之外、之上研究刑法,实际上就形成了刑法的不同知识形态。在刑法之中研究刑法,是对刑法规范进行研究,产生的是规范刑法学。但这是不够的,还必须跳出来在刑法之外研究刑法。在刑法之外研究刑法,主要是对刑法的社会性加以研究,也包括对刑法的经济性的研究以及采用其他方法研究刑法,这样能够充实我们的刑法学知识,能够拓展我们的视野。当然,还要有刑法之上的研究,就是形而上的研究,也就是刑法哲学。刑法学的发展,是一个刑法知识分化和刑法领域扩张的过程。知识的分化和领域的扩张以及边界的勘定,尤其是不同刑法知识之间的边界勘定,我觉得非常重要。

在这里还有一个如何理解理论和实践相结合的问题。我们过去总是强调理论与实践相结合,被看成是理论研究的基本方法,是一种学风的问题。到底什么是理论与实践相结合呢?我认为,理论与实践相结合要以理论与实践相分离为前提,脱离理论与实践相分离这一前提的结合既没有科学依据又没有科学意义。对这个问题,我国学者谢晖曾经说过一句话:"简而言之,理论倘若不脱离实际,意味着它不是理论,它也不可能以独立品格指导实践,进而与实践相结合。"我完全赞同这一观点,就是说,理论要结合实践必须首先脱离实践,使理论成为理论,只有成为理论以后才能结合实践、指导实践。理论和实践相结合并不意味着理论对实践的简单注释、简单描述,更不意味着理论成为实践的附庸,成为实践的追随者,这样必然会窒息理论的生命力,使之变得没有意义。刑法学中同样存在这样的问题。过去我们总是要求刑法理论研究者注意刑法实践,但是我们的刑法并不是依附实践而存在,而是有其存在的独立品格。如果一个国家的大学教授和基层法院的法官思考的是同一个问题,只能说这是理论的悲哀。教授就应当和法官思考不同的问题,基层法院的法官和上诉法院的法官以及最高法院的法官也应该思考不同层次的问题。过去我们习惯于让刑法理论研究者和法官以及其他司法工作者思考相同的法律问题或者同一层次的法律问题,是有其片面性的。这里我们还要追问一个问题,就是法学家的使命问题。法学家的使命难道就是解释法律吗?如果是的话,法学理论就没有独立的品格。如果法学家以解释法律为使命,法学家在立法者、司法者面前永远都是卑躬屈膝的,因为对这种理论的评价权力总是掌握在立法者、司法者手里。法学家除了解释法律,还应当有独立存在的价值,不仅要解释法律,而且还要对法律进行评判。不是要法学家跟着立法者、司法者跑,而是不能以法学理论能否被司法者、立法者采纳作为评判的标准,恰恰要使立法和司法向我们的理论靠拢。我们的法学理论研究应当对我国的立法、司法，对我国的法制建设起到引领的作用。从这个意义上说，不仅存在一个理论与实践相结合的问题，而且还有一个实践如何结合理论的问题，就是说，理论要获得某种相对于实践的自主性与独立性。

在法学研究中，我认为，部门法学的知识形态和理论法学不太一样，部门法学的主体内容是规范法学，规范法学是以解释法学为前提的，也可以称为法教义学。部门法学还有部门法哲学的问题，例如，刑法哲学，当然还有刑法社会学，包括犯罪学等知识。现在的问题是部门法中没有部门法理学，这涉及要厘清法理学和法哲学的关系问题。对于它们的关系，在法理学界本身就有争议。有人认为两者等同，有人认为不能等同，实际上法理学和法哲学就是一回事。这样的观点有很大的市场，博登海默也持这样的观点。那么，在刑法理论中是否存在这种区分？我个人目前倾向于两者有区分，也就是说刑法学中不仅应当有刑法哲学的思考，还应当有刑法法理学的研究。刑法哲学比较好理解，就是对刑法价值的一种拷问，是对刑法价值内容的一种批判性的考察，这是对刑法的一种形而上的研究。在刑法研究中，对刑法的规范性研究的知识，就是规范刑法学。在规范刑法学和刑法哲学之外，是否还应该有一种刑法法理学？我认为还是应该有的。我前几年出版了一本书《本体刑法学》。有人问我本体是什么意思？这个本体就是和规范相对应的意思，本体刑法学和规范刑法学正好相对应。规范刑法学就是以刑法为解释对象的一种法学知识体系，本体刑法学是超出刑法规范的，是一种超规范的法学知识体系，所阐述的是刑法的法理问题。实际上，这种本体与规范的对应来自于康德的物自体和现象的区分。物自体就是本体，就是现象之后起着支配作用的东西。规范也是这样，从表面上看，规范是一种现象，需要对规范进行解释，然而，现象之后还有一个原理在起作用，这个法理就是刑法的本体。所以，本体刑法学就是阐述刑法背后的法理。这种法理是刑法的法理，不是刑法哲学考察的对象。这种本体刑法学就是刑法法理学，这种刑法法理学是可以脱离刑法规范而存在的。本体法理学里面是没有刑法条文的，刑法法理学在刑法中的存在也正是刑法这个学科成熟性的表现。可以看到，在某些部门法学中，不仅没有法哲学，连部门法理学也没有。有些部门法学知识就是对法律条文的解释，不能在条文之外建立一个理论体系。刑法学则不同，经过德国等欧陆刑法学者一百多年的努力，已经形成了一套刑法法理学，可以脱离刑法条文而存在。各个国家对刑法条文的规定是不一样的，然而背后的法理却基本相同。这个法理拥有脱离法条而存在的自主性。刑法的法理对一个国家的刑事立法、刑事司法起到了不可替代的作用。我们学习刑法不是对我国的刑法作出解释，而是要掌握整个刑法的法理。法律条文的规定可能是有缺陷的，或者很多地方没有规定，但是在这种情况下是法理在起作用，法理在某种程度上起到了法律的作用。我国刑法对不作为犯罪就没有规定，但是由于有一套不作为的刑法法理，司法人员只要掌握了这套理论就可以弥补条文的不足。另如，大陆法系国家对于共犯有一套非常完整的理论，我国刑法对共犯的规定，我认为是有硬伤的。如果我们的共犯理论只能解释我国的法律，那么，这种理论就不可能具有科学性。可是，共犯理论本身有一套独立于法条的理论。这个理论非常发达，通过这个理论，我们可以看到我们的刑法规定有哪些问题，因而在刑法没有规定或者规定有缺陷的情况下，我们就可以用理论来弥补这个不足。所以，我认为，刑法中应该有刑法法理学，这种刑法法理学是值得提倡的。部门法理学同样值得提倡，主要的部门法领域都应该有其自身的部门法理学。我的看法是，比如，刑法必须首先有一个非常成熟的规范刑法学理论体系，对刑法法律作出非常娴熟的解释，在这个基础上提升，形成一个本体刑法学，也就是刑法法理学,在刑法法理学之上再形成刑法哲学,这就是一个理论提升的过程。实际上,刑法哲学从某种意义上说已经不是刑法学了,从某种意义上说,刑法哲学就是法哲学。刑法哲学不是空洞的,因为刑法也是法,刑法哲学实际上是一种法哲学的刑法研究,我们研究刑法的价值实际上也就是研究法的价值。我们研究刑法的人性基础实际上也就是研究法的人性基础,因为刑法就是法的一种特殊表现形态,对刑法的价值和人性基础加以研究,能够揭示出法的价值基础。因此,刑法哲学主要是刑法学和法哲学、法理学之间的一个中介、一个过渡。只有部门法哲学,包括我提出的部门法理学发展起来,我们的法哲学和法理学才能够获得理论发展的动力和生命力,才能使部门法学和理论法学之间架起一座桥梁,才能够发展我们的法学理论。我觉得这非常重要。因此,提倡部门法哲学、提倡部门法理学的研究,恰恰是我国的法学理论研究的一项重大突破,应该对其重要性加以充分的肯定。

规范法学必须假定法律是正确的,在这样的假定和起点上对法律进行解释。像张明楷教授所说的,即使法律是错误的,你也要把它解释成正确的,法律的缺陷要用解释来弥补,不能批判法律。规范刑法学的立场,说到底就是司法者的立场,不能说法律不对就不适用。因此,不允许在规范法学的语境中批判法律,但是,如果是刑法法理学研究,当然就可以说这个规定不符合哪个刑法法理。如果是刑法哲学的研究,就更可以对刑法条文的价值内容加以批判。法哲学就是批判哲学,要对法的精神加以评价。在法哲学领域,不能以一项法律规定证明自己的观点正确。目前从许多刑法著作中可以看到,注释刑法学的内容、刑法法理学的内容、刑法哲学的内容都混杂在一起,因而前后矛盾,没有把知识的边界界定清楚。在规范刑法学的语境中说刑法法理学、刑法哲学语境中的话,或者,在后两者的语境中说前者语境中的话,这就发生了语境的错乱,严重影响了刑法理论研究的科学性,但是,作者自己却往往没有意识到。因为不同的刑法学知识形态有着不同的研究方法,我们要遵循这些方法,在不同的语境里采用不同的方法。但是,不能发生语境错位。我在刑法领域十几年来的努力,就是要理清刑法知识的不同形态,我已经完成了刑法哲学、本体刑法学、规范刑法学等方面的著作,现在做的是判例刑法学。因为刑法学不能仅是规范,应该还有判例,应该从文本刑法学向判例刑法学转变,不仅要关注刑法怎么规定,还要关注法官怎么适用刑法,怎么得出裁判结果。所以,在判例刑法学中,要注意法学方法论问题,不仅要关心结论,而且更要关心结论是怎么得出来的,得出结论的逻辑思维过程是正确的还是错误的。对法官的裁判理由进行研究,不是像过去研究案例一样,把自己当作法官来看,而是研究结论怎么得出来的。这样就形成了刑法哲学、刑法法理学、判例刑法学,这样不同层次的知识形态,使得不同层次的刑法学都有边界,能够形成良性互动的关系,只有这样才能使我国的刑法理论研究逐渐走向科学。

最后,我想讲一点法学知识的融合问题。日本有个著名学者说过这样一句话:随着学术研究的发展,封闭的专业正在被突破,专业知识正在从狭隘的专业框架中解放出来,形成一种公共的研究领域,通过知识交流达到知识共有。这里面提出了一个知识共有的问题,这种知识共有使各个学科能够共享一种能够成为知识资源的知识,建立起学科之间的共同话语。我认为这一点非常重要。这里面就存在一个由小及大、由此及彼的共同知识的形成过程。各个部门法学都应当通过努力形成共同的知识,使部门法学的研究提升为法理学、法哲学的研究,争取在法学研究中的话语权。与此同时,各种知识又需要互相融通。法学在整个人文社会科学的知识中处于下游,法学的研究中,总是要用到经济学的方法、史学的方法、社会学的方法、伦理学的方法等,从这个意义上说,法学是处于一个被动的、比较消极的、劣势的地位。所以,我们搞法学的人需要看经济学的书、哲学的书、社会学的书,很少见到搞经济学的人来看法学的书。我国学者梁治平作了一个考察,认为法学是一个封闭的圈子,法学是一个自生自灭的东西,不能为法制建设提供思想资源。他的批评是很尖锐的,也很深刻。我们从事刑法学研究的人不仅要使知识不能局限于刑法学领域,而且要努力把刑法学的研究提升为法理学和法哲学的研究,从而在理论法学中形成我们刑法的话语,同时研究理论法学的人又不能局限于法学,要不断突破法学的限制,向社会学研究、经济学研究输出资源。哪一天那些搞经济学的、搞社会学的人要看法学的书,从中获得思想营养,这个时候才能说我们的法学理论在人文社会科学中有了自己的立足之地,才能说我们法学理论研究者对整个人类社会的发展作出了应有的贡献。

我的讲座到此为止,谢谢大家!

(本文整理自2006年5月在北京大学法学院讲座的演讲稿)

专题五　犯罪构成及其方法论

同学们,大家好!

今天我讲座的题目是“犯罪构成及其方法论”。在某种意义上,我们可以说,犯罪构成本身就是一种方法论,我们应当从方法论意义上来理解犯罪构成。这里的犯罪构成,实际上并不是一个法律概念,而是一个理论概念。理论上对刑事法所规定的犯罪成立条件,我们一般叫作犯罪构成理论或者犯罪构成体系。而在大陆法系国家,通常称为犯罪论体系。我这里讲的方法论,主要指定罪方法论。由于犯罪构成是一种犯罪成立的条件的总和,它为司法机关正确认定犯罪提供了某种法律标准,因此,犯罪构成和定罪这两种标准是息息相关的。

我们不能仅仅从定罪条件总和的静态意义来理解犯罪构成。这是一种思维方法,尤其是一种逻辑的思维方法。这里涉及两个方面的问题:一方面,法律对某一种具体犯罪的构成,规定了某一种条件。我们在定罪的时候,是按照法律规定的这些条件来认定犯罪。因此,定罪的过程不能离开法律的规定。另一方面,是不是光是有这些法律规定,或者只是根据这些规定,我们就能够正确认定犯罪?我认为还是不够的。在认定犯罪的过程中,尤其是在运用法律所规定的犯罪成立条件来对某一个案件事实正确地作出定罪判断时,我们必须要遵循某些逻辑思维方法。这种逻辑思维方法能够保证定罪的准确性,因此,犯罪构成并不仅仅是对法律规定的犯罪条件的理论概括。这种理论概括本身,包含着定罪的方法论。从这个意义上,对我国现在通行的四要件犯罪构成体系和大陆法系的三阶层的犯罪论体系做个比较,尤其是从方法论角度做个比较,我们就可以看出,我国目前通行的四要件的犯罪构成体系当中,存在着一些逻辑上的混乱。而大陆法系的三阶层的犯罪论体系,在认定犯罪时,本身具有某种方法论的保证。

一、三阶层的犯罪论体系与四要件的犯罪构成体系的比较

我首先想对三阶层的犯罪论体系和四要件的犯罪构成体系进行比较,这种比较也主要是一种方法论的比较。

我国现在通行的四要件的犯罪构成体系,大家都比较熟悉。目前,我国刑法教科书主要是采用四要件的犯罪构成体系来表述刑法的基本原理。这里的四要件是指犯罪客体、犯罪客观方面、犯罪主体、犯罪主观方面。四要件涵括了犯罪成立的所有条件,因此,从要素组合角度来说,四要件对定罪来说是一种充分必要条件的总和。三阶层的犯罪论体系,把犯罪成立条件做了一种理论化、逻辑化的处理,把它分为三个阶层:第一个阶层是构成要件该当性,主要讨论的是客观的构成要件,也就是构成要件该当的行为、结果以及行为和结果之间的因果关系。第二个阶层是违法性,主要研究的是违法阻却事由,也就是正当防卫、紧急避险,以及其他超法规的违法阻却事由。第三个阶层是有责性,主要讨论责任能力,以及责任形式,包括故意、过失等心理要素。因此,从要素上来分析,三阶层的犯罪论体系所包含的犯罪成立条件和四要件的犯罪构成体系所包含的犯罪成立条件,在要素上并没有根本的差别,因为这是由定罪活动本身所具有的法定性决定的。也就是说,根据罪刑法定原则,在认定一个行为是否构成犯罪的时候,应该严格按照法律规定。法律对某一个犯罪成立条件的规定,在任何国家都并没有太大差别。比如,故意杀人罪的成立条件、抢劫罪的成立条件,在刑法中的规定都差不多。关键问题在于,如何确定这些犯罪成立条件之间的逻辑关系。在这一点上,三阶层的犯罪论体系与四

要件的犯罪构成体系之间存在着巨大差别。

我国四要件的犯罪构成体系,四个要件之间的关系是一种我称之为耦合式的关系,是一存俱存、一无俱无的关系。只要一个要件有了,其他要件也都有;只要一个要件没有,其他要件也都没有。因此,在认定犯罪的时候,对这四个要件,到底先去寻找哪一个要件,后去寻找哪一个要件,并没有逻辑顺序上的要求,或者说没有方法论上的设定,可以随便去找哪一个要件。因此,这四个要件之间的顺序是不固定的。我国刑法教科书通常是按照犯罪客体、犯罪客观方面、犯罪主体、犯罪主观方面这样的顺序来排列,但也完全可以按照犯罪主体、犯罪主观方面、犯罪客观方面、犯罪客体这样的顺序来排列。这一点就表明,这四个要件之间不存在制约关系,而是互相独立的。构成犯罪的话,必然是四个要件同时具备,这一点我们比较容易理解。与此同时,我们更应当关注的是,如果一个行为经过定罪的活动,最后判断这个行为不构成犯罪,在这种情况下,必然也同时是四个要件都不具备。我们在界定犯罪主体的时候,说犯罪主体是达到法定刑事责任年龄、具备刑事责任能力、实施了犯罪行为的人。当行为不构成犯罪,犯罪主体也是不成立的,因为行为不是犯罪,怎么可能有实施了犯罪的人呢?同样,这个行为是犯罪行为,比如,杀人行为是在主观上的杀人故意的支配下实施的。杀人行为没有,也就不可能有杀人故意。同时,四要件的犯罪构成体系所讲的犯罪客体,是指刑法所保护而被犯罪行为所侵害的一定的社会关系。当这种社会关系没有受到犯罪行为侵害的时候,犯罪客体要件也是没有的。在这种关系中,我们要关注的并不是构成犯罪时这四个要件同时具备,而是不构成犯罪时这四个要件同时不具备。就前者而言是一有俱有,而就后者而言是一无俱无。

而恰恰是在这点上,三阶层的犯罪论体系在三个阶层之间存在着某种逻辑上的位阶关系。首先是构成要件该当性。通过构成要件该当性的判断就将那些不具备构成要件该当性的行为,从犯罪当中排除出去。在经过判断以后,得出肯定性的结论,也就是这个行为是符合构成要件该当性的。在这种情况下,再进入第二个阶层,也就是违法性的判断。因此,违法性的判断必然是以构成要件该当性为其逻辑前提的。如果构成要件该当性不存在,就不可能进行违法性的判断。在违法性的判断中,主要是讨论违法阻却事由,也就是要看是否存在正当防卫、紧急避险等情形。如果不存在正当防卫、紧急避险这样的一些违法阻却事由,违法性就存在。而如果存在正当防卫、紧急避险这样的一些违法阻却事由,违法性就不存在。在一般情况下,构成要件该当性具有违法性的推定机能。因为构成要件本身是立法者所设立的一种不法类型。在一般情况下,只要行为符合构成要件该当性,必然可以推定其具有违法性,除非存在违法阻却事由,把违法性给否定了。如果存在正当防卫、紧急避险这样的一些违法阻却事由,违法性这个要件就不存在。此时,定罪活动就应终止,就不需要再去判断有没有责任。因为有责性的判断,是以违法性的存在为前提的。只有违法性的判断得出了肯定的结论,在这个前提之下,才能再来讨论有责性的问题。有责性里面又包含了责任能力和故意、过失等责任形式,主要解决主观上的归责问题。所以,三阶层的犯罪论体系中的三个阶层之间是一种层层递进的关系,它们之间的逻辑关系可以概括为:前者不以后者的存在为前提,而后者必然以前者的存在为前提。构成要件该当性的判断,不以是否存在违法性为前提,而违法性的判断,必然是以存在构成要件该当性为前提,有责性也是如此。在这种情况下,我们可以来概括这两种犯罪论体系的特点,四要件的犯罪构成体系是一个耦合式的犯罪构成体系,也可以把它概括为一种要素集合。而三阶层的犯罪论体系,在三个阶层之间存在一种逻辑上的位阶关系,因此是一种阶层体系。这两种犯罪论体系,在犯罪成立的情况下并无区别，都是具备犯罪构成的全部要件；而两者的差别就在于，在犯罪不成立的情况下，各个要件或阶层之间的关系如何。

在犯罪不成立的情况下，正如我前面所讲的，四要件的犯罪构成体系是四个要件都不具备。而三阶层的犯罪论体系，在犯罪不成立的情况下，可以分为各种不同的情形。首先是不具备构成要件该当性的犯罪不成立，其次是不具备违法性的犯罪不成立，它是以构成要件该当性成立为前提。还有不存在有责性的犯罪不成立，这又是以具备构成要件该当性和违法性为前提的。如果我们再细致些，又可以在缺乏构成要件该当性而犯罪不成立的情形中，进一步区分为缺乏构成要件该当性的行为的犯罪不成立、缺乏构成要件该当性的客体的犯罪不成立，以及缺乏构成要件该当性的结果的犯罪不成立。在缺乏有责性的犯罪不成立的情形中，又可以区分为缺乏责任能力的犯罪不成立、没有达到法定责任年龄的犯罪不成立，以及缺乏期待可能性的犯罪不成立。这个差别对整个犯罪认定的影响十分巨大。我们可以看到，在三阶层的犯罪论体系中，认定犯罪的过程是一个不断将无罪行为从犯罪中排除出去的过程，它是一个层层递进的过程，有罪这个结论产生于三个阶层获得肯定性的判断的最后。因此，三阶层的犯罪论体系具有某种动态性，并且，它给无罪辩护留下了广阔的空间，它和无罪推定的原理存在某种契合。

四要件的犯罪构成体系并没有动态的、递进的判断过程，各个要件之间的关系反映不出这种过程。全部要件都有，就有罪；全部要件都没有，就是无罪。所以，四要件的犯罪构成体系不能反映定罪的司法活动的动态过程，它是一种静止的要素组合。四要件的犯罪构成体系包含了犯罪成立的所有条件或者所有要素，因此，它实际上是以假定犯罪成立为前提的。假定某个犯罪已经成立了，在这种情况下，按照四要件的犯罪构成体系来分析，可以看出犯罪是由哪些要件构成的。从这个意义上来说,四要件的犯罪构成体系是有用的。但四要件的犯罪构成体系不能反映定罪的思维过程,它是一种静止的犯罪成立要素的集合体系。因此,它在定罪过程中并没有反映定罪的方法论。从某种意义上来说,按照四要件的犯罪构成体系来定罪,就更容易发生某种错误。比如,有这样一个十分经典的教学案例,甲乙是兄弟,他们的父亲是一个富商,有一大笔财产可供继承,甲想独吞巨额遗产。其认为如果两个人都活着,两个人都是遗产继承人,一个人只能得一半。但是,如果乙死了,只有甲一个人,他就可以继承全部遗产。甲就希望乙死去,但是甲又没有直接动手把乙杀死。甲在看报纸时发现,某一趟航班的飞机最近经常失事。甲就想,如果乙正好坐在飞机上,飞机失事后死了,他自然地成了唯一的遗产继承人。因此,甲就给乙买了很多这趟航班的机票,让乙经常去旅游。乙当然不知道甲这样做的动机。结果没想到,有一天果然在乙搭乘这趟航班的飞机时,飞机失事,乙就死了。在这种情况下,甲就成了唯一的遗产继承人,继承了全部遗产。像这样的案件,如果真实发生的话,甲自己不说,谁也不知道。因为这完全是一种内心的心理活动。但后来因为甲良心发现,就向警察自首,坦白了这个事情。

在这种情况下,我们就来讨论,甲这个行为是不是构成故意杀人罪。我们先用四要件的犯罪构成体系来讨论:甲具有希望乙死的主观心理状态,因此具有杀人故意。既然杀人故意有了,杀人行为也就十分容易认定,乙的死亡是因为甲给乙买了飞机票,乙坐飞机死了;如果甲不给乙买飞机票,乙不会坐这趟航班的飞机,就不会死。因此,甲的行为与乙的死亡之间存在因果关系。这样就很容易得出结论,即甲的行为构成故意杀人罪。但是,甲的这个行为,如果我们按照三阶层的犯罪论体系来分析,就会很容易得出甲不构成故意杀人罪的结论。之所以不构成故意杀人罪,最关键的问题是:甲是否存在杀人行为。也就是说,能不能把甲给乙买经常失事的这一航班的机票的这个行为看作是一个杀人行为?这是在构成要件该当性中首先需要考虑的。显然,甲买飞机票让乙去坐这趟航班的飞机,这个行为本身并不包含着导致乙死亡的现实危险性。而如果甲给乙买飞机票,让其去坐某趟航班的飞机,然后在乙的行李里放了一颗定时炸弹,到时引爆炸弹,飞机失事,乙死了,这个行为当然就是杀人。因为这个结果发生的可能性是包含在行为当中的。但是,甲仅仅是买飞机票让乙坐飞机,而航班失事不是甲的人力所能控制的。按照客观归责理论进行分析,甲没有制造一个法律所禁止的风险,所以甲的行为本身就不是一个杀人行为。既然甲的行为不是杀人行为,在这种情况下,我们就不需要再考虑死亡结果,以及杀人行为和死亡结果之间的因果关系,更不需要考虑行为人主观上有没有杀人故意等后续问题。这些都不需要考虑,因为后续这些犯罪成立条件是以存在杀人行为为其逻辑前提的,既然前提都不存在,此后的结论自然也是不存在的。例如,杀人故意是以实施杀人行为为前提的,因为杀人故意是指支配着杀人行为的主观心理状态。杀人故意和杀人行为具有时间上的共时性。如果客观上不存在杀人行为,怎么可能主观上具有杀人故意呢?按照四要件的犯罪构成体系,在对这个案件进行分析的时候,失误之处就是把甲希望乙去死这种主观心理状态,错误地理解为杀人故意,希望一个人去死的这种心理状态和杀人故意是完全不同的。如果客观和主观可以随意调换顺序进行判断,就会把甲希望乙去死的心理状态理解为杀人故意,然后再反过来说,甲杀人故意都有了,杀人行为怎么可能没有呢?甲给乙买飞机票的行为,不是在甲杀人故意的支配下实施的吗?所以就会把买飞机票的行为理解为杀人行为,用杀人故意证明甲的杀人行为。但是按照三阶层的犯罪论体系,首先判断有没有构成要件该当的杀人行为, 这个定罪过程以及步骤,是一步步往下走,不能随意调换定罪的顺序和步骤的。

从这个教学案例可以看出，三阶层的犯罪论体系中的三个阶层之间存在着一种逻辑上的位阶关系，正是这种位阶性划定了定罪的步骤，先判断哪一个阶层，后判断哪一个阶层，定罪过程的每一个步骤都是由犯罪论体系本身的逻辑所确定的。三阶层的犯罪论体系，不能一上来就去考虑有没有主观故意，这是绝对不允许的。这样就使无罪呈现出各种各样不同的情形，每一个阶层的不具备，都可以成为一个无罪的理由。但是四要件的犯罪构成体系中的四个要件之间的逻辑关系是混乱的，不存在位阶关系，可以随便先找哪一个要件，后找哪一个要件，这样就容易导致有罪推定。因为在认定犯罪的时候，总是要找有罪的要件，当去找有罪的要件的时候，总是先去找最容易被认定为犯罪的要件，这个要件找到以后，再去反推其他要件也成立，这样就容易得出有罪的结论。

四要件的犯罪构成体系和三阶层的犯罪论体系，作为犯罪构成认定方法的优劣，只有在少数比较疑难的刑事案件中才能反映出来。在一般的刑事案件中，反映不出来哪一个体系更好。因此，检验某一个犯罪论体系，并不能用通常的案件来检验，而要用那些疑难案件来检验。

犯罪构成理论的产生不过一百多年，但是人类的定罪活动已经具有三千多年的历史了。自从产生犯罪，就有了定罪活动。过去的三千多年都是在没有犯罪构成理论的情况下从事定罪活动的，现在有了犯罪论体系，它能够更好地指导司法人员从事定罪活动，更能够保证定罪的准确性。

以上，我对四要件的犯罪构成体系和三阶层的犯罪论体系进行了一个比较。通过这种比较可以看出来，两者的最大差别就在于两者的逻辑关系不同。而这种逻辑关系，恰恰是一种方法论的体现。我们可以从三阶层的犯罪论体系中抽象出定罪的三个原则,也是三种思维的方法论,这三个原则就是:客观判断先于主观判断的原则、形式判断先于实质判断的原则、类型性的判断先于个别性的判断的原则。这三个原则实际上就是定罪的方法论。我们通过对这三个原则的具体分析,就可以发现,三阶层的犯罪论体系的结构本身就把这三个原则固定下来了,只要按照三阶层的犯罪论体系去定罪,必然会遵循这三个原则。而在四要件的犯罪构成体系中,这三个原则是不能得到反映的。

二、定罪的三个原则

(一) 客观判断先于主观判断原则

下面我对这三个原则做个具体探讨。首先我们来看客观判断先于主观判断的原则。客观条件和主观条件,这一点在两种犯罪论体系中并没有差别。现在关键的问题是先做客观判断,还是先做主观判断,而恰恰是这一点决定了判断的科学性。在三阶层的犯罪论体系当中,我们可以看到,构成要件该当性是一种客观的判断,有责性是一种主观的判断。因此,犯罪论体系的结构本身就要求在定罪的时候,先做客观判断,后做主观判断。

在大陆法系国家的刑法理论中,古典派的犯罪论体系提出了一个命题:违法是客观的,责任是主观的。基于这一命题,在构成要件中,主要是做客观判断。"违法是客观的"的含义是指,考察一个人行为是否违法,是否构成犯罪,主要应当根据客观行为进行判断,而不能根据主观心理进行判断。这是一种客观违法论,它在当时的条件下具有历史进步意义。因为在中世纪的时候,盛行的是主观归罪,即以行为人的主观心理作为有罪还是无罪的根据。这种刑法也就是所谓的心情刑法,它调整人的精神,干涉人的内心,是专制的工具。因为人的内心活动,是难以认定的。根据人的内心进行定罪,就会导致主观归罪,刑法就会成为专制镇压的工具。古典派的犯罪论体系确立了客观违法论,在考察一个行为是否违法时,主要考虑的是客观要素。因此,这个命题后面还有一句话,“责任是主观的”。“违法是客观的”对应“责任是主观的”。只有在根据构成要件该当性的判断认定存在违法以后,才能再来考虑主观要素,这样就奠定了先客观、后主观的基本逻辑关系。根据古典派的犯罪论体系的设计,构成要件是纯客观的,并且是价值无涉的、中性的,在违法性阶层进行价值判断,在有责性阶层进行主观判断。

到了后来,新古典派的犯罪论体系发现了所谓主观的违法要素。在通常情况下,一个行为是否违法,是由客观要素所决定的。但在某些特殊情况下,一个行为是否违法,不仅要由客观要素所决定,还要由主观要素所决定,这种主观要素就被称为主观的违法要素。基于这种主观的违法要素,新古典派的犯罪论体系提出了主观违法论。主观违法论并不是对客观违法论的否定。我们过去往往存在一种误解,好像主观违法论就否定了客观违法论,但它实际上是对客观违法论在例外情况下的一种补充。它仍然承认,在通常情况下,违法是由客观要素决定的。只是在个别情况下,存在着主观的违法要素。主观的违法要素最典型的例子就是刑法中的目的犯,在这种目的犯中存在一种所谓主观的超过要素。在某些犯罪中,犯罪成立不仅要求具有客观行为、主观故意,而且要求一种超过的主观要素,这就是目的。比如,我国《刑法》第 152 条规定的走私淫秽物品罪,它要求主观上具有传播或者牟利的目的。这就是说,即使客观上实施了走私淫秽物品的行为,主观上具有走私淫秽物品的故意,还不能构成本罪。还要看主观上有没有牟利或者传播的目的,如果没有这样特定的目的,走私淫秽物品罪仍然不能成立。在这种情况下，主观上的特定目的就成为这个行为是否构成犯罪的违法要素，这是一种主观的违法要素。主观的违法要素被发现以后，因为主观的违法要素和责任是没有关系的，所以它实际上是一种主观的构成要素。主观的违法要素的发现，就打破了“违法是客观的”这一命题。因为在例外的情况下，违法也可能是由主观要素决定的。因此，新古典派的犯罪论体系例外承认在构成要件中包含着主观要素。

与此同时，随着从心理责任论到规范责任论的转变，“责任是主观的”这一命题也被打破了。根据心理责任论，行为人的故意、过失本身就是责任。在考虑有没有责任的时候，就要看行为人有没有故意、过失。在心理责任论中，故意、过失等心理事实是一种责任要素。但是后来出现了规范责任论，规范责任论认为故意、过失本身并不是责任要素，所谓责任要素是指违法性认识和期待可能性。具有故意、过失还不一定具有责任，还要看有没有违法性认识和期待可能性。如果虽然有故意、过失，但没有违法性认识和期待可能性，仍然不能从主观上予以归责。这里的期待可能性，就成为一种所谓客观的责任要素，因而责任不再只是主观的了，也是客观的。规范责任论的出现把故意、过失这样的心理要素，从责任领域中排除出去，将它纳入构成要件里面，这样一来，构成要件就包含着客观的构成要件要素和主观的构成要件要素。在有责性这一阶层中，主要考察刑事责任能力和期待可能性、违法性认识等这样一些规范的责任要素。应当指出，犯罪构成中的事实要素和评价要素这两者是有所不同的。我们可以看到，客观的构成要素是事实要素，违法性是评价要素；故意、过失是主观的事实要素，而违法性认识、期待可能性是评价要素。

尽管目的行为论的犯罪论体系仍然保留三阶层的框架，但是对各个阶层的内容进行了重大的调整。构成要件不仅包含客观的构成要件要素,而且包含了主观的构成要件要素。而有责性已经不再包含主观的心理要素,而只是主观的归责要素。尽管做了这种调整,但是客观判断先于主观判断这一基本原则并没有被破坏。故意、过失等主观要素虽然放到构成要件中去考虑,但是在构成要件的内部,仍然首先是判断客观要素。在此基础上,再来判断主观的构成要素。因此,故意、过失这样的主观要素,无论是放在构成要件该当性中,还是放在有责性中,客观判断先于主观判断的原则不会改变,放在什么地方都不要紧。我们看德国刑法学者的刑法教科书,对故意、过失到底放什么地方,实际上各个学者都是不一样的。这给我们一种杂乱无章的感觉,就是三阶层的框架是一样的,但是每个阶层中包含哪些内容是不一样的。因此,我国就有学者提出这样的疑问,说要引入三阶层的犯罪论体系,到底引入哪一个体系?故意、过失到底是放在构成要件该当性中,还是放在有责性中?这些都是值得研究的问题。三阶层的犯罪论体系似乎把犯罪成立条件的理论归纳弄得复杂化了。我认为,这个问题的提出只是看到了三阶层的犯罪论体系表面的混乱,但是没有看到它内在逻辑的一致性。故意、过失不管放在哪个阶层,只要坚持客观判断先于主观判断原则,放在什么地方都不要紧,这才是问题的本质。只有看到这一点,我们才能从犯罪论体系纷繁复杂的表述中看到逻辑的统一性。

在四要件的犯罪构成体系中,客观判断先于主观判断这一原则未能得到体现。虽然按照我国刑法教科书对四要件的通行排列,是犯罪客体、犯罪客观方面、犯罪主体、犯罪主观方面,似乎是先客观、后主观。但这种排列只是表述上的顺序,并不反映犯罪构成要件之间的逻辑关系。正因为如此,在根据四要件的犯罪构成体系定罪的时候,并没有严格地遵循客观判断先于主观判断这个原则,因此就往往导致混乱。我举个例子,是个贷款诈骗案件。这个案件涉及的法律问题是:

合法取得银行贷款以后，采取非法手段转移财产，拒不归还贷款的行为，是否构成贷款诈骗罪？被告人在取得贷款时，手续是合法的。为了不归还贷款，被告人采取了欺骗的手段，将财产予以转移，逃避归还贷款的义务。这个行为是否构成贷款诈骗罪？我国《刑法》第 193 条关于贷款诈骗罪的方法列举了五种情形，其中第五种是其他贷款诈骗的方法。前四种方法和这个案件所讲的方法都不符合，关键在于是否构成第五种其他方法。这个案件的一审法院认为，被告人合法取得贷款以后，通过非法手段转移财产，拒不返还贷款的行为属于《刑法》第 193 条所列举的其他方法，因此作出了有罪判决。被告人上诉以后，二审改判无罪。这个案件首先要考虑被告人的行为是不是《刑法》第 193 条所规定的其他方法，如果说这种行为不属于《刑法》第 193 条所规定的其他方法，那么就不构成贷款诈骗罪。这样的话，一审判决和二审判决，在裁判理由上存在交锋，因此得出有罪与无罪的不同结论，这是符合逻辑的。但在二审的裁判理由中，并没有正面讨论这个行为是不是属于《刑法》第 193 条所规定的其他方法，而是说被告人主观上不具有非法占有的目的，以此为由宣告无罪。我主要想讨论二审裁判的理由。从定罪的思维方法来看，我们可以发现，二审判决没有严格按照客观判断先于主观判断的原则。如果以主观上不具有非法占有的目的，因而不构成贷款诈骗罪，得出这样的结论也是可以的，但这意味着二审判决在被告人客观行为的认定上同意一审判决，即被告人的行为属于《刑法》第 193 条所规定的其他方法。因为对非法占有目的的讨论，是以客观上具备了客观行为为前提的。只有在此基础上，才认定因为行为人主观上不具有非法占有的目的而不构成犯罪。但二审判决根本就没有讨论被告人的行为本身是不是《刑法》第 193 条所规定的贷款诈骗罪的其他方法，直接就说被告人主观上不具有非法占有的目的，因而不构成犯罪。这样就跳过了对客观行为的讨论，直接讨论主观要素。就这个案件而言,我认为二审的判决结论是正确的,被告人应是无罪的。但之所以无罪,并不是因为被告人主观上不具有非法占有的目的,而是因为这种行为本身就不属于《刑法》第193条所规定的贷款诈骗罪的其他方法。对于合法取得贷款以后,通过转移财产的方法,拒不返还贷款的行为是不是构成贷款诈骗罪,在我国刑法理论上存在争议。有些人认为可以构成贷款诈骗罪,有些人认为不构成贷款诈骗罪。本来二审法院可以就这个问题发表建设性的意见,进行正确论证。因为这种行为不符合诈骗罪的本质特征。诈骗罪是一种取得型财产犯罪,被告人必须要通过欺诈的手段,使他人陷入认识错误而处分财物,被告人由此得到财物,这样才是诈骗。但在这个案件中,取得财物是合法的,合法取得财物以后,拒不返还贷款的这种行为不是诈骗行为。如果能进行这样的论证,这个判决就能够解决一个法律争议问题,甚至成为绝佳的判例。但是二审法院却回避了客观行为的讨论,错过了这样一个机会。这就表明,在我国司法活动中,司法人员并没有严格地遵循客观判断先于主观判断的原则。在具体案件的讨论中,并不先去判断客观要素,而是直接讨论主观要素,这样就容易把无罪的行为认定为有罪的行为。

我再举个例子。比如,教唆、帮助自杀的行为,这种行为到底是不是构成犯罪?日本刑法对此有专门的规定,规定了自杀相关罪。也就是说,这种教唆、帮助他人自杀的行为,单独构成一个犯罪,它和故意杀人罪不一样,是另外一个独立的罪名。但我国刑法中并没有规定这样一个罪名,在这种情况下,教唆、帮助他人自杀的行为能不能直接定故意杀人罪,就成为一个问题。我国刑法教科书过去通常都是把这种教唆、帮助他人自杀的行为认定为杀人行为。为什么这种教唆、帮助他人自杀的行为是一种杀人行为?在论证的时候,就反映了思维的混乱。尤其是没有严格遵循客观判断先于主观判断的原则。如果严格遵循客观判断先于主观判断的原则,在讨论教唆、帮助他人自杀的行为是不是构成故意杀人罪的时候,首先需要讨论教唆、帮助他人自杀的行为是不是杀人行为。杀人中的人指的是他人,自杀当然不是杀人。在通常情况下,被教唆、帮助的人是一个具有意志自由的人,自杀行为是其本人实施的,因此这种教唆、帮助他人自杀的行为和杀人的行为是不一样的,两者不能直接等同。根据客观判断先于主观判断原则,在构成要件该当行为这个环节,就可以把教唆、帮助他人自杀的行为从故意杀人罪的构成要件中排除出去。我国刑法教科书在讨论教唆、帮助自杀的行为为什么构成故意杀人罪的时候,首先考虑的是这种行为具有严重的社会危害性,做了一个定性的分析。严重的社会危害性表现为自杀的死亡结果和教唆、帮助他人自杀的行为有直接关系。这样首先对这个行为进行定性分析,这种思维方法,是后面我所要讲的,涉及定罪过程中的形式判断和实质判断的关系。

我先说实质判断。这个行为具有社会危害性,再来找要件证明这一点。既然是具有社会危害性了,我们就已经先入为主了,就会当作犯罪来处理。然后再来说主观上知道被害人要死亡,客观上还要去教唆、帮助他人自杀,因此行为人主观上就具有杀人故意,然后再把教唆、帮助他人自杀的行为等同于杀人行为。经过这种逻辑的判断过程,就得出了有罪的结论。大家经常听到这样一句话,对自杀人的死亡是具有希望或者放任的态度的,所以主观上具有杀人故意。正因为有杀人故意,所以教唆、帮助他人自杀的行为是杀人行为。这样的逻辑过程完全是混乱的,是一种循环论证。怎么能够说对死亡结果是希望和放任就具有了杀人故意?杀人故意是以杀人行为为前提的,在这个前提之下,当杀人行为是在行为人主观上对于死亡结果具有希望或者放任的态度的支配下实施时,才能构成故意杀人罪。但杀人故意是以杀人行为作为逻辑前提的,如果没有杀人行为,怎么可能有杀人故意呢？因此，对被教唆、帮助人死亡结果的希望或者放任的主观心理状态，根本就不是杀人故意。那么，我们为什么容易把这种主观心理混同于杀人故意呢？就是因为我们先做主观判断，然后再做客观判断。结果就是把一个无罪的行为当作有罪的来处理，这种情况较为普遍。由此可见，如果我们不是严格按照客观判断先于主观判断的原则来定罪，就容易造成定性上的错误，就容易把无罪的行为变成犯罪。

在这里我还想补充一点。在我国刑法中，我们总是强调一个原则，叫作主客观相统一原则。把主客观相统一原则看作是我国刑法区别于资本主义国家刑法的根本原则。但在主客观相统一原则中，包含着某些思想上的混乱。我们很容易就给人家戴上客观主义、主观主义的帽子，这是完全错误的。实际上，主客观并不是一个要不要统一的问题，而是一个如何统一的问题。主客观要件必须同时具备才能构成犯罪，但是，在认定主客观要件的时候，还是要遵循客观判断先于主观判断原则。虽然四要件的犯罪构成体系强调主客观相统一，但是在具体定罪的时候，可以先寻找主观要件，然后再去寻找客观要件，这样就容易造成逻辑的混乱，容易将无罪的行为认定为有罪。因此，我们要打破主客观相统一的模式，主客观相统一并不是主客观这两个要件的集合，而是要确立主客观要件之间的阶层关系。也就是说，主观要件必然以客观要件为逻辑前提，而客观要件却不以主观要件为逻辑前提。而在我国四要件的犯罪构成体系中，虽然强调主客观相统一，但是主客观要件之间的逻辑上的位阶关系并没有得到确立，因此主客观的逻辑关系是混乱的。

（二）形式判断先于实质判断原则

下面，我再来讲一下形式判断先于实质判断原则，这也是一个非常重要的问题。在犯罪认定中，既有形式判断，又有实质判断。对任何犯罪来说,这两者都必须是同时具备的。但问题在于,到底先做形式判断后做实质判断,还是先做实质判断后做形式判断。两者的结果是大相径庭,完全不一样的。

我国传统的刑法理论在形式与实质的关系问题上,存在重实质而轻形式的倾向。当然这样的传统实际上来自苏俄刑法学。因为四要件的犯罪构成体系是从苏俄引进来的,在苏俄刑法理论中,如何处理形式和实质的关系,始终是处于一个混乱状态。十月革命以后,在相当长的一段时间里,由于受法律虚无主义思想的影响,当时有的苏俄刑法学者甚至提出,社会主义国家不需要刑法。苏俄刑法学者认为,刑法是资产阶级的东西。他们不仅把刑法,而且把整个法律都看作是形式主义的东西,把所谓资产阶级的法学看作是形式主义的法学。所以对形式的东西持一种排斥的态度,而强调实质的东西,这就是阶级性。后来苏俄刑法学者发现,在社会主义国家里仍然存在犯罪,还得要有刑法。那么,要什么样的刑法呢?既然不能要形式主义的刑法,有的苏俄刑法学者就提出来,苏俄刑法只要总则就可以了,而刑法总则只要一个犯罪的实质概念就可以了,刑法分则就不要了。犯罪概念的实质性内容就是社会危害性,有了这个标准,什么行为构成犯罪完全由法官进行判断。这种思想就包含着一种贬低形式、追求实质的强烈冲动。这个意义上的所谓实质基本上是反法治、法律虚无主义的代名词。法律本身就是形式,它是一种规范。法律把活生生的社会生活以一种规范的方式给固定下来,使这种具有实质内容的社会生活形式化。刑法更是如此,因为刑法涉及对公民的生杀予夺。一个行为构成犯罪,那就要受到严厉的法律制裁。因此,为了对国家刑罚权加以限制,刑法中就确立了罪刑法定原则。罪刑法定原则所倡导的就是一种形式理性,形式理性当然不能等同于形式主义。形式理性是建立在形式的基础之上的,具有对形式的依赖性。罪刑法定原则就要用形式的东西限制国家刑罚权。罪刑法定原则的基本含义,就是法无明文规定不为罪。一个行为是不是构成犯罪,要看法律有没有明文规定。正是从罪刑法定原则中合乎逻辑地引申出犯罪的形式概念。因此,在实行罪刑法定原则的大陆法系国家,刑法典中所规定的都是犯罪的形式概念。即凡是刑法分则所规定的、应当受到刑罚处罚的,就是犯罪。犯罪的形式概念好像是一种同义反复,什么也没说,但它实际上是罪刑法定原则在犯罪概念上的体现。

犯罪构成理论,更是实现罪刑法定原则的理论保证。罪刑法定原则不是一个口号、一句标语,而是通过构成要件来实现的。如果没有犯罪构成理论,罪刑法定原则就是空洞的。因此,犯罪构成理论和罪刑法定原则之间具有直接的关联。最早提出构成要件概念的是德国著名刑法学家费尔巴哈,而费尔巴哈也正是罪刑法定原则的首倡者。一个行为是否被法律规定为犯罪,是区分罪与非罪的标准。那么,怎么来判断一个行为是否被法律规定为犯罪呢?这就要通过构成要件来判断。对于罪刑法定原则的实现,构成要件是一个坚实的物质保证,具有一种工具价值。

在大陆法系国家,古典派的犯罪论体系强调客观主义刑法观,正是为了实现构成要件的人权保障价值,体现当时严格的罪刑法定原则。后来新古典派的犯罪论体系发现了主观的违法要素,目的行为论的犯罪论体系又把主观的心理要素和责任要素分开了,一步步推动犯罪论体系的发展。但是,形式判断先于实质判断原则始终没有动摇。在大陆法系的犯罪论体系的演变过程中,存在一个所谓犯罪论体系的实质化过程。最初的犯罪论是非常形式化的,像贝林的构成要件该当性就是一个客观的轮廓,是用来限制刑罚权、限制定罪的。但是,后来在犯罪论体系实质化的过程中,对如何处理构成要件该当性和违法性的关系出现了争议,因为构成要件该当性在古典派的犯罪论体系中是一个形式判断，而违法性则是一个实质判断，两者是分开的。与此同时，构成要件该当性又具有违法性的推定性能，在一般情况下，具备构成要件该当性也就具备了违法性。只是在例外的情况下，比如存在违法阻却事由，才排除违法性。后来有些学者认为，这两者没有必要分开。日本刑法学者西原春夫教授甚至提出了犯罪论体系发展的历史，就是构成要件该当性走向崩溃的历史的命题。这些学者主张把构成要件该当性和违法性两者合并，结果就是用违法性吃掉构成要件该当性，而构成要件该当性只是违法性的印记，一种外在的表征，实质还是违法性。因此，构成要件该当性没有必要成为独立的阶层，它可以和违法性合并在一起。这是一种犯罪论体系实质化的极端做法，就是以违法性吞并构成要件该当性。另外一个极端的做法，是日本刑法学者前田雅英教授，把违法性合并到构成要件该当性中，形成不法构成要件与责任构成要件。许多学者都提倡这种实质的犯罪论，认为我们应当走向实质的犯罪论。我还要讲到德国罗克辛教授的客观归责理论，实质上是使构成要件实质化。

我们必须要看到，那种认为构成要件该当性本身没有必要存在，把它合并到违法性中的观点也并没有否定构成要件该当性存在的必要性。在这种情况下，仍然要先来判断是否具有构成要件该当性，再来判断违法性。另外，罗克辛教授的客观归责理论，显然包含着构成要件实质化的内容。但这种实质化，仍然是以形式判断为前提的。就是说这个行为在形式上是符合构成要件的，再来看这个行为是不是制造了一个法律所禁止的风险。又如因果关系，最早的因果关系判断采用条件说，前后两个要素之间如果存在“若无前者就无后者”的关系，就具有因果关系。因此，古典派的刑法学家都是主张条件说的，像李斯特就是一个典型例子。但是，后来出现了因果关系问题上的实质判断，也就是原因说，根据对结果发生的实质作用力的大小判断因果关系。罗克辛的客观归责理论在某种意义上也是一种因果关系理论。这种实质化以条件所确立的关系为前提,在这个基础之上,再来进行实质判断。先做形式判断,后做实质判断这种做法中所包含的最主要价值就在于,用形式要素来限制实质要素,使实质要素只具有出罪的功能,而没有独立于形式要素之外的入罪功能。

在认定犯罪的时候,首先要对构成要件该当性进行判断,再来进行违法性的实质判断。如果经过实质判断得出否定的结论,尽管具有犯罪构成的形式要素,也不构成犯罪。因此,这种实质判断只具有出罪的功能,而这一点和我国传统的社会危害性理论是有巨大差别的。我国刑法学中的社会危害性理论,也是来自苏俄刑法学的犯罪实质概念。而犯罪实质概念背后的思想基础,就是法律虚无主义。基于这种观点,我们就会说一个行为之所以被立法者规定为犯罪,是因为这个行为具有社会危害性,这种社会危害性的判断就是实质判断。这种实质判断凌驾于形式判断之上的做法,使得定罪的判断具有先入为主的功能。从这个意义上来说,社会危害性理论包含了实质主义的倾向,它和罪刑法定原则倡导的形式理性的价值观念之间存在明显的矛盾和冲突。我国刑法虽然规定了罪刑法定原则,但长期以来,由于受社会危害性理论的影响,因此我国司法人员在司法活动中仍然会首先考虑行为的社会危害性,这已经成为他们的思维定势。而四要件的犯罪构成体系并没有很好地处理犯罪构成中的形式要素和实质要素之间的关系,没有用形式要素限制实质判断。

社会危害性在犯罪构成中到底居于什么地位?这个问题没有在四要件的犯罪构成体系中得到很好的解决。苏俄刑法学者当时强调社会危害性,因此提出过这样一个命题:犯罪构成,实际上是社会危害性的构成。因为社会危害性不是犯罪构成的具体要件,如果把社会危害性当作犯罪构成的具体要件,就贬低了社会危害性的重要性,那是不可以的。所以,社会危害性是犯罪构成的核心,整个构成要件是用来说明社会危害性的。这样一种观点是似是而非的,没有确立形式判断和实质判断之间的逻辑关系。在认定犯罪的过程中,法律要素的判断和社会危害性的判断之间的逻辑关系是什么,在四要件的犯罪构成体系中是不清楚的。这样就导致在定罪的时候,不是按照形式判断先于实质判断的原则进行犯罪的认定,而往往是实质判断先于形式判断,这样就容易把无罪的行为认定为有罪。

在定罪过程中,就像前面所讲的教唆、帮助他人自杀的行为,这个行为是不是构成故意杀人罪的问题。对此,首先要做形式判断,也就是教唆、帮助他人自杀的行为是不是杀人行为?这是一个构成要件的判断。如果不是,就不需要再考虑这个行为有没有社会危害性。但目前我国司法人员在对教唆、帮助他人自杀的行为进行定罪的时候,首先考虑这个行为是有社会危害性的,应当受到刑法处罚,然后再来找具体要件。这是一种实质判断先于形式判断的定罪方法,它最终导致把一个行为从无罪变成有罪,这在司法实践中是较为常见的。比如,我看到一个故意毁坏财物罪的案件。这个案件中的被告人因为与邻居有仇,就想报复他。这个邻居是炒股票的,被告人知道以后,就通过一种不正当的手段,取得了邻居的股票账号和密码,然后非法侵入股票账号,对股票进行高买低卖的操作,十多天使其股票损失了 19 万元。该案件检察机关是以故意毁坏财物罪起诉的,法院也认定被告人的行为构成故意毁坏财物罪。为什么这个行为构成故意毁坏财物罪?按照三阶层的犯罪论体系,首先需要讨论的是,这种非法侵入他人股票账号,采取高买低卖的方法进行股票操作,使他人受到财产损失的行为,是不是毁坏财物的行为?在讨论这个问题时,首先要对这个行为是不是毁坏行为进行形式判断。这里涉及对毁坏的理解。某人有一张名画,价值几十万,你把这张画撕掉,这是一种物理性的毁坏。但是，如果没有把这张画撕掉，而是在上面泼洒墨汁，使这张画被污染了，这张画的价值丧失了，也就是财产受到毁坏，这也是毁坏。或者像有些人所说的，一锅鲜汤里面，投放了一颗老鼠屎。还有，你在那吃饭，来了一个乞丐，他把脏兮兮的手往你碗里面一抓，他没拿走你的饭，但是你一看脏手抓过就不吃了，最后他就拿去吃了。在这种情况下，财物虽然没有遭受物理性的破坏，但财产价值丧失了，财物还是受到了毁坏。因此，除了对财物的物理性毁坏以外，对毁坏的理解还可以再做进一步的拓展，比如像有些人所说的，存在一种所谓的效能丧失说。还有学者从更广义上理解毁坏，例如把他人鸟笼里的小鸟放飞到天上去，这是不是毁坏？有些学者说这是毁坏。我是小鸟的主人，这个鸟放飞以后虽然还在天上飞，但已经不在我的控制之下了。也有学者说这不是毁坏，鸟不是还在天上吗，这怎么能是毁坏呢？例如，把他人的金戒指丢到海里，是不是毁坏？金戒指在大海里面沉着，但是我不能享有了。这里涉及的问题是，能不能把导致他人财物价值丧失的行为都界定为毁坏。有些学者甚至说，把他人财产藏起来，使他人找不着，这也是毁坏。如果这样的话，毁坏的含义就会无限扩张，使其丧失定型性，越来越实质化。前几年，浙江温州发生过这样一起案件，邻居之间吵架，一方要报复另一方。当地大量生产纽扣，纽扣数量很多，几十万个、几百万个；质地不同，有塑料的、有铜的；颜色不同；有半成品、成品，各种各样的。结果被告人就跑到人家院子里面，把十多麻袋不同的纽扣倒在地上，一搅和，要把这个纽扣分捡出来，需要花费3万块钱。当地检察院就以故意毁坏财物罪起诉被告人。这种行为是故意毁坏财物行为吗？在此，纽扣都是好好的，无非是搅和在了一起。如果把这种行为都理解为毁坏，逐渐就会使毁坏财物的行为变成一个使他人财产受到损害的行为。不管采取什么方法，只要他人财产受到损失就是毁坏。这种情况实际上突破了毁坏的语义边界。因为毁坏财物罪并不是使他人财产受损失,只有行为人采取毁坏这种方法使他人财产受损失,才能定本罪。如果虽然使他人财产受到损失,但不是采用毁坏方法而是采用其他方法,同样不能定本罪。

我们再回到前面所讲的高买低卖操作他人股票这个案件中来。侵入他人的股票账号,高买低卖,使他人财产受到损失,是不是毁坏?法官的裁判理由一上来就对毁坏做了一个实质判断,毁坏财物的本质是使他人财产受到损失。这句话对不对?使他人受到财产损失确实是毁坏的应有之意,但使他人财产受到损失就一定是毁坏吗?法官先做实质判断,然后再来讨论高买低卖的行为是不是毁坏。因为法官已经把毁坏的本质界定为使他人财产受到损失,在这个案件中,通过高买低卖的方法操作股票,是不是使他人财产受到损失?确实是使他人财产受到损失,这个行为就符合了毁坏的本质特征,因此,就构成了毁坏财物罪。这个定罪逻辑是用实质判断来代替形式判断,因此就将法律本来没有明文规定的行为作为犯罪来处理。

可以说,形式判断和实质判断的关系在四要件的犯罪构成体系中是最混乱的。我国司法人员在定罪时,存在一个基本的倾向,就是首先做实质判断,由于实质判断的强势地位、主导地位,就使得形式判断变得可有可无,因而罪刑法定原则就得不到遵循。因为不受形式判断限制的实质判断,是直接违反罪刑法定原则的。因为形式判断是罪刑法定的应有之意,形式判断是符合罪刑法定原则的。在形式判断以后,再来做实质判断,这样就会把那些虽然具有犯罪的形式特征,但是不具有实质上的法定侵害性的行为,从犯罪当中排除出去。在这种情况下,实质判断只具有出罪功能。而如果先做实质判断,这种实质判断就具有入罪功能,就会取代形式判断,使形式判断变得可有可无,这样的情况是非常危险的。

就形式判断和实质判断这个关系而言,形式判断必须要先于实质判断。这样的方法论,在三阶层的犯罪论体系中,它是通过构成要件该当性、违法性和有责性这三者的结构固定下来的。不管构成要件怎么调整,怎么合并,怎么构成要件的实质化或者犯罪论的实质化,形式判断先于实质判断原则是不变的。

(三)类型性的判断先于个别性的判断原则

刑法中既有类型性的判断,同时又有个别性的判断,这两者对于定罪来说都是不可缺少的。在犯罪的认定中,类型性的判断是绝对要占主导地位的。类型性的判断意味着定罪的过程是一个按照一般的法律标准来判断行为性质的过程。所谓构成要件就是一种类型,具有类型性的特征。它所体现的是一种类型性的思维方法,而其在定罪过程中是一种十分重要的思维方法。

立法者在设定构成要件时,实际上就是对犯罪成立条件进行了类型性的处理。刑法中有些犯罪的定型性特征比较好把握,犯罪边界很清楚。犯罪的类型是在历史的过程中逐渐形成的,像盗窃、抢劫、强奸、放火等这一个个罪名都是犯罪类型,是在漫长的历史演变过程中形成的。立法者就是通过类型化的构成要件,提供一个类型性的标准,使司法人员能够把握某一类的犯罪,将其归入某一构成要件里面。当然也不可否认,刑法中也存在一些类型性比较差的犯罪类型。例如,过失犯罪的实行行为,类型性就是比较差的。而故意犯罪的类型性相对来说是比较好的。构成要件一般来说是类型性的判断,类型性的判断能够保证定罪标准的统一性。除了类型性的判断以外,在定罪活动中还存在个别性的判断。在定罪过程中,个别性的判断也是不可缺少的。例如,疏忽大意的过失中的应当预见,应当预见实际上是把裁量权交给法官,法官说是应当预见就是应当预见。因此,应当预见的判断,就是个别性的判断。要根据一个人在特定的情形下的具体的主客观情况来进行判断。

我们可以得出这样一个结论,一种规范的判断,基本上是类型性的判断,而实质判断、价值判断往往都是个别性的判断。在构成要件的发展过程中,逐渐出现这样一种趋势,把个别性的判断转化为类型性的判断。这点在违法阻却事由的类型化问题上,体现得十分明显。本来违法性的判断是一个实质判断,因而也是一种个别性的判断。通过设置一种类型化的违法阻却事由,就使得这种个别性的违法性判断,变成了类型性的判断。也就是说,借助于构成要件的违法性推定机能,使行为是否具有违法性的判断通过是否存在违法阻却事由的认定来完成。如果存在违法阻却事由,就不具有违法性;如果不存在违法阻却事由,那就具有违法性。这样就使得本来是个别性的违法性判断,变成了类型性的违法阻却事由的判断。

尽管如此,在定罪过程中,个别性的判断总是不可缺少。应当注意的是,个别性的判断必然是以类型性的判断为前提的。比如,在因果关系判断中,根据条件说确定的“若无前者就无后者”的关系进行判断,就是类型性的判断。而相当性的判断,就是个别性的判断。这种个别性判断是以条件说所确定的“若无前者就无后者”这种类型性的判断为前提的。因此,个别性的判断要受到类型性的判断的制约,这样就能保证个别性的判断符合一般规范的要求。因为类型性的判断主要为了保证定罪过程中的一般性,避免法官的恣意。个别性的判断主要为了保证定罪过程中的个案公正。类型性的和个别性的关系,实际上是一般和个别的关系,在定罪活动中获得一般公正的同时,也获得个别公正。定罪要有统一标准,这个统一标准由类型性的判断来完成。定罪又要考虑个别人的具体情况,因为每个案件都有它的特殊性,需要具体情况具体分析。就一般公正和个别公正而言,首先要考虑一般公正。在一般公正的前提下,再来考虑个别公正。而不能将个别公正凌驾于一般公正之上,如果将个别公正凌驾于一般公正之上,就会破坏司法公正,就会破坏定罪的统一性。因此,类型性的判断先于个别性的判断原则也是定罪中必须要遵循的基本准则。而在三阶层的犯罪体系当中,类型性的判断先于个别性的判断原则也是通过构成要件的结构固定下来的。只要按照三阶层来定罪,必然会遵循类型性判断先于个别性判断的原则。

我刚才所讲的三个原则就是定罪的方法,它是一种思维方法。这种方法论,在三阶层的犯罪论体系中是内在于三个阶层的,是通过三个阶层的逻辑关系固定下来的。因此,三阶层的犯罪论体系本身就包含了这三个定罪原则。但是在四要件的犯罪构成体系中,由于四个要件之间存在一存俱存、一无俱无的关系,因此,这三个定罪原则是得不到体现的。当然也可以要求司法人员在运用四要件的犯罪构成体系进行定罪的时候,按照这三个原则去做。但是,这三个定罪原则毕竟是外在于四要件的犯罪构成体系的,在犯罪构成体系中并没有体现。因此,仍然不能保证其在定罪活动中得到必然的遵循。我认为,四要件的犯罪构成体系和三阶层的犯罪论体系之间的差别就在于是不是通过构成要件来确立了这三个原则。显然,我们很容易得出结论,四要件的犯罪构成体系没有通过构成要件本身来体现这三个定罪原则,而三阶层的犯罪论体系则确立了这三个原则,这才是问题的根本之所在。只要明确了这一点,我们就可以解决很多问题。比如,大陆法系国家的学者对于犯罪构成要素,有的放在这里,有的放在那里,使我们眼花缭乱,觉得不好理解。但只要明确了这三个定罪原则,就可以看到无论犯罪构成要素怎么摆放,只要坚持这三个定罪原则,就能够保证定罪的正确性。

根据这三个定罪原则,我们可以建构出其他的犯罪论体系。犯罪成立条件是刑法规定的,因此不管采用什么样的犯罪论体系,这些条件都是固定的,问题只是怎么排列。但是不管怎么排列,只要遵循我刚才所讲的三个定罪原则,这样的犯罪论体系就具有科学性。而违反了这三个定罪原则,犯罪论体系在实际运用中就可能出现混乱。因此,我们过去仅仅把犯罪论体系看作犯罪成立条件的总和(犯罪成立条件总和只是一种集合要素),而没有看到犯罪论体系本身所承担的或者承载的定罪方法论的功能。一种犯罪论体系,只有遵循三个定罪原则,使这三个原则内在于犯罪论体系,才具有科学性。

日本刑法学家大塚仁教授曾经指出,在评价犯罪论体系的时候有两个标准,一个是逻辑性,另外一个是应用性。我觉得这个观点是非常正确的。但是就逻辑性和应用性,也就是实用性,这两者关系而言,我觉得逻辑性是更为重要的。所谓逻辑性,也就是犯罪论体系能够体现定罪的方法论。正是定罪方法论,才能保证定罪的正确性。虽然四要件的犯罪构成体系中犯罪的各种要素都有,但是这些要素之间的逻辑关系没有得到很好的确立。因此,这种犯罪构成体系是较为粗糙的。而三阶层的犯罪论体系严格遵循了三个定罪原则,体现了定罪的思维方法论,并且符合定罪的思维过程,因此,三阶层的犯罪论体系是较为精确的。以上我对四要件的犯罪构成体系和三阶层的犯罪论体系做了一个对比,并引申出客观判断先于主观判断、形式判断先于实质判断、类型性的判断先于个别性的判断这三个定罪方法论,以此来作为评价犯罪论体系优劣的标准。

我的报告就到这里,谢谢大家!

三、现场交流

1. 客观判断与结果无价值之间是什么关系?

客观判断和主观判断是一对范畴,而结果无价值和行为无价值又是另外一对范畴。结果无价值和行为无价值，是在违法性判断问题上的两种不同的立场。结果无价值可能更偏向于注重客观的法益损害结果。而行为无价值则更偏重于行为的样态本身和行为人的主观心理状态，以此作为违法性判断的根据。因此，客观判断和结果无价值之间虽然是有关联的，但是这两者不是一个对应的范畴，对此我们需要正确地去理解。

2. 我国犯罪成立条件中的定量因素是大陆法系国家的刑法典中所没有的，定量因素在构成要件中应当如何定位？

这个问题也是一个很值得讨论的问题。我国《刑法》中犯罪概念的但书规定，体现了犯罪的定量因素。但书规定实际上也是从苏俄刑法中引进的，苏俄刑法典里面就有但书规定。我国《刑法》不仅在犯罪概念中有但书规定，而且在《刑法》分则的具体犯罪规定中，也有所谓犯罪成立的数量因素，例如，数额较大、情节严重、情节恶劣、造成严重后果等。而大陆法系国家的刑法典中是不存在这些犯罪的定量因素的。

犯罪的定量因素说明了什么问题？这一点是值得我们思考的。我国有些学者为我国《刑法》中的定量因素唱赞歌，认为我国《刑法》总则中的但书规定和《刑法》分则中的定量因素严格限制了犯罪成立的范围，使一部分公民得以从犯罪中脱身，因此认为这个规定是有利于公民的，是值得肯定的。这个说法，从表面上看起来正确，但是从实质上来看，我觉得是存在误读与误解的。这种观点主要是没有看到犯罪的定量因素背后所反映出来的行政权和司法权之间的关系。我国《刑法》中有但书规定，也有定量因素，如果说没有达到犯罪定量程度的行为，由于不构成犯罪，因此就不处罚，就放你回家了，那当然是好的，是有利于公民的。问题在于，这些所谓不构成犯罪的人并没有回家，虽然不受刑罚处罚，但是受到了治安管理处罚和劳动教养，而劳动教养甚至比刑罚处罚还要重。因此，我国《刑法》总则犯罪概念中的但书规定和《刑法》分则中所谓犯罪的定量因素，实际上是行政权和司法权的一种分配。也就是说，构成犯罪的那部分进入司法程序，由司法权来管辖，而不构成犯罪的那部分由行政权来管辖，进行行政性的处罚。而行政性的处罚具有专断性，缺乏程序性，相对于司法性的处罚而言，对公民更为不利。在西方国家，凡是涉及剥夺公民人身或者财产权利的事项，一律进入司法程序，行政机关不具有这种权力。行政权不能剥夺公民财产，剥夺公民人身自由。因此，这个背后所反映出来的是行政权和司法权的关系。我国犯罪存在定量因素，不构成犯罪的行为交由行政机关进行处罚，恰恰表明我国的行政权太大。因此，我的基本观点是，最好取消定量因素。所有应当受到法律处罚的行为都进入司法程序，只有进入司法程序，当事人的诉讼权利才能受到法律保障，才能提高我国人权保障的水平。但是我国这么多的行为没有纳入司法程序，没有受到司法保障，而是交由行政机关进行处罚，恰恰说明我国的人权保障水平比较低。因此，从本质上来讲，应当这样来看待这个问题。我认为，要取消犯罪的定量因素，所有应受处罚的行为都进入司法管辖，基本含义就是要扩大司法权，而缩小行政权。凡是涉及对公民的权利、财产、人身自由的限制或者剥夺的决定，都不应当由行政机关来作出，必须要有司法机关来作出。这样来看待这个问题，我觉得对这个问题可能会有个正确的看法。

我们再回到目前的法律规定，犯罪的定量因素在犯罪论体系中到底是一个什么样的体系性定位，这个问题在我国刑法理论中并没有得到真正的解决。有学者认为，把它放在客观要件里。但是定量因素里面有一部分是主观要素，完全放在客观要件中也不行。还有学者认为，它是在四个要件之外的一个综合要件。但综合要件和四个要件之间是什么关系？这在逻辑上也是不清楚的。

最后应当指出，西方国家虽然没有犯罪的定量因素，但也不是无视行为轻重都作为犯罪来处理的。这一问题在实体法上,通过可罚的违法性理论得以解决,更多的是通过诉讼程序得以解决。按照我的理解,定量因素应当是我国刑法中犯罪的独立要件,也就是我所说的罪量要素,它是独立于犯罪本体要件的。所谓犯罪的本体要件,就是罪体要件和罪责要件,实际上就是客观要件和主观要件,或者不法的构成要件和责任的构成要件,罪量要件是这两者之外可选择的犯罪成立要件。因为有些犯罪是不需要罪量要素的,有一些犯罪是需要罪量要素的。但是我认为,罪量要素应是一个独立的犯罪成立要件,只有这样才能和我国《刑法》分则目前对于犯罪的数量因素的法律规定相吻合。

3. 客观解释论和主观解释论是刑法解释的基本立场,形式解释论和实质解释论又怎么理解?

客观解释论和主观解释论,这是关于刑法解释的基本立场的问题。现在我国司法机关在解释论上的基本立场,应该是客观解释论。主观解释论是强调寻找立法原意,立法者是怎么想的?而客观解释论是基于法律发展,根据客观情况,在语义所允许的范围之内,进行合理的解释。客观解释会增加法律的容量,使法律能够不断地适应社会生活的需要。因此,客观解释论无疑是正确的。

现在的问题是,如何看待形式解释论和实质解释论?现在我国有的学者倡导实质解释论,而实质解释论的观点和实质犯罪论的立场又是一致的,主要来源于日本刑法学。例如,大谷实教授的刑法教科书中就提到日本刑法学中存在的形式犯罪论和实质犯罪论之争。也有学者在主张实质犯罪论的前提下,也主张实质解释论,如张明楷教授。我对实质犯罪论始终持有一种强烈的怀疑和警惕态度。我认为,我国目前还是要倡导形式解释论,尤其要强调形式判断一定要先于实质判断。

4. 我国对不能犯持可罚立场,一般依照四要件的犯罪构成体系,如何来看待?

不能犯的问题,在我国刑法中没有得到很好的解决。在日本刑法中,不能犯和未遂犯是对应的。如果成立不能犯,就不可能成立未遂犯;如果成立未遂犯就不能成立不能犯。但在我国,不能犯也是未遂犯,称为不能犯未遂。我们对不能犯更多的是持一种肯定态度。最近一段时间我国刑法学界对不能犯问题的讨论比较多,有些学者也专门出版了有关不能犯的专著。从目前所了解的资料来看,我国对不能犯的可罚性观点发生了重大的变化。我国以往在不能犯的问题上所持的是一种抽象主观说,只要主观上具有实行犯罪的故意,尽管客观上不能发生犯罪结果,也具有可罚性。但现在越来越多的学者主张客观说中的具体危险说,不能犯是否可罚要看是否存在具体危险。如果没有具体危险,不能犯仍然不可罚。我最近也专门写了关于不能犯的判例研究。我认为,在不能犯的问题上,应当减少可罚范围,要从过去传统教科书里面的所谓的主观说,向具体危险说、客观危险说转变。不仅如此,对待整个未遂犯都要倡导具体危险说。关于着手的判断,关于未得逞的判断,都不能像过去那样做形式的判断,而是要做具体危险的判断。关于这些理论,我国正在受大陆法系刑法理论的影响,处在转变当中,这点我觉得是特别有意义的。在四要件的犯罪构成体系中,不能犯的问题是当作未遂犯来考虑的,在未遂犯中也是按照主观危险说来解决的。因此,我国不能犯的可罚范围是非常宽泛的。这种状况,目前正在改变,至少在刑法理论上是如此。

今天晚上的讲课到此为止,谢谢大家!

(本文整理自2008年11月13日在北京航空航天大学法学院讲座的演讲稿)

专题六　中国刑法知识的转型

同学们,晚上好!

中国刑法知识的转型问题,是我国当前刑法学界正在讨论的一个重大课题,我个人对此也有一些思考。由于刑法知识的转型涉及对社会和历史的考察,因而是一个较为复杂的理论问题。今天晚上,我想结合个人的思考对中国刑法知识的转型问题,给同学们进行一些讲解。

一、刑法知识性质的界定

刑法知识是宽泛的概念,与刑法学、理论、思想不完全相同,是关于刑法知识的理念、刑法性质的认知及对刑法规范的解释的知识体系,范围更宽泛,不仅包含学者的学术成果,也包含社会生活中存有的对刑法的观念。例如,杀人者死,这种刑法观念植根于民族的心理结构当中。刑法知识作为一种刑法认知体系,刑法学理论只是刑法知识的核心部分,因此,不仅要看到学者的研究成果,而且要深入社会去进行考察。下面从三个方面对刑法知识的性质进行界定:

(一) 刑法知识和刑法法条的关联性

刑法知识和刑法法条之间具有紧密的联系,刑法知识是围绕刑法法条展开的,刑法知识不能离开整个法律语境。由于中外法律的规定不同,因而建立在不同法律规定之上的刑法理论既有相同之处又有不同之处。例如,罪数理论、连续犯等概念是从外国传来的,也是根据外国法律条文设置的,这些概念在中国的法律语境中是否有存在的必要性值得研究。它们的基本逻辑前提是同种数罪并罚,连续犯等概念是为限制同种数罪并罚而产生的,因此才具有存在的必要性。但在中国的刑法中,同种数罪根本就不并罚,只有异种数罪才并罚,这与国外刑法的规定完全不同,所以连续犯与非连续犯的区分根本就没有意义,照搬这些概念对我国的刑法研究并无用处。刑法知识和法律规定之间具有某种相关性,尤其是规范的刑法知识。例如,律学建立在法条解释的基础之上。但100年前,清末的刑法改革使中华法系终结,引入大陆法系的法律制度后,律学归于终断,其原因是文字的变化。新文化运动倡导白话文,影响了刑法知识的存活。因为律学以文言文为载体,在法律改为采用白话文表达以后丧失了其对于法律的解释功能。由此可见,刑法知识与刑法法条具有相关性,一方面要看到其依赖性,另一方面又要看到它高于法条,具有对法律的反思与批判的功能。

(二)刑法知识与政治制度之间的关联性

刑法知识与政治制度之间也有密切联系。这种联系决定了刑法知识本身有意识形态的特征。在专制社会里,刑法是用来约束公民的,刑法工具主义的思想把惩罚犯罪当成重要使命。而在民主社会里,刑法机能发生了根本的变化,它不再单纯是镇压犯罪的工具,而是把人权保障放在重要的位置上。在刑法机能的变动过程中,刑法知识也发生了变化,它不再依附于统治者,而是建立在罪刑法定原则的基础之上。

(三)刑事知识和刑事法治之间的相关性

在一定意义上可以说,刑事法治的发达程度决定了刑法知识的繁荣和发展的程度。刑法知识的发展水平与刑事法治的水平成正比,刑事立法与刑事司法的水平越高,则刑法知识的水平也越高。刑法知识必然受到刑事法治的制约。因为刑法知识要满足刑事立法和刑事司法的需求,才能得到发展。1979 年我国第一部《刑法》的制定,刺激了我国刑法理论的发展。1997 年我国对《刑法》进行了系统修订,使之更加完善,整个刑法知识的理论水平也获得了长足的发展,从而与法治建设相一致。

二、刑法知识的当代转型

转型是一种提升和进步,它也意味着对传统知识的自我否定、反思和批判,进而取得进一步的发展,这对刑法的发展很重要。我国刑法知识转型的基本脉络可以描述如下:1979 年至今将近 30 年,我国的刑法知识逐渐演变,先是完成了从专政理论到注释法学的转变,现在已经到了进一步质变的关键时刻。考察我国刑法知识的演变过程对理解当下的我国刑法知识的转型具有重要意义。苏力教授曾经提出关于中国法学的三个学派,也就是三种理论类型:一是政法学派。这一学派以政治的考量代替学术的考量,把法学当成政治问题、国家问题、专政问题,其理论在刑法中体现的极为明显,主要是把刑法当作专政工具,或者当作对敌斗争的工具,在刑法理论中引入阶级斗争的观念,把犯罪当作阶级斗争的表现。在这种情况下,刑法作为专政工具,是国家机器的重要组成部分。在政法学派的刑法理论中,政治代替了法律,意识形态代替了学术观点,其理论的不合理性显而易见。二是诠释学派。这一学派是以法律解释为主要特征的。1979 年我国《刑法》颁布以后,在对《刑法》的解释过程中产生了刑法的诠释学派,并且成为我国刑法理论的主流。《刑法》是我国最早制定的一批法律。法学以法为研究对象,有了研究对象才能展开研究,因此,法律的颁布对某一部门法的研究具有重大的意义。我国的《刑法》颁布得较早,所以刑法研究也较为成熟。四要件的犯罪构成体系是刑法知识的核心,虽有缺陷但也产生了深刻的影响。三是社科学派,这一学派把法学放到整个人文社会科学知识体系中考察,更多地借助于其他学科的知识来进行法学研究。例如,我在20世纪90年代初开展的刑法哲学研究,可以视为刑法学界社科法学的学术努力之一,对刑法学,乃至于整个法学的研究都具有一定的影响力。

社科学派和诠释学派两者之间,并不是互相取代的关系。社科学派实际上是在对诠释学派的研究方法不满的基础之上,试图用其他学科知识,尤其是社会科学知识,来对法或者刑法进行研究而形成的理论研究成果。在刑法研究上,我是较早地进行所谓刑法哲学研究的。这种刑法哲学研究实际上是社科学派的一个较为典型的学术个案。从个人来讲,我在大学本科阶段,接受的是政法学派的法学教育;到了研究生阶段,接受的是诠释学派的法学教育,并且从事了一段时间诠释法学的研究。但是,我逐渐对诠释学派的研究方法和学术水平产生了怀疑,感到如果按照诠释的方法进行法学研究会存在较大的局限性。因此,出于提升刑法学术水平的考虑,我进行了刑法哲学研究。我主要是引入哲学,尤其是17、18世纪欧洲的,主要是德国哲学的一些研究成果来对刑法进行研究。这种刑法哲学的研究虽然在当时的学术背景下具有一定的学术引导功能,但它并非刑法理论的主流,对此我们必须要有清醒的认识。

应该说,这种刑法哲学的研究,尽管本身不具有对刑事立法和刑事司法的直接功效,但是它使我们的刑法知识结构产生了某种变化,使我们对刑法的看法发生了变化。我们过去总是以为,刑法只能以规范知识为中心,但是在刑法哲学当中,对刑法的形而上的研究,就可以超越刑法法条,对刑法的应然性、正当性和合理性进行研究。这种研究对于清理刑法知识的地基,以便在坚实的地基上建立起刑法的理论大厦具有非常重要的意义。

社科学派是在我国特定的历史环境下的一个产物。因此,就我个人的经验来说,苏力教授所讲的政法学派、诠释学派和社科学派是从1979年到现在为止,我国法学研究中依次出现的三个不同的学派。这三种学派在不同的部门法学里出现的时间会有一定的时差。相对来说,我们刑法较快经历了从政法学派到诠释学派,再到社科学派的理论形态的演进。因此,这三种学派基本上反映了刑法知识转型的基本脉络。在过去30年间,我国的刑法理论始终处在一个探索的过程当中,不断探索刑法研究方法,由此而形成不同的刑法知识类型,这就是刑法知识转型的基本脉络。

现在我们反过来看,我个人认为,这三种刑法的知识形态之间并不是互相取代、互相否定的关系,实际上是刑法知识的不同层次,也就是说,刑法知识是具有内在逻辑关系的一种理论的复合体。它需要不同角度、不同侧面的知识,只有这样,才能使刑法理论呈现出一种非常丰富的外在形象。因此,不同的学派,实际上是从不同的角度来对刑法进行研究所产生的刑法知识。储槐植教授曾经就刑法研究讲过这样一段话:在刑法之上研究刑法,在刑法之中研究刑法,在刑法之外研究刑法。所谓在刑法之上研究刑法,就是刑法的哲学研究、形而上的研究,采用哲学的方法来对刑法进行研究。所谓在刑法之中研究刑法,就是诠释学派,以刑法法条为主要的研究对象,采用语义的、逻辑的或者其他的方法,来阐释刑法法条的基本内涵,从而为司法活动提供某种理论资源。所谓在刑法之外研究刑法,实际上指采用社会学的、伦理学的、政治学的、历史学的、人类学的方法或者其他方法来对刑法进行研究,由此形成的刑法知识呈现出一种开放的态势。至于用其他学科来研究刑法,也就是所谓的社科学派的主要内容,由此形成了丰富多彩的知识形态,刑法的经济学、刑法的社会学、刑法的伦理学、刑法的政治学以及刑法的人类学,等等,就会极大地丰富刑法知识,使其呈现出一种开放的态势,而不是成为一个封闭的结构。

这样一种从不同角度、不同侧面来研究刑法而形成的刑法知识,我认为是刑法知识本身提升和发展的重要基础。

除此之外,我认为,还应该增加一个视角,这就是从刑法之下研究刑法。所谓从刑法之下研究刑法,也就是对刑法适用的结果,即司法判例进行研究,从而形成判例刑法学的知识。刑法法条被诠释以后,就会被适用到司法过程当中去,最后由司法机关作出判决,这些司法判决形成了案例。在这些案例当中,有些案例具有权威性和指导性的特点,它确立了某些法律规则,实际上具有判例的性质。尽管中国还没有建立起正式的判例制度,但是最高人民法院在建立判例制度方面的努力也是显而易见的。作为学者,我们应该对具有判例性质的权威案例进行研究,从而形成判例刑法学的知识。判例刑法知识和司法实践本身的联系是更为紧密的,它搭建了刑法理论与司法实践之间的一座桥梁。通过判例刑法学的研究,我们可以看到司法运行过程中某种规则的产生,以及它对将来的立法活动、司法活动所具有的补充作用。如果说以刑法法条为研究对象的诠释学派是一种文本的刑法学,那么,判例刑法学则是一种以活生生的判例为研究对象的刑法学,因此是一种实践的刑法学。我认为,判例刑法学是将来中国刑法知识的重要增长点。我们可以看到,在外国学者的刑法著作当中,都大量引用最高法院的判例。外国学者引用判例和我国学者引用司法解释,在性质上是相同的。正是对这些判例的研究,极大地丰富了刑法理论,甚至某些重要的判例对一些重要刑法理论的产生,会具有直接的推动作用。像德国刑法中的期待可能性理论,就产生于所谓的惊马案。因此,判例对于刑法理论的发展是具有内在推动作用的,它为刑法理论研究提供了鲜活的素材和丰富的资料。外国刑法学家和司法人员之间的密切联系也主要是通过判例这一桥梁进行沟通的。前两个月,我到东京大学参加学术会议,他们的教授跟我讲,东京大学的刑法教授每个月和最高法院的法官进行一次判例研讨,这种方式,从小野清一郎创立以来,坚持了近百年。这种判例研讨制度可以说各有所得,刑法学者从判例中汲取一些资料、获得一些理论研究素材;司法人员经过讨论更好地领会刑法理论,将理论运用到司法实践中去。这种判例研讨制度居然可以坚持近百年,我感到非常震惊。相对来说,我们还差得很远。

以上所讲的就是刑法知识转型的一个基本脉络,这一转型过程实际上也是刑法知识的不断丰富、不断提升的过程。

三、刑法知识转型的动因

我个人认为,刑法知识转型主要有以下三个动因:

(一) 市场经济的发展

市场经济的发展为什么会成为刑法知识转型的动因?我认为,这样的关联性并不是很勉强的,确实存在某种内在联系。因为我前面讲过,我国三十多年前的刑法知识由于受到政治意识形态的影响,因此是一种政法学派。我们的刑法理论主要是为政治服务的,具有十分浓厚的意识形态特征。但是在经济体制改革以后,我国在经济领域引入市场经济。我国的中心工作发生了转变,这也促使刑法的性质发生了重大的变化。刑法从作为一种专政工具为政治服务开始转向为经济服务,尤其是在市场经济发展以后,由于经济体制的变化,我国的犯罪现象随之也发生了重大变化。由于犯罪是一种社会现象,因而社会结构的变化导致犯罪类型的变化。市场经济中出现的犯罪现象需要在理论上加以研究。我们的刑法要为市场经济服务,提供某种法律保障。正是这种市场经济的内在需求促使刑法知识不断发展。尽管这种刑法知识与市场经济的关联具有某种功利的特点,但是市场经济的发展确实为刑法知识的积累和发展提供了某种可能性。因此,我们在十多年前看到了这种变化,提出了刑法应当到市场经济中去寻找自身存在的正当性根据。我们的刑法知识也要和市场经济紧密联系起来,刑法知识应该随着市场经济的发展而不断地适应其需要。因此,在这一过程中,不知不觉地实现了刑法知识的去政治化、去意识形态之魅。刑法知识在不知不觉中完成了去政治化和非政治化,从而为其发展提供了广阔的前景。

（二）对外开放政策的确立

对外开放不仅仅是经济上的开放,而且也包含了学术上的开放。通过对外开放引进的不仅仅是资金和技术,也引进了某种法律制度和学术资源,这一点体现得较为明显。因为我国的刑法知识,包括整个法学的知识体系基本上是外来的。前面我讲在清末,中华法系传统中断了,之后依附于中华法系传统存在的律学传统也中断了,同时大陆法系的法律制度被引进我国,建立起大陆法系的法律基础之上的法学知识话语。因此,我们现在所有的法律概念和法律体系都是从国外引进的,只不过在引进的过程中出现了某种变化。20 世纪 50 年代初,出于某种政治上的需要,我国大规模地引入苏俄法律制度和法学知识,这一过程非常短暂,但是对中国产生了重大影响。我国的刑法也是这样,20 世纪 50 年代大量引入了苏俄的刑法知识,其影响到现在依然存在。我的导师这一辈的学者基本上都受到了苏俄刑法学的影响和熏陶,并在这样一个学术背景下成长起来,这种影响是根深蒂固的。20 世纪 80 年代,我国对外开放以后,学术也对外开放了,包括学术交流,同时引入外国刑法知识,例如,翻译了大量的外国刑法教科书,不仅引入大陆法系各国,例如,德国、日本、法国、意大利的刑法知识,而且引入英美法系的刑法知识。正是这些国外刑法知识的大量引入,给我们中国本土刑法知识的转型提供了一个契机。这里涉及中外刑法知识的关系,过去我们的观念认为法律是政治性、阶级性最强的知识,认为中国与外国存在不可逾越的鸿沟。但是,法律是有国界的,法理则是跨国界的。任何社会都存在犯罪,都需要刑法控制犯罪,虽然不同社会里的犯罪具有不同的规律和特点,但是和犯罪作斗争的基本方法、基本知识和基本制度却具有共同性。20 世纪 80 年代初期,我国的诠释法学还是处于一种较低的水平,但当时刚开始对外开放,我们还没有办法来借鉴外国的诠释方法来研究我国的刑法。正是在这样的背景下,我就转向从其他学科来吸收学术资源,转向所谓社科学派。经过十多年的发展,我们现在对外学术交流的渠道非常畅通,我们每年都要和德国、日本、法国、意大利或者英美的刑法学者进行学术交流;每年也有大量的国外学者的刑法论文、教科书和著作被翻译到中国来;我们也有很多学生到美国、日本、英国、德国去学习刑法,攻读学位。正是这种学术上的对外交流,打开了我国刑法理论的视野,使我们能够和其他人在同一个平台上思考刑法问题,这对我国的刑法知识转型的影响是极其深远的。

我们应当承认,我国现在的刑法知识水平和法治发达国家的差距还是很大的,正如我们的经济和他们的差距是一样大的。但也不可否认,20 多年来我国的经济得到了迅猛的发展,与此同时,我国的学术发展也非常快,与经济发展呈现出相同的态势,甚至国外的学者对此也感到十分惊讶。我相信,经过 20 年、30 年时间,我们能够和日本学者在同一个水平上对话;经过 30 年、50 年时间,我们能够和德国学者在同一个水平上对话,也就是说,我们的学术水平和他们相比还有 30 年到 50 年的差距,这点不可否认。现在我们的学术交流主要是向他们学习,借鉴他们的理论来研究我国的刑法,但是我们不能因此感到自卑,因为像德国、日本的刑法理论已经经过了两百多年的发展,即使这些国家刑法知识中最为精华的部分,像犯罪论体系,也至少经历了100年数代刑法学家的努力,才形成目前的这种规模。我国从清末算起到现在才100年,在这100年里,真正社会稳定、学术繁荣的时间也就二三十年,其余的一大半时间都处于政治动乱、军阀混战这种战乱中。因此,我们只有二三十年的学术发展时间,而人家已经研究了一二百年。在这种情况下,我们和他们的差距只有三五十年,我们应该对此感到乐观。这就是刑法知识转型的第二个原因,即对外开放。

(三) 法治建设的需求

这点我前面也提到了,刑法知识与法治建设之间具有某种相关性。正是法治建设的不断发展为刑法知识的转型提供了某种可能性。刑法学在所有的法律中可以说是最重要的法律,因为它关系到对公民的生杀予夺。民法当然和人们的日常生活是紧密相关的,但对于一个公民来说,民法只是涉及钱多钱少的问题,而刑法对公民来说却是生死攸关的问题。因此,对刑法知识要有精确性的要求,它比民法的要求更精确。正因为刑法关系到人之生死,关系到人之自由,因此刑法理论要求非常精致。随着这些年来我国的司法体制改革,我国的司法体制也处在一个不断完善的过程中。尽管还存在某些弊端,但从整个发展趋势来看,刑事法治的发展是不可逆转的。刑事法治的发展,为我们刑法知识的转型提供了某种制度条件。

四、刑法知识转型的路径

(一)要将刑法知识纳入整个人文社会科学的知识体系之中

法学是建立在法的基础上的,从事法学研究的学者容易被法条所束缚,容易把法学知识和其他知识隔离开来,刑法研究学者也一样。我们不能让刑法条文变成我们的一种精神桎梏,刑法条文应该只是我们研究的对象。我们应该把刑法放到整个法律知识体系中去研究,把法律放到整个社会生活中去研究。刑法实际上是人类精神生活中的一个点,因此,对刑法的考察是对人类精神生活考察的一个侧面。我们决不能就法论法,把法律看成一种孤立的现象,而应该把法律融入整个人类社会科学知识体系中去,只有这样才能发现法律和刑法的真谛,才能使刑法知识和整个人类社会科学知识融为一体。因此,法学家应该是一个社会思想家,而不是一个法条主义者。刑法学家也应该借助其他人对社会科学知识的研究来对刑法进行研究,不断充实我们的刑法知识。只有这样,我们的刑法知识才是开放的,才能在汲取社会科学知识的过程中不断成长。

(二)要将刑法知识纳入各国刑法知识体系之中

我国的刑法知识当然要强调中国特色,实现刑法知识的本土化。由于我国的刑法知识是在我国的刑法制度环境中生长起来的,当然不可避免地打上了中国的烙印。只有把我国的刑法纳入各国刑法知识体系之中,才能使我国的刑法知识自主化。世界各国的刑法知识都各有特点,我们应当借鉴各国刑法知识对我国刑法进行研究。我们绝不能自我封闭起来,在这方面我们还需要做很多工作。刑法知识具有跨越文化、跨越国界的发展趋势，如果我们的刑法知识只能自说自话，缺乏与别国刑法知识的交流与沟通，那么我们的刑法知识就是没有生命力的。我国现在的刑法知识实际上是缺乏中国传统的，因为我国古代刑法知识的研究已经中断了。我们现在的刑法主要是100年前通过日本传进来的，实际上我国目前的刑法知识是在缺乏和世界先进国家的刑法知识沟通的背景下发展起来的，具有强烈的自说自话的成分。基于这样的情况，我们应该建立与刑法知识发达国家之间的学术交流，把我们对刑法的感悟和思考融入整个人类刑法知识体系中去，只有这样，我们才能做出对刑法知识应有的贡献。

（三）要使刑法知识引导刑事立法和刑事司法

这也是刑法知识转型的一个重要过程，我们需要思考刑法学者在刑事立法与刑事司法过程中到底应该发挥什么样的作用。这涉及一个刑法学家的使命与职责的问题，我们的刑法学家不应该尾随立法，消极地为立法、为司法做辩护，而应当走在立法和司法前面，要用我们的知识去指导和引领刑事立法和刑事司法。这里面也存在刑法知识同刑事立法和刑事司法之间的一种互动关系，我们的刑法知识当然应该关注刑事立法和刑事司法，应该在中国的特定环境和社会文化下思考刑法问题，因此，我们要有超越现实的一种可能性。只有这样我们才能指导刑事立法和刑事司法，只有这样我们才能承担起刑法学家对社会的贡献。

五、以犯罪论体系的重构为例的考察

所谓犯罪论体系也就是我国现在刑法教科书中所讲的犯罪构成体系，是刑法知识的核心。在某种意义上说，犯罪论体系实际上是一种犯罪认知体系,为认定犯罪提供了法律成立条件。因此,犯罪论体系在刑法知识研究中占有非常重要的地位,我们现在的犯罪论体系是20世纪50年代从苏俄引入的,也就是所谓四要件的犯罪构成体系:犯罪客体、犯罪客观方面、犯罪主体、犯罪主观方面。这一犯罪构成的四要件理论由于后来的各种政治运动而没有得到深入研究,还带有强烈的政治话语色彩。20世纪末,随着法制的重建,我国刑法学亦处于一个恢复阶段。在这种情况下,这套犯罪构成体系也得以复活,通过刑法教科书得到广泛传播,对我国司法界产生重大影响。

但这套犯罪构成体系存在某种逻辑上的缺陷,而这种缺陷是其自身难以克服的。我国现在面临的主要问题就是犯罪构成体系的重构,刑法学界对此在刑法理论上进行了广泛的讨论。有些学者认为,这套犯罪构成体系已经为司法人员接受且通俗易懂,因此进行个别调整就可以了,不需要推倒重来,对苏俄的犯罪构成体系没有必要持完全否定的态度。我的观点是,要完全摒弃这一套犯罪构成体系,前提是必须说清楚它所存在的根本缺陷。我认为,四要件的犯罪构成体系最主要的缺陷是这四个犯罪构成要件之间的逻辑关系混乱。这一套犯罪构成体系其实是以假定犯罪已经成立为前提,在这个前提之下对犯罪的四个方面的内容进行解剖。而定罪的司法过程必须遵循无罪推定原则,目的是要将无罪的行为从犯罪中排除出去,因此,有罪或无罪的结论应该是在判断的最后才呈现在我们面前。事实上,我们不能事先假定犯罪已经成立,而是要在司法判断的终点才能得出犯罪成不成立的结论。从这一点上来说,大陆法系的三阶层犯罪论体系是符合这一犯罪认知规律的。

根据大陆法系的三阶层犯罪论体系,我们首先要判断构成要件该当性。其次是违法性的判断,违法性判断是在某种事实的基础上对是否是犯罪进行实质考察。最后是进行有责性判断,有责性判断中要考虑个人的责任能力问题，要考虑行为人主观上是否具有可归责性，包括违法性认识和期待可能性等要素。只有具备有责性才能最终判为有罪，如果一个人的行为只具备构成要件该当性和违法性，但在有责性里面缺乏归责要素，那么这一犯罪的判断过程也就中断了，不能得出行为人有罪的结论。因此，三阶层的犯罪论体系是一个不断出罪的过程，其为无罪辩护留下了广阔的余地。三阶层的犯罪论体系的判断过程是一个动态的司法过程，并且各个阶层之间存在逻辑上的位阶关系。这种位阶关系就是指这些阶层之间存在一种不可改变的先后顺序，后一个阶层以前一个阶层的成立为前提，依次递进。如果用图形表示，构成要件该当性就是一个大圈，违法性是大圈中的一个小圈，两圈之间的行为就是具备构成要件该当性但没有违法性的区域，第三个阶层是有责性，有责性是违法性圈里面的第三个圈。只有三个阶层同时具备才能构成犯罪。

所以，三阶层的犯罪论体系呈现出一个动态的定罪过程，并且符合司法认知的逻辑，具有方法论和价值论上的双重优势。而我国现在所通行的四要件的犯罪构成体系，在犯罪构成的四个要件之间没有固定的逻辑关系，是可以任意排列的。我国刑法教科书现在通常的排列顺序是犯罪客体、犯罪客观方面、犯罪主体、犯罪主观方面。也有刑法教科书按照犯罪主体、犯罪主观方面、犯罪客观方面、犯罪客体这种顺序来排列。由此可见，这些犯罪构成要件之间是可以随便排列的，它们之间是互相依存的关系。

尽管这两种犯罪构成要件的模式不一样，但是在对简单的犯罪案件作判断的时候，看不出两者的差别。而在对一个较为复杂的犯罪案件作判断的时候，就会得出不同的结论。通过案例分析可以看出，在有罪无罪的判断中，尽管犯罪构成的要件都是相同的，但先判断哪个要件后判断哪个要件，对于结论的科学性具有重要意义。犯罪构成应当有一种逻辑的保证,按照这种逻辑推理就能得出科学的结论,按照另一种逻辑推理就会得出错误的结论。因此,我认为,现在四要件的犯罪构成体系,尽管各个要件都有,但这些犯罪构成要件之间的逻辑关系是混乱的,在方法论和价值论上都存在重大缺陷。而大陆法系的三阶层的犯罪论体系由于坚持了事实判断先于规范判断、客观判断先于主观判断、定型判断先于个别判断这样一些判断原则,能够保证判断结论的科学性。

通过以上分析可以看出,犯罪论体系的问题是刑法理论的核心问题,整个刑法理论都和犯罪论体系紧密联系。20 世纪 50 年代初期,我国整个法学的各个部门法学全盘苏俄化。但现在,在其他部门法的知识里,苏俄的影响可以说已荡然无存。唯独在刑法里,苏俄刑法学的阴影还在主宰着我们的刑法知识。为什么?这个问题值得思考。我认为,主要原因是我们的犯罪论体系还是苏俄式的。犯罪论体系不仅决定犯罪的成立条件问题,还涉及整个刑法的基本思维方法。刑法的基本思维方法不改变,刑法知识的苏俄化状态是不可能改变的。这也正是现在唯独在我们的刑法知识里苏俄的影响仍然根深蒂固的原因之所在。因此,我个人提出,刑法知识去苏俄化的命题。我国现在通行的犯罪构成体系并不是中国本土的知识,是从苏俄引进的,而这套犯罪构成体系本身存在根本的逻辑缺陷。我们何不从德日引进更为精致的、更能保证犯罪判断准确的犯罪论体系呢?近年来,我一直在做犯罪论体系引进的工作。只有采用了大陆法系的犯罪论体系,我国的刑法知识才能发生根本变化。按照大陆法系的犯罪论体系来思考问题,我国的刑法学才能和国际进行交流。我们在引进的同时,还可以通过学者个人的努力建构具有个人特色的犯罪论体系。犯罪论体系不只有一种而是可以有多种,它是一种工具,哪种工具好就采用哪种。我国的犯罪论体系正处于转型的过程中,如果这个转型能够顺利完成,我国的刑法知识就能够进入平稳的发展进程。如果不能完成,就会成为刑法理论发展的一个重大障碍。

(本文整理自2007年11月14日在北京对外经贸大学法学院高伟绅论坛讲座的演讲稿)

专题七　刑法知识的转型与刑法理论的演进

同学们,晚上好!

今晚很高兴,在这里就刑法知识的转型与刑法理论的演进给大家做一个演讲,这是系列讲座之一,我看这个系列的主题就是改革开放30年的实践与反思。目前,在改革开放30年大背景下,各个领域和各个学科都在对这30年改革开放的实践进行总结和反思。从这个意义上来说,2008年可以说是总结和反思的一年。这里的30年是以1978年为改革开放的元年起算的,以这一年为开端我们国家逐渐走上了正轨。

转眼之间,30年过去了,这30年来我国在各个方面和各个领域都取得了重大的进步,这种进步应该是有目共睹的。今天我想从刑法学学科的角度对这30年走过的历程做一个历史回顾,因为我1978年的3月份进入北京大学学习,今年正好是我入学30周年。我是北京大学法律学系1977级的学生,1978级的学生是在9月份入学的,今年是我们1977级和1978级同学的入学30周年。在今年5月2日,我们法律学系1977级和1978级的同学在北京大学举行了纪念活动,纪念我们入学30周年。在纪念活动上,苏力院长做了一个讲话,这个讲话在网上也可以看到,在有关的报纸也刊登了,给我感受最深的是这一句话:"我们并不是这30年历史的见证人,我们本身就是这段历史,是这段历史的一个细节。"确实,我们可以说是这30年历史的亲历者,我们并不是在见证这30年的历史,我们是亲身参与了这30年的历史,我们是这段历史的一个细节,是这段历史的某个个案。

作为一名刑法学者,我亲身参与了这30年来刑法学的恢复重建,对刑法学这30年的发展来说,我也是一个学术个案,因此,我想先对这30年的刑法学历史来做一个回顾。大家现在才开始接触到刑法学,可能只知道刑法学的现状,并不熟悉现有刑法学的演变历史。我深切感受到以下这句名言是非常深刻的:如果不知道历史就不懂得现实,只有从历史当中才能读懂现实。

我首先来讲一下刑法学这个学科。1764年,意大利著名刑法学家贝卡里亚发表的《论犯罪与刑罚》标志着近代刑法学的正式诞生,迄今已有244年。在此以后,对近代刑法学的发展具有重要历史意义的几个年份,我给大家做一个简略的排列。首先是1801年,这一年德国著名刑法学家费尔巴哈出版了《德国刑法教科书》,标志着刑法学科体系的正式建立;其次是1881年,德国著名刑法学家李斯特发表了《德国刑法教科书》,标志着刑法理论的重要推进;最后是1906年德国著名刑法学家贝林发表了《犯罪论》。李斯特和贝林被认为是在犯罪论体系中的古典学派,1906年贝林出版的《犯罪论》在近代刑法学史上具有重大意义,它意味着犯罪论的古典学派正式诞生。从1906年到现在已经过去了102年,在这102年当中,德国的刑法理论又有了重大的发展,从《犯罪论》开创的古典学派到新古典学派,到威尔泽尔的目的主义犯罪论体系,一直到现在在德国占主导地位的以罗克辛为代表的目的理性主义犯罪论体系,德国刑法理论可以说是源远流长,一脉相传。德国的这一套犯罪论体系后来在日本得到移植并且逐渐形成了具有日本特点的犯罪论体系,以及以这个犯罪论体系为基础的刑法理论。这是近代刑法学理论的一个大背景,我只能以非常粗略的线条来勾画。

我们以1906年贝林发表《犯罪论》为标志,来看一下1906年的中国刑法学者在做什么。1906年中国处在清末,当时正在沈家本的领导下进行法律改革,这项法律改革的主要内容就是刑法改革,刑法改革的基本思路就是要引入大陆法系。因此,在经过新派和旧派、保守派和革新派的反复争论和多年较量后，于 1911 年颁布了《大清新刑律》。《大清新刑律》的颁布意味着延续了几千年的中华法系的终结，标志着中国近代法制的诞生。在《大清新刑律》的制定过程中，我国聘请了日本东京大学的刑法学教授冈田朝太郎作为刑法修订的顾问，开始引入大陆法系的刑法并引入了大陆法系的刑法理论知识。大家都知道，在 1911 年孙中山发动了辛亥革命，推翻了清朝，建立了中华民国。因此，《大清新刑律》只是刚刚颁布，未来得及真正实施就失效了，所以，可以说它是一部短命的刑法。但正是这部短命的刑法，在中国此后的刑事立法当中具有深远的历史意义。在中华民国成立以后一直到 1928 年，中华民国的第一部刑法才被制定出来。在北洋军阀期间还出现了一部《暂行新刑律》，它基本上就是《大清新刑律》的翻版，因为当时处于一个军阀混战的时期，根本没有时间坐下来仔细研究法律问题，因此就照搬了《大清新刑律》。1928 年出现了中华民国的第一部刑法，到了 1935 年又出现了中华民国的第二部刑法。在民国时期，刑事立法得到了很大的发展。与此同时，大陆法系有关刑法理论也逐渐引入我国，在我国产生了非常巨大的学术影响。

我们现在回顾这段刑法与刑法学的历史，在某种意义上也是了解我国刑法与刑法学的历史积累的过程，最近几年有些出版社出版了民国时期的法学著作，包括民国时期的刑法学著作。从这些著作我们可以看到 20 世纪 30、40 年代我国学者在刑法学研究上所做的努力，应该说，从当时世界的情况来看，我国学者对刑法学的研究成果并不落后，可以说与当时的德国、日本的刑法学学术水平不相上下。到了中华人民共和国成立以后，20 世纪 50 年代初，我国在政治上引入了苏俄的制度，在学术上也是完全引入了苏俄的理论，包括在刑法学中出现了苏俄化的现象。也就是说，随着对于国民党的司法制度的清算，从《大清新刑律》所延续下来的法统就中断了，不仅法统中断了，而且以此为基础的学术研究历史也中断了。从这个时候开始，我国的刑法学研究就另起炉灶，完全推翻了原先那一套，也就开始学苏俄。在20世纪50年代初，在学习苏俄的高潮中，翻译了大量苏俄的刑法教科书，尤其是1958年中国人民大学出版的苏联著名的刑法学家特拉伊宁的专著《犯罪构成的一般理论》，这本书对中国的刑法学理论研究产生了重大的影响。苏俄的刑法学在某种意义上来说本身也属于大陆法系，在“十月革命”以前，俄国的刑法知识与德国及其他大陆法系国家的刑法知识也是相通的。但在“十月革命”以后，随着政治化的需要，苏俄的刑法知识就对大陆法系的刑法知识进行重新改造和嫁接，建立了具有苏俄特征的刑法学理论体系。

苏俄的刑法知识在20世纪50年代初就传入我国，对我国现在的刑法知识的形成产生了深远的影响。从20世纪50年代中期开始，随着我国逐渐开展大规模的政治运动，其中以1957年的“反右”运动作为一个标志，我国进入了一个政治动乱时期，一直到“文革”。因此，从1957年开始到1978年这样长达20年的时间里我国的经济停滞不前，我国的社会发展也可以说是停滞不前，我国的理论研究同样是停滞不前。所以当1978年开始进入改革开放的时候，可以说我国的刑法学是在一种学术的废墟上建立起来的。那时，我国的刑法研究到底处于一种什么样的状态？大家可能没什么印象。这里我正好拿来一本书可以给大家做一个参照，书名叫《刑事政策讲义》，是个讨论稿，是北京大学法律系刑法教研室1976年12月印行的一个内部读本。这是我在1979年9月15日上刑法课时领到的，是我们当时的一本刑法教学参考书。我于1979年9月份开始上刑法这门课，我国于1979年的7月6日颁布了中华人民共和国第一部刑法，所以我是在刑法颁布两个月以后开始学习刑法的。大家都知道，1979年颁布的刑法是在1980年1月1日开始生效的，因此，我刚开始学习刑法时1979年刑法还没有开始生效，这个时候发给我们这么一本《刑事政策讲义》作为刑法参考教材，是因为当时没有刑法教材。从这本书可以看出当时刑法学的理论研究所处的状态，可以说是“学术废墟”的真实写照。这本书的内容只有政治性，没有学术性。这本书名义上讲的是刑事政策，但实际上讲的是一些当时比较风行的教条，正是这些政治教条成为刑法学研究的主要内容，在这里我可以把这10个专题的题目给大家念一下，大家就知道里面的内容了。

第一个题目是我国政法机关的性质和任务。大家可能对这段背景不太熟悉，在“文革”当中有所谓的“砸烂公检法”。“公检法”没有了，就搞了个“军管会”，由“军管会”来办案，到了后来“军管会”撤销了才成立了公安局，然后到了1977年左右才恢复设立法院，到了1979年才恢复设立检察院。其实写这本书的时候是1976年，实际上可以说当时没有法院也没有检察院，当时政法机关只有以公安机关为主体的这样一些所谓的专政机关。

第二个题目是实行党委领导下的群众路线。党的领导和群众路线，是中国政法工作的两个基本原则，在这本书中也作了充分的强调，尤其是要克服司法工作的神秘主义。当时有一个名词，大家一定都熟悉，这就是群众专政，这和我们现在讨论的大众化与精英化，是两种完全不同的思路。

第三个题目是正确区分和处理两类不同性质的矛盾。这也是具有中国特色的刑法理论命题，是毛泽东思想在刑法理论中的体现。将两类不同性质的矛盾的分析方法用于对犯罪问题的研究，就出现了两类不同性质的犯罪这样的命题。都是杀人，有的是阶级敌人杀人，这是敌我矛盾。有的是人民之间的杀人，这是人民内部矛盾。对此，判刑应当是不同的。否则，就是混淆了两类不同性质的矛盾。

第四个题目是惩办和宽大相结合的政策。这倒是一个刑事政策问题,但当时明显具有政治化、军事化的特点,是从对敌斗争经验中总结出来的,用于和犯罪作斗争。这与当时把犯罪问题作为一个政治问题加以考虑的背景是密不可分的。

第五个题目是取证和调查研究。这主要是一个证据的问题,因为当时根本就没有刑事诉讼法,更不知程序正义为何物,因此,在刑事理论中,只有取证和调查研究这一与证据有关的内容被保留下来了,并且与群众路线有着密切的关系。

第六个题目是犯罪及犯罪根源。当时在犯罪问题上政治化的倾向十分严重,把犯罪看作阶级斗争的表现。至于犯罪根源,则是根据经典著作的观点,归结为私有制,认为私有制是犯罪的总根源,只要消灭了私有制就消灭了犯罪。那么,在实行公有制的社会主义国家为什么还有犯罪存在呢?根据列宁的理论,那是旧社会的痕迹,或者说是新社会的胎记。因此,有的学者把社会主义国家的犯罪说成是“无源之水”,最终必然被消灭。

第七个题目是正确认定犯罪。这是唯一一个与刑法相关的论题,但这里不能讲犯罪构成,而是强调在认定犯罪中的阶级分析观点。例如,认定犯罪的首要原则就是以阶级斗争为纲,坚持党的基本路线,用阶级斗争的观点和阶级分析的方法分析问题,处理问题。这样,认定犯罪活动的法律性不复存在,而其政治性却受到特别的强调。

第八个题目是镇压反革命和打击各种刑事犯罪。这部分内容相当于我们现在的刑法分则,由于并不存在刑法,因此,有关罪名不是根据法律认定的,而是根据政策确定的。其中论及的罪名是:反革命罪、杀人罪、放火罪、强奸罪、流氓罪、盗窃罪、诈骗罪、贪污罪、投机倒把罪、破坏革命军人婚姻罪、破坏知识青年上山下乡罪。

第九个题目是正确运用刑罚方法同犯罪作斗争。这部分内容相当于我们现在刑法中的刑罚论。在刑罚的性质认识上,强调刑罚是无产阶级专政的工具。但把两类矛盾的思想贯彻到刑罚适用上,又把对敌人专政的刑罚与对人民内部的犯罪分子受到的刑事处罚加以区分,认为这不属于专政的范围。

第十个题目是对敌对阶级分子和其他违法犯罪分子的劳动改造。这部分内容相当于现在的监狱法,但劳动改造之类的话语,其政治性十分明显。

这本书就反映了当时刑法知识当时的状况,可以说,内容是十分广泛的涉及刑事法的各个学科,用刑事政策将其串联起来。当然,刑法内容也包含在里面。对本书的内容,我们可以从三个方面来分析:

第一是政治话语取代学术话语。在这本书当中可以说充满了政治性而没有学术性,因为在当时的历史背景之下,学术性是完全受到排斥的,不能从事学术研究也不能从事思考,政治性和学术性完全合二为一,学术性完全被政治性取代。所以在这本书里所讲的内容都是一些政治性的内容,是一些党的基本路线、党的工作方法、党的政策精神以及阶级斗争这样一些政治话语,这样一种研究并不是学术的研究,而是重在政治说教。

第二是政治判断取代规范判断。因为在当时根本就没有法律,在刑事法领域,如果没有法律,那么是无法可依的。因此,在这本书里,没有规范判断,有的只是政治判断,最多有一些政治上的把握。比如,在这本书里面专门有一个题目讲的是正确认定犯罪,却并没有给出一个规范的犯罪的概念。什么是犯罪?认定犯罪首先要有一个标准,根据这个标准才能去认定犯罪,这个标准应该是一个规范的标准。但是在这本书里面没有规范的犯罪概念。因此,这样一部著作所反映出来的都是一些政治性的判断,而没有一种规范的判断,缺乏法律的思考,不具有法律的思考。

第三是政治逻辑取代法律逻辑。这本书里面讲的很多内容都是政治问题,根本不是法律的问题,比如,对敌对阶级分子和其他违法犯罪分子的劳动改造,包括对敌对右派分子的社会改造,都是一些专政措施,不是用法律逻辑来论证的。如果根据法律逻辑来推理,首先应是在法律上一个人的什么行为能构成犯罪,然后才能适用刑罚,最后执行刑罚,这是法律的逻辑。但是在这里面说对敌对右派分子进行社会改造,是因为他们的阶级出身,因此,不管这些人有没有实施犯罪行为都要对他们实行专政,这种专政的逻辑建立在阶级斗争的基础之上,所以它根本不是一种法律的逻辑推理。

这本书就是在那个特殊的时期我们的刑法知识的范本,在这段时期要想找一本关于刑法方面的书,可以说找不到,这是唯一的范本。前几天北京师范大学法学院的一个博士生来找我,他要对我国的刑事政策历史做一个综述,听说有这么一本书但到处找不到,就给储槐植教授打电话,储教授说他也没有,说我这里可能有,让他来找我看看有没有这本书,结果我一找就从书架上找到了这本书。在这个意义上,这本书几乎成为文物了。

从这本书我们可以看到当时的刑法学的研究状态完全是一个学术废墟,可以说是一无所有,所以我国现在的刑法学是在这样一个学术废墟上来恢复来重建的。只有这样,我们才对经过这 30 年发展的我国现在刑法学的理论现状有一个更深刻的了解。

应该说经过这 30 年的发展,我国刑法学的研究确实取得了非常瞩目的成就。随着 1979 年刑法的颁布,我国的刑法学理论研究就开始恢复重建,这种刑法学理论的恢复重建的动因就是 1979 刑法的施行,因为刑法要适用,就要理论来进行指导。在这种情况下,围绕刑法适用理论研究就逐渐发展了起来。最开始这种研究只是对刑法条文的叙述,理论层次相当低。与此同时开始恢复了 20 世纪 50 年代初从苏俄引进的刑法学研究，因为中间中断了20年，在恢复的时候首先想到的就是恢复苏俄的刑法学。因此在20世纪80年代初期，以教科书的写作为主要标志，逐渐建立起了我国的一套刑法知识体系，这套刑法知识体系基本上是对50年代从苏俄引进的刑法学知识的一种本土建构。

这套刑法学知识体系中最具代表性的就是犯罪构成理论，犯罪构成理论也就是大陆法系所称的犯罪论体系。可以说犯罪论体系是整个刑法知识的精华之所在，正如有些学者所讲的那样，犯罪论体系是整个刑法学科王冠上的宝石，它是刑法知识的精华，最能体现刑法知识的专门性、专业性和技术性，这套犯罪构成理论对刑法适用，尤其是对犯罪认定具有重要的指导意义，可以说犯罪构成体系决定了刑法的理论结构和逻辑框架。因此，在20世纪80年代初期从苏俄引进的四要件的犯罪构成体系开始获得重生，直到现在仍然具有重大的学术影响，它成为刑法学叙述的中心线索。这个时期基本上是以1979年刑法颁布到1997刑法修订作为一个时间段，这个时间段是我国刑法学从废墟重建的一个阶段，并且有了一定的发展，基本形成了一套具有中国本土特色的刑法话语体系。刑法理论研究从它的成果上来说是发展很快的，在我们学习刑法的时候（1979年）是没有刑法教科书的，不仅刑法没有教科书，而且当时的任何一门课都没有教科书。因此，我说我们这一代人是在没有教科书的情况下度过我们的本科时期的，和现在的同学们面临着太多的教科书、太多的学术论文、学术著作无从选择正好处于两个极端，我们当时处于一个知识饥渴的状态。

第一本教科书是在1981年出版的，这就是北京大学刑法学科的杨春洗教授、甘雨沛教授、杨敦先教授等编写的《刑法总论》，这一本教科书可以说是当时最早的一本刑法学教科书。1982年高铭暄教授主编了全国法学统编教材《刑法学》，以《刑法学》的出版作为标志，我国的刑法学体系的框架就基本建立了起来，理论研究就逐步开展起来。因为我从1979年开始学习刑法这门课，到1982年在本科毕业以后考上中国人民大学刑法专业研究生就开始专门研习刑法，这段历史是亲身经历过来的。最开始的刑法学著作就只有这些教科书或是一些解释刑法的小册子。第一本刑法学专著是1986年才出版的，是现在上海社会科学研究院法学研究所所长顾肖荣教授的硕士论文，书名是《我国刑法中的一罪与数罪》(上海学林出版社1996年版)。这本书也就10万字左右，讨论罪数问题的，只是很薄的一本，但在当时是第一本专著。我国刑法学就是在这样的基础上慢慢发展起来的，经过大致10年的努力，刑法知识的积累达到了一个饱满的程度，大量刑法学教科书、大量刑法学论文和大量刑法学专著出版，这样刑法学知识就出现了爆炸的态势。应该说在法学各个学科当中，刑法学的起步发展走在各个部门法学的前面，主要是因为刑法颁布得比较早。这里面涉及法学研究和各个部门法之间的关系问题，法学这门学科是以“法”作为研究对象，因此，只有法治发展法学才能发展，法学的发展永远不可能超越法治的发展，可以说一个国家的法治越发达，它的法学就越发达。

在部门法中，刑法是最早颁布的，故而刑法学也就最早发展起来。民法是1986年才颁布了《民法通则》，还有一些其他法律就更晚了，因此刑法是成熟得比较早的，但是我们也必须要看到在刑法知识中，到目前为止仍然留下了苏俄刑法学深刻的印记，这一点在其他学科恰恰相反，它们所受的苏俄的影响已经看不到了，这也是引起我思考的一个问题。在20世纪50年代初整个中国法学苏俄化的过程中，不仅刑法学苏俄化，而且民法学、宪法学各个法学都是学的苏俄法学，这么多年过去了，刑法以外的学科，民法、行政法、诉讼法等学科中苏俄的影响可以说是荡然无存，但是为什么在刑法知识当中还留有苏俄刑法学的烙印？这个问题值得我们思考，我认为，主要是因为我国现在所采用的仍然是从苏俄引进的四要件的犯罪构成体系,它决定了刑法学理论的基本框架,这种框架没有改变的话,苏俄刑法学的烙印就不可能消除。

正是在这样一个背景之下,我提出了刑法知识转型的命题,这也是刑法学这个部门法学发展的特殊性所决定的。刑法学这个学科在各个部门法学科中起步是比较早的,发展得比较成熟,但是当刑法知识发展到一定程度,我国现在面临着一个刑法知识的转型,而在其他部门法学科里面,可能不存在这样的转型,这也是我国刑法学所面临的一个挑战,当然这也是一个契机,这也是今天晚上我所要讲的刑法的契机和转型。那么刑法知识为什么要转型?它如何转型?如何来完成这样的转型?这正是我这些年来思考的问题,也是我所做的学术努力,推动我国刑法知识的转型。

正如我前面所讲的,我国现在的刑法学知识是苏俄刑法学的废墟上建构起来的,也就是说,在 1978 年刑法学学科恢复重建的时候,我们是在学术废墟的基础上重建的,但是我们只是对这个废墟做了一个简单的清理而没有对这个废墟做进一步的考察就恢复重建了这样一个刑法学知识体系。现在看来,这个废墟本身就是一个很大的问题,因为我们按照苏俄刑法的这一套知识体系做到一定程度就很难再往前走了,之所以很难再往前走了是因为这一套框架已经容纳不下更多的刑法学知识并且已经对刑法学知识的发展产生了束缚。之所以这样说,我觉得主要是由于以下两个原因造成的:

第一个原因是刑事立法和刑事司法的发展。我前面也讲过,刑法知识和法治本身是具有密切联系的,刑法学理论发展的动因在于满足法治建设的实际需求。在没有法治的情况下,也就没有刑法学,在法治落后的情况下,对刑法学的需求也不旺盛。因此,比较粗浅的刑法学理论总是和比较低级的刑事法治相联系的。随着刑事法治的进一步发展，就逐渐要求比较精致的刑法学，刑法学从粗糙到精致这样的发展并不是刑法理论自身的逻辑演绎的结果，而恰恰是刑事法治推动的结果，是刑事法治的实际需求所得出的结果。从这里可以看出，我们从苏俄引进的刑事法学说本身就是在苏俄不重视法制、政治口号压倒法制这样的背景下产生的，因此，苏俄刑法学本身具有先天的缺陷。引入我国以后，虽然也做过某些弥补的工作，但是仍然还是它那一套。因此，在一个法制不太健全的时期，这一套比较粗糙的理论还能解决一些现实的问题，还能够满足预防和打击犯罪的需求。但随着刑事法治的进一步发展，这一套比较粗糙的理论就不能满足法治建设，因为法治建设要求的是一套比较精致的刑法理论。因此，对刑法知识的精致性的需求就成为刑法学发展的必然趋势。对刑法学知识的精致性我们往往存在一些误区，把它看成一种烦琐的经院哲学，认为这样一种思维以及它的成果是把简单问题复杂化，所以我们在思想上往往对这套理论的思维持排斥态度，认为这是烦琐哲学。

我们往往强调刑法理论应该研究实际问题、解决实际问题，这里面就存在一个刑法知识大众化和刑法知识精英化的对立。最近我看到一篇论文讨论刑法知识的精英化和大众化的问题，这是一个需要深入思考的问题。我们过去追求的都是一种大众化的刑法知识，这种大众化具有政治性和正当性，而精英化的刑法知识具有精致性和精确性的特点，往往受到排斥。到底怎样来看待这个问题？我们的刑法理论当然要解决实际问题，不能无病呻吟、闭门造车，但是又必须看到理论解决实际问题并不是头疼医头、脚疼医脚这样直接的方法，必须是一种理论的解决方法，那么这种理论性的方法具有制度性的特征，具有一般性的特征。在刑法学理论发展的初始阶段，理论缺乏层次上的划分，整个理论从整体上来看都是同样浅显的，所以我经常讲的一句话就是，在当时这种状态下我们大学研究刑法的著名教授和一个基层法院法官思考的是同一个问题。这样一种状况是很不正常的，因为基层法院法官所思考的问题和著名刑法学教授思考的不应该是同一个问题，如果一个大学的刑法学教授去思考一个非常个案的、低等性的问题，显然说明我们的理论太浅显。因此，这种理论的发展首先就要呈现出一种不同的理论层次。要体现出这种不同理论层次，要有些能够实际解决问题的刑法知识，但是更应该有一些高层次的，关于刑法尤其是刑法基本问题的形而上学的思考，而恰恰是后者代表了一个民族、一个国家的刑法学思考的最高水平。

在某种意义上来说，这种刑法知识的精致性和精确性恰恰属于刑事法治发达国家对刑法知识的需求。在刑事法治的语境中，通过刑法来对个人的权利和自由来进行保障是法治的根本标志。从这个意义上来说，在刑法知识当中它必然包含着某种精英化的话语，这种话语在刑法学的知识当中应当占有一席之地，所以刑法学的发展本身这种思维的措施逐渐向更加广阔的领域拓展，不是满足于对个案的解释，不是满足于对法条简单的注释，而是把刑法放入社会的背景中来进行思考。正如德国著名的刑法学家耶赛克所讲，刑法只是人类精神生活的一个点，人的精神生活的一个侧面。因此，我们只能从人类精神生活更高的层次上来把握刑法，才能真正掌握刑法的精髓，而不是满足于对刑法规范表象的理解。这样一种对刑法精确性和静止性的分析对刑法理论的不断发展起到了促进作用，在客观上也能更大限度地满足法治建设的实际需求。从这个意义上来说，刑法的转型不是从自身意义上来讲的，而是被刑事法治的发展而形成的社会需求所决定的。

第二个原因是对外开放。我认为，对外开放不仅仅是在经济上，而且是在学术上、思想上、文化上的，刑法学也是如此。通过刑法学的对外开放，使我们能面对更为广阔的世界，吸收世界上对刑法学研究的最新成果，从而促进我国刑法学的进步。因为我们过去受到错误的政治教条的影响,在刑法的研究过程中出现了苏俄化的现象,也就是说把苏俄刑法作为唯一的刑法知识来引进,而对其他的刑法知识持完全排斥的态度。对外开放以后,打破了学术上的自我封闭状态,使我们能接触到来自英、美、德、日等其他国家的刑法知识,这里就出现了一个我国的刑法知识如何与其他国家的刑法知识进行对话、交流、争论的重要问题。我们过去在自我封闭的状态下发展起来的刑法理论知识是无法和其他国家的刑法理论知识来交流对话的,它们缺乏一种对话的共同平台和一种共同的话语模式。这一点在犯罪构成理论上体现得非常明确,因为我们过去采用的是苏俄的犯罪构成,这样一个刑法知识理论是犯罪理论的一个基本框架。在一个对刑法知识需求要求不是非常精致的情况下,这个理论框架还能够满足现实的需求,但随着刑事法治的不断发展以及其他国家刑法知识的不断涌入就会发现这两种知识之间存在着不相容性。因为犯罪论体系是一个基本的逻辑,在某种意义上说它是刑法基本的思维方法。如果思维方法不一样,很多问题都没办法进行对话,没办法进行交流,因此,需要对传统的刑法知识进行进一步的反思,在这种背景之下,我提出了刑法知识的转型这一命题。

在刑法知识的转型里,首先存在一个如何评价传统的刑法知识,尤其是传统的犯罪构成理论的问题。我认为,传统的刑法知识体系,尤其是犯罪构成理论在过去法治不是很发达、法学知识比较落后的情况下,确实能够满足司法实践的需求,其在历史上曾经发挥了重要作用,对此应当充分进行肯定。但是我们也应该看到,随着刑法知识的进一步推进,我们必须对传统刑法学知识进行反思和检讨,只有这样才能开辟将来刑法知识发展的正确道路。可以说目前我国正处于转型过程当中,当然这种转型只是在开始,远远没有完成,现在大多数人都是在传统的刑法教科书的指导下成长起来的,也是借助于现行的犯罪构成体系来进行刑法思考的。在司法过程中,传统的犯罪构成体系还有很大的市场,对司法实践还有很深的影响。在这种情况下,想要推进刑法知识的转型,必然会受到来自现实的阻力,对此我们必须要有深刻的认识。但同时,我们又必须看到这样一种刑法知识转型的趋势是不可阻挡的,当然这种转型不是一蹴而就的,而是一个逐渐推进过程,逐渐被大家所接受的过程。

我们可以看到,现在教科书里占主导地位的还是四要件的犯罪构成体系,应该说这套理论本身已经反映出刑法知识的陈旧性。在这种情况下,我个人一直在推动引入大陆法系的三阶层的犯罪论体系,以此来取代现在的四要件的犯罪构成体系。对此,我总是遇到这样一个问题,一直有人问我为什么一定要用三阶层的犯罪论体系来取代四要件的犯罪构成体系。总是有人认为,现在四要件的犯罪构成体系在司法实践中不是用得很好吗?为什么要去取代它?这里面其实涉及对两种理论的评价问题,一种理论比另一种理论具有更大的优越性,或者一种理论完全失去了适用性,它的更新才能顺利地完成,否则这种理论的更替会存在困难。关于这个问题,我个人的观点是,我国现在的四要件的犯罪构成体系主要缺乏内在的逻辑性,这种内在逻辑型的缺乏使得这样一种犯罪构成体系在判断一些较为复杂的刑法理论问题的时候就往往会产生一些混乱,这种混乱足以影响这种理论的适用性。而三阶层的犯罪论体系本身具有内在的逻辑性,只有内在逻辑才能最大限度地保证定罪的准确性,而衡量刑法知识的主要标准就在于这种刑法知识是否能保证定罪准确性。为什么说四要件的犯罪构成体系存在内在的逻辑混乱,这种内在逻辑混乱主要体现在哪些方面,而三阶层的犯罪论体系为什么是精致的,它的优越性体现在哪里,对这种问题需要首先来回答。

正如我前面所讲的,犯罪构成理论不仅仅是犯罪成立条件的总和,并不是简单地把犯罪成立条件捏合在一起,也不仅仅在于给定罪提供一个法律标准,更为重要的是犯罪构成本身是一种定罪的思维方法,因此,只有我们掌握了一种精确的具有内在逻辑性的定罪方法,我们才能保证定罪准确。否则的话,在定罪上就会出现一些出入人罪的结果,这是要竭力避免的。另外,主要有以下三个关系需要我们认真加以思考:

第一个是主观判断和客观判断的位阶关系。因为任何犯罪都是由主观和客观两个方面构成的,因此,在任何情况下对构成犯罪来说,都需要主观和客观两个方面来判断。但在定罪过程中,到底先考察客观方面还是主观方面,对客观判断和主观判断是否要求优先关系?我觉得这一个是非常重要的问题。在三阶层的犯罪论体系中,是坚持客观判断先于主观判断,也就是先进行客观判断,再进行主观判断,如果没有客观判断就不能进入主观判断,客观要件对主观要件具有推定功能。比如,杀人,杀人首先要有杀人行为,然后才考虑是否具有杀人故意。杀人行为在客观上是可以独立于杀人故意的,也就是说,判断一个人有没有杀人,我们应先考察有没有杀人的行为,再来考察主观上有没有杀人故意。如果连杀人行为都没有,那就不可能有杀人故意。因为杀人故意是指实施杀人行为时的主观心理状态,杀人故意在逻辑上是以杀人行为为前提的,就是说只有行为是杀人行为,然后才说杀人行为是不是故意实施的。如果连杀人行为都没有,怎么可能具有杀人故意呢?这就是客观判断要先于主观判断的原则。为保证定罪正确,必须严格遵循这种逻辑上的位阶关系来思考客观要件和主观要件的问题。但在我国现在的四要件的犯罪构成体系中,这种客观要件和主观要件的关系并不是固定的,而是可以随意排列的。也就是在司法判断过程中,若主观要件好找就先找主观要件,然后再来找客观要件。在一些比较简单的刑事案件中,先判断主观要件还是客观要件也许不会影响定罪结论,因此,在法治需求比较低的情况下,这些理论缺点就不会暴露。但对解决一些疑难的问题来说,尤其在疑难案件中,到底先做客观判断还是主观判断,最后得出的结论是不一样的,就会有差错。比如我们经常举的一个例子,甲为了让乙意外去死,甲知道在森林里散步如果打雷的话很容易被劈死,就希望乙在要打雷下雨的时候到森林里面去散步,结果乙果然被雷劈死了。像这样一个案件如果严格按照先做客观判断再做主观判断来进行认定,我们首先去考虑甲有没有杀人行为,也就是说,他在打雷时把乙派到森林里去散步这个行为本身是不是杀人行为必须首先考虑清楚。显然,这不是一个杀人行为。因为这个行为本身不包含剥夺他人生命的现实危险性,对这个行为不能认定为杀人行为。因为这不是一个杀人行为,不需要去考虑甲主观上有没有杀人故意,因为这里没有杀人行为就不需要判断杀人故意,这样司法判断就中断了。但如果不是根据先客观判断后主观判断这样的顺序来进行,而是首先来考虑甲主观上有没有杀人故意,那就很容易认为这个案子里甲具有杀人故意。也就是说,甲把乙派到森林里去散步是为了让他死,把这个主观动机当成杀人故意。既然杀人故意都有了,那杀人行为怎么可能没有呢?杀人行为当然有,就是甲派乙到森林里去被雷劈。因此,结论就是甲构成故意杀人罪。但采用三阶层的犯罪论体系就能对这个案件做出正确的判断。在此,首先就要把让一个人死的故意和杀人的故意分开,让人死的故意和杀人故意是不一样的。想让一个人死可以采用各种方法,但是到底能不能构成故意杀人罪,关键看客观上是否具有杀人行为,在杀人行为的问题上要根据行为人是否具有致使他人死亡的现实危险性来进行判断。从这个案例就可以看出来,先做客观判断还是先做主观判断对同一个案件得出的结论是不一样的,先做主观判断再做客观判断就容易把一个非罪行为认定为犯罪行为,就不能保证定罪的正确性。从客观判断与主观判断的关系上来看,显然是三阶层的犯罪论体系具有优越性。

第二个是形式判断和实质判断的位阶关系。在三阶层的犯罪论体系中,形式判断先于实质判断,这也是一个基本原则。也就是在认定一个人有罪还是无罪的时候,首先应该做形式上的判断,如果形式上的判断是否定的,就不能再继续进行实质判断。因此,先进行构成要件该当判断,具有构成要件该当性就是形式判断是肯定的,具有构成要件该当性以后再进行实质判断,也就是违法性的判断。违法性判断作为一种实质判断,由于是在形式判断之后进行的,因此,它具有出罪性,而不具有单独的入罪性。比如,正当防卫杀人的案件,首先判断是否具有构成要件的杀人行为,具有杀人的构成要件该当的行为,然后再继续实质性判断,是否存在违法性,因为正当防卫不具有实质上的违法性,就把它从犯罪中予以排除。这样就用形式判断来限制了实质判断,实质判断具有出罪功能而不具有单独的入罪功能,这种限制体现了罪刑法定的基本要求,体现了对公民个人权利和自由的刑法保障。但在我国的四要件的犯罪构成体系中,形式判断和实质判断的关系非常混乱,我们始终强调社会危害性是犯罪的本质,因此把社会危害性放在了非常重要的位置上,从而往往把实质判断放在形式判断之前。考察一个人是否构成犯罪,首先判断这个人的行为有没有社会危害性,然后再考虑是否具有刑事违法性,这样实质判断先于形式判断的做法就会用实质判断来压抑形式判断,使形式判断不能发挥对实质判断的限制功能,因此容易把无罪的行为认定为有罪的行为,容易违背罪刑法定的原则。这样一个缺点是显而易见的,也就是它不是先考虑形式的要件而是先考虑实质的要件,只要这种行为具有社会危害性就往往找一些这样那样的罪名,所以实质判断凌驾于形式判断之上恰恰是反法治性。这也是我国现在四要件犯罪构成理论所包含的,在这之中第一个就是犯罪客体,而犯罪客体就是刑法所保护的社会关系,看这个社会关系有没有受到损害,而社会关系是否受到侵害就是一个实质判断。这种实质判断先于形式判断的定罪方法是很危险的,是会破坏法治的。

第三个是类型判断和个别判断的位阶关系。在构成要件的判断中,有些要件是类型性的,有些要件是个别性的。在大陆法系的三阶层的犯罪论体系中,遵循的是类型性的判断先于个别性的判断的原则。为什么这么说呢?主要是类型性的判断具有基本的标准,具有客观上的可操作性,因此,先做类型性的判断再来做个别性的判断,能够更大限度地保证定罪的正确性,防止司法擅断。但是在四要件的犯罪构成体系中,对类型性判断和个别判断的位阶关系并没有严格的逻辑上的要求,所以就会出现判断上的混乱。

这里所讲的是三个方面的比较,从中可以看出来三阶层的犯罪论体系的优越性,能满足定罪更为精致、精确的法治上的需求,这样的犯罪论体系是有它的好处的。当然要从我国的四要件的犯罪构成体系转变为三阶层的犯罪论体系是一个逐渐推进的过程,逐渐被大家所认同的过程。但是,我们首先要来加以推动,如果我们不去推动它,犯罪构成理论本身就很难得到更新和改造,这就是我现在提出刑法知识需要转型的背景。

这里我所讲的刑法知识的转型和刑法理论的演进这两个命题是不一样的。刑法知识转型并不是刑法理论演进的必然结果,也就是说,刑法知识量的增长并不必然导致刑法理论的演进。刑法知识转型需要我们进一步去推动它,如果离开了我们的学术努力,那么刑法理论就永远只能在低水平的层次上重复,就不会有理论上的创新,就很难满足日益增长的法治建设对刑法理论的需求,在这方面我个人认为刑法知识转型是具有迫切性的。随着刑法知识的转型必然伴随着刑法理论的演进,那么刑法理论的演进是如何一种路径呢?我个人基本的思考认为,刑法知识的转变必然使刑法知识呈现多维的走向。以往我们把刑法知识单纯地理解为刑法的规范知识,把刑法的思考局限在法条上,在这种情况下就使得刑法理论受制于法条,成为对法条简单的注释,这样一种刑法理论是低层次的。我认为,刑法知识的演进需要我们对刑法做全方位的思考,这种全方位的思考至少有以下四个方面:

第一是对刑法进行形而上的思考,这也就是所谓在刑法之上研究刑法。我们要超越规范,要有超越规范的叙述逻辑,去思考刑法赖以存在的价值基础,这种思考主要是对刑法本源性的思考和追溯,需要弄清刑法知识赖以生长的地基,要清理这个地基。这样的思考实际上是一种刑法的哲学思考。这种思考是要把学术的注意力从规范上进一步提升,要深入刑法规范背后的价值理念来提升刑法的叙述水平,这样的一种水平对我们刑法知识的演进来说是非常重要的。如果没有这样一种刑法哲学的思考那我们的刑法知识就只能保持在一种非常低的状态,很难具有理论的升华。因此,从20世纪80年代末我就开始了对刑法知识的哲学思考,这种思考正是建立在对当时的刑法知识的不满以及寻求刑法知识突破的背景下展开的。这种刑法知识的哲学思考主要是为了引进一种哲学的思维方法,对刑法的问题进行理论的清理。我大概用了10年的时间进行刑法哲学研究,在1992年出版了《刑法哲学》(中国政法大学出版社1992年版),在《刑法哲学》出版以后,我又先后出版了《刑法的人性基础》(中国方正出版社1996年版)和《刑法的价值构造》(中国人民大学出版社1998年版)。这三本书,基本上都是对刑法的形而上思考。尤其是《刑法的人性基础》和《刑法的价值构造》被我称为是没有法条的刑法,因为它探讨的不是一个具体的法条,不是探讨具体的刑法规则,而是探讨刑法背后的人性基础和价值构造,是对刑法整体性的思考,这样的思考在我个人刑法学术研究生涯当中是非常具有意义的。1999年,我出版了第一本自选集《走向哲学的刑法学》(法律出版社1999年版),今年出了第二版,这里面收集了一些论文,这些论文大概是我在1989年到1999年之间写的,这个书名本身是具有象征意义的,它表明了我的学术努力,就是努力去向刑法哲学这个方向迈进,走向哲学这个词是动态的,是有趋势性的,表明了我的学术方向,这本自选集记载了我的那段学术生涯,对我来说是具有纪念意义的。我认为,刑法哲学的研究是对刑法知识研究的重要组成部分,对处于刑法知识顶端的理论形态,这是刑法实施的第一个面向。

第二是对刑法的规范研究,也就是在刑法之中研究刑法。这种刑法学就是一种规范的刑法学,规范刑法学就是以德日为代表的刑法知识体系,经过200多年的发展,德日犯罪论体系已经形成了一个严密的逻辑体系,这套逻辑体系具有精致性,对我们现在的刑法问题思考来说,是具有工具性的。也就是说,刑法问题实际上是一个技术问题,是一个专业问题,对某个案件应该怎么来处理,这和看病是一样的,和医学是一样的,医学要诊断病症,它有一套技术来保证诊断的准确性。刑法也是如此,某个行为是不是构成犯罪,构成什么犯罪都有一套知识来保证判断的准确性。看病关系到人的生命,把病诊断错了,可能会送命。刑法定罪涉及对一个人的生杀予夺,它也是非常重大的,不能含糊,所以在定罪过程中要有一套工具性的知识,这种规范性的刑法知识就是工具性的知识。在定罪当中所依照的法律是有国别的,在我们中国犯罪,必须依照我们中国刑法来定罪,而不能去根据德国刑法去定罪,也不能根据日本刑法去定罪,这就是法律有国界。但是刑法知识可以超越国界,超越规范,因为定罪的活动是人类的经验活动,在长期刑事司法活动中进行理论总结就形成了这样一套定罪的刑法知识,这套知识是有工具性价值的。许多疑难案件我们可能还没有碰到,但人家可能早就碰到了,人家可能已经有了一套比较成熟的处理这类案件的理论知识,在这种情况下,当然可以将这套理论运用到我们案件的定罪上,而不需要我们自己再去发明一套理论。

这里有一个思维经济性的问题。我们先看看人家是怎么处理的,再看是不是能借鉴,而不是自我封闭起来,碰到这种情况我自己来想一套办法来看怎么处理,那样思维就太不经济了。过去我们往往把刑法看作一个专政问题,强调国家与国家之间在刑法上的差异性,但实际上犯罪问题是各国都会碰到的,在如何定罪问题上它的共同性要大于它的差异性。因此,我们完全可以借鉴那些法治比较发达国家的刑法理论,将其引入我国的规范当中并作为对我们规范的解释,这点我觉得是非常重要的。也就是说,我们不能去发明一套理论,人家已经有的刑法知识我们一定要引用过来,然后结合中国的法律规定加以借鉴。

当然,这里面我们既要看到刑法理论知识超越国界的一面,在另一方面,我们也要看到其对于法律规定的依赖问题。在引入国外刑法知识时我们要看到中国的法律能不能支持这套理论知识,需要考虑到法律规范上的差别。如果不考虑法律规范上的差别,随便引入国外的刑法知识,可能会跟我国的法律规范发生冲突。有些法律概念在其他国家法律环境下是正确的,但到我国这里可能就有问题,因为我国的法律语境不一样,我们过去在这点上还是缺乏思考的,最典型的就是罪数理论。我国现在罪数理论中,关于罪数的理论形态有连续犯、营业犯、徐行犯等一大堆概念。这些概念都是外国刑法学者根据外国刑法所发明的,这套概念是建立在这样一个法律规则之上,也就是同种罪数罪实行并罚,但如果对所有的同种数罪都实行并罚,就会带来司法上的极大不便。因此,就创造了一种方法来对同种数罪并罚加以限制,这样就出现了连续犯等概念。连续犯就是同种数罪,按照同种数罪并罚原则,连续犯就要并罚,但考虑到连续犯有客观上的犯罪行为的连续性,主观上犯罪意思的连续性,只要认定了连续犯就不并罚。但是我国刑法中的同种数罪根本就不并罚,我国的数罪并罚指的是异种罪数罪的并罚,同种数罪根本就不并罚,在这种情况下,像连续犯这样一些定位在同种数罪并罚的法律语境中的概念在我们这里毫无意义,因为我们同种数罪都不并罚,在同种数罪里面再去区分连续犯与非连续犯又有什么意义呢?没有意义。所以,这些概念的引进就具有一定的盲目性。没有看到这些概念背后所产生的规范体系。这也反映出刑法理论对刑法规范的依赖性,是以一定的刑法规范为前提,刑法规范不一样,刑法知识的基础也不一样。应该说,刑法的规范知识是非常重要的,它使我们能正确的解释刑法、理解刑法,所以刑法的规范知识是刑法知识的主体部分,我们学习刑法知识主要是学习刑法规范知识。因此,我们应当吸收和借鉴那些合适的刑法规范知识,用它来解释我国的刑法规范,使我国的刑法规范问题能得到妥善的解决,以便能够使刑法规范得到有效实施,这样一种规范刑法学知识的积累和运用也是非常重要的。

这些年来我也一直在做规范刑法学知识的研究,应该说我做刑法哲学研究的契机恰恰是对当时规范刑法知识状态的不满,因此我是把刑法哲学知识和刑法规范知识对立起来。当时我提出一个命题,也就是要把刑法的规范知识——当时我称为注释刑法学,提升为刑法哲学的知识,用刑法哲学知识来取代刑法规范知识。这样一个命题就把刑法规范知识和刑法哲学知识对立了起来。现在来看,这样的判断是存在问题的,实际上刑法规范知识和刑法哲学知识并不是互相否定、互相取代的关系,而是刑法知识不同的方面,不同的表现方式,我们不仅应该有对刑法形而上的思考,应该有刑法的哲学思考,而且应该有对刑法规范本身的思考,要有丰富的刑法规范知识。因此,自 1997 年以来我发生了学术转向,从对刑法的哲学研究转变为对刑法的规范研究,先后出版了《规范刑法学》等刑法规范知识的著作,在刑法的规范知识方面不断进行努力,尤其致力于引入大陆法系中的三阶层的犯罪论体系。今年我出版了另外一个论文集,就是《走向规范的刑法学》(法律出版社 2008 年版),这本自选集是对 1997 年以来的 10 年间我的刑法学术的一个总结,这个书名也是具有标志性的,表明了我的学术转向,学术注意力的转移。从刑法的哲学研究转变到刑法的规范研究,我现在越来越体会到刑法规范研究的重要性,刑法规范知识塑造了一个国家刑法知识的基本品格,因此,一个国家刑法实施的水平在很大程度上取决于规范刑法知识的水平,我们应当致力于规范刑法学的研究。

如果能对刑法的规范进行科学的解释,这也反映了理论对规范的消化、塑造功能。在定罪当中,仅仅靠刑法条文是没办法解决的,很多情况下都要靠刑法理论来支撑,这种理论支撑主要是规范刑法的支撑。我讲一个具体例子,关于绑架罪,刑法规定以勒索财物为目的绑架他人构成犯罪,这是法律规定。法律规定不能脱离具体案件,如果脱离了具体案件,我们也可能觉得这个法律规定得很清楚、很明确,但在司法实践中就会出现问题。比如甲乙两个被告人扣押了丙,把丙绑到一个宾馆里,跟他要钱。但丙身上没有钱,就逼迫他去家里取信用卡,然后到取款机上取钱,取了 3 万块钱。这样一个案件到底是绑架罪还是抢劫罪呢?这里就涉及绑架罪的“以勒索财物为目的”的含义,到底是向谁勒索?向被害人本人勒索是不是绑架罪的勒索财物,如果向被害人本人勒索就是绑架罪的勒索财物,这样的案件就应该定绑架罪。如果绑架罪的勒索财物不是指向他本人勒索,而是指向被绑架人的亲属或者其他人勒索,利用被绑架人的亲属或者其他人对被绑架人的生命安危表示担忧而进行勒索,那么该案就不能定绑架罪。这两种判断到底选择谁呢？前者还是后者？在这种情况下，这个法律规定本身并不能给出答案，我们该如何处理这类案件呢？

我认为，在本案中甲乙实施的是抢劫行为而不是绑架行为，也就是我们把绑架罪的勒索财物理解为是向被绑架人以外的其他人，利用对被绑架人的生命安危表示担忧而勒索财物，因此，这样的案件不应该定绑架罪而应当定抢劫罪。但我们对这个法律规范做这样的解释的根据是什么？这里的刑法知识不是规范本身所提供的，我们都说是根据法律规定来定罪，而这个法律规定是靠司法者来解释的，解释为这样就是这样，解释成那样就是那样，解释成这样就有罪，解释成那样就无罪。所以，刑法适用需要刑法理论与刑法知识的支撑，这里面就需要提供一种理论依据。有人可能问为什么必须是向被绑架人以外的其他人勒索才叫绑架，而向被绑架人本人勒索不能认定为绑架？我们可能会说德国刑法是这么规定的，日本刑法也是这么规定的，德国刑法与日本刑法在法律条文上就是这样写的，它做这样一种理解肯定就是没问题的。但是我国在刑法条文上没有这么写，我们为什么也做和德国刑法、日本刑法一样的解释？因此，有些持不同观点的人有可能就会这样说，我们定罪是根据中国刑法定罪，而不是根据德日的刑法定罪。但是我们为什么还要坚持这样的观点？运用一种理论来解决这个问题和按照德国刑法与日本刑法来定罪是不是有差别，这种差别表现在什么地方？另外我们可能还会说，中华民国时期 1935 年刑法的罪名是绑架勒索罪，勒索也就是把被绑架人当作人质来向其亲属索要赎金，当时的刑法也是这么规定的。当然，人们也会说民国刑法早就作废了，现在用的是中华人民共和国刑法，怎么能把民国刑法的知识当作我们刑法的知识来源呢？这句话很有道理。我讲这个例子是要说明一个什么问题呢？也就是说我们在定罪的时候要依照法律规定，但实际上法律并没有提供一个完整的定罪标准，在很多情况下要取决于我们对法律的理解。因此,立法者所制定的法律规范实际上是不完整的,而是半成品,它在很大程度上要靠理论来重新塑造。这个规范的品格在很大程度上要靠理论来决定,理论具有塑造的功能,它塑造某个罪名的内容,规范知识提供了理论塑造的基本框架,这就是刑法理论的作用。所以,规范的刑法学知识绝不是规范的简单附庸,它对刑法知识本身具有某种决定作用,具有塑造作用,它的功能是非常之大的,我们要了解一个国家的刑法是怎么实施的,看法律条文往往是看不明白的,甚至是枉然的,还必须看它在刑法理论上如何表达。在某种意义上来说,法官往往不是单纯地根据某个法条去定罪,而在很大程度上是依照理论去定罪,离开了刑法理论法官是无法定罪的,这也是规范的刑法知识对于规范的适用的重要意义,这是刑法知识的第二个维度。

第三是在刑法之外的刑法,也就是引入社会学的知识、经济学的知识、人类学的知识等来对刑法进行研究,由此而形成刑法的社会学、经济学、人类学等。这种刑法知识对于我们认识刑法、把握刑法也是非常重要的。也就是我们要把刑法放在人文科学知识的背景之下来加以把握,只有这样才能深切把握刑法的本质和精神,在这方面的学术努力我们还需要进一步的加强,我相信这方面的研究加强以后,我们对刑法的理解就会进一步的深化。

第四是在刑法之下研究刑法,也就是我正在研究的判例刑法学。也就是说,刑法不仅仅是一个规范,而且刑法的知识还反映在判例的过程当中。如果说规范的刑法知识还是一种刑法的文本知识,那么判例刑法的知识就是一种实践的刑法知识。我们需要对判例进行研究,因为我们的刑法实施都是以规范为中心的,要么就是法律规范,要么就是理论规范,反正都是那些以规范为中心的理论来展开的逻辑。这点和外国的刑法著作是有很大差别的,外国刑法著作在逻辑演绎过程当中会引用大量的判例,这些判例可能是逻辑演绎的出发点,这样的刑法的理论问题都是从判例中引申出来的,活生生的判例就为刑法知识的生长提供了大量的营养,判例是刑法知识的增长点。但是在我国的刑法理论中,由于我们没有建立正式的判例制度,判例对刑法知识的促进作用并没有真正的表现出来。我认为,我国将来需要推动判例研究。实际上在整个法学知识当中,尤其是在各个部门法知识中,判例的研究具有重要的理论价值。现在最高人民法院要建立具有中国特色的案例指导制度——没有说判例制度,而是案例指导制度。我国现在对案例指导制度进行理论研究的学者中,相当多的学者是搞法理研究的,是从方法论的角度研究的。但是我们搞部门法的学者更需要对判例进行研究,如果说,搞法理研究的学者更追求的是对方法论的探究,那我们搞部门法的学者对判例进行研究可能更主要的是对判例中的裁判理由进行规范的考察,通过在裁判理由和规范刑法之间来进行某种对比,以便发现规范的刑法知识在具体案件中如何运用。我认为是将来我国刑法知识的增长点,也是我们整个法学知识的增长点。应当说在我国现在的刑法知识研究中,很多学者已经开始注重判例研究,最近我也在正在进行刑法判例研究,努力推进刑法判例知识的研究以促使刑法的适用,刑法的适用不仅仅是纯粹地依赖逻辑演绎,而且包含着对活生生的判例的科学借鉴与合理参照,用判例来促进和推动我国的刑法理论研究。

刚才我讲的就是我国刑法知识的四个维度,这四个维度的发展就能反映我国刑法知识的演进趋势和发展方向。我个人认为,我国现在刑法知识经过30年的发展已经有了很大的进步,但是也必须看到我国现在的刑法知识和其他国家,例如,德国、日本、英国、美国相比较,还是处于向他们学习的阶段,我们还需要不断地提升我国的刑法知识,使我国的刑法知识在推动中国的法治发展方面做出应有的努力。

我国刑法学在新时期已经走过了30年,这30年间我国的刑法知识是从学术的废墟上恢复建立起来的,再过30年,我个人认为,我国的刑法知识就能达到能够与德国、日本、英国、美国这些法治发达国家在刑法学知识的层面上平等地进行交流和对话的水平,这样的目标是我们所追求的。也正如我刚才所讲,德日的刑法知识从1764年算起已经244年,即使以1906年贝林的《犯罪论》出版为标志也已经102年,已经经过了4代、5代甚至更多代的刑法知识的演进。但是我国的刑法知识如果从1910年《大清新刑律》颁布开始到现在也才100年左右,但是在这100年里面,有多少年是应该除掉的?我刚才讲了中华人民共和国成立以后从1958年到1978年这20年是要除掉的,这完全是个空白期。至于在1949年以前又有30年是要除掉的,那段时间是内乱外患,处于战乱,在战乱的情况下是没有法制的,也就没有刑法知识。所以我国这100年来真正的刑法理论研究的时间也就不到50年,算上我们这30年加上之前的20年,也就不到50年,但人家是经过200多年,至少也是经过了100多年。所以我国的刑法学术历史是非常短的,如果我国将来再过30年,我国也只有80年,再过30年人家就将近300年。所以,我们在刑法学理论发展的时间上是有很大差距的。像现代化一样,我们是后发的现代化,人家现代化早就完成了。我们是后发的,所以我们要努力向上,要不断提升我们的刑法知识水平。只有这样我们才能无愧于我们的时代,无愧于我们的社会,才能做出我们刑法学者对我国刑事法治应有的贡献。

谢谢!

(本文整理自2008年5月28日在北京大学团委学术科创部“改革开放三十年实践与思考”主题系列讲座暨北京大学法学社“开放·北大·法学”廿五周年社庆讲演的演讲稿)

专题八　犯罪论体系：比较、阐述与讨论

同学们,大家好!

我们今天围绕犯罪论体系进行一个专题性的讨论。犯罪论体系是刑法理论中的一个重要问题,刑法中一切问题的解决,都在一定程度上与犯罪论体系有关。我对犯罪论体系始终抱有强烈的学术兴趣。2002 年 10 月在西安举行的中国刑法学研究会年会上,“犯罪构成与犯罪成立基本理论”就是首要议题之一,收到论文近百篇,刑法学年会对此议题进行了颇有成效的讨论。最近一段时间以来,好几家法学刊物都在以专题或者笔谈的形式讨论犯罪论体系问题。例如《法商研究》2003 年第 3 期关于犯罪构成理论的笔谈,《环球法律评论》2003 年秋季号“不断走近犯罪构成理论”的主题研讨,《政法论坛》2003 年第 6 期关于犯罪构成理论的专题研讨等。可以说,犯罪论体系越来越引起刑法学界的重视。在我看来,以往的刑法理论之所以裹足不前没有大的突破,与我国现行犯罪构成体系的束缚有着一定的关系。因此,我国刑法理论的发展,在很大程度上取决于犯罪论体系的创新。就此而言,犯罪论体系是我国刑法理论的一个重要的知识增长点。在本专题中,我想就犯罪论体系问题略抒己见,并与同学们进行讨论。

一、犯罪论体系的比较

犯罪论体系,是大陆法系国家通行的一种称谓,是关于犯罪论的知识体系。那么,什么是犯罪论呢?关于犯罪论,日本刑法学家大塚仁先生有过一个定义,指出:刑法学上,把以有关犯罪的成立及形式的

一般理论为对象的研究领域称为犯罪论(Verbrechenslehre)。在犯罪论中,主要讨论犯罪成立条件。这里的犯罪成立条件,按照日本学者大塚仁的定义,是指某一行为成立刑法上所规定的犯罪时所必须具备的要素,也即犯罪构成要素。在大陆法系刑法理论中犯罪成立条件,通常是指构成要件该当性、违法性和有责性。此外,犯罪论体系还包括未遂、共犯、并合罪等犯罪特殊形态。因此,犯罪论体系相当于我国刑法理论中的犯罪总论的内容,但重点在于对犯罪成立条件的理论阐述,由此形成一定的知识体系。

我国现行刑法理论,将犯罪成立条件的一般学说称为犯罪构成理论。犯罪构成理论的称谓来自苏俄。苏俄刑法学家特拉伊宁、布拉伊宁等对大陆法系的犯罪论体系进行改造,形成了犯罪客体、犯罪客观方面、犯罪主体和犯罪主观方面有机统一的犯罪构成体系。

在大陆法系的犯罪论体系中,构成要件只是犯罪成立的一个条件,但苏俄刑法学家将犯罪构成条件扩充为犯罪成立条件的总和。这一改造是如何完成的呢?日本学者上野达彦曾经对苏俄犯罪构成要件论发展史进行过考察,尤其是论述了从批判资产阶级犯罪构成要件论向苏俄犯罪构成要件论的转变过程,这一过程可以勾画为刑事古典学说犯罪构成的客观结构——刑事实证学说犯罪构成的主观结构——苏俄的犯罪构成的主客观统一结构,这样一条发展线索。关于犯罪构成的客观结构,是指将犯罪分为:(1) 符合犯罪构成要件的才为犯罪。(2) 属于有责任能力的犯罪行为,才为犯罪。刑事古典学派这种犯罪两部分的主张,并不是说要将一个构成要件分为两个,而是说要通过对刑事责任的两项基本要求,即犯罪构成要件的罪、责存在这两方面的要求,以实现个人权利的双重保证。例如,特拉伊宁引述费尔巴哈关于犯罪构成的定义:“犯罪构成乃是违法的(从法律上看来)行为中所包含的各个行为的或事实的诸要件的总和。”对此,特拉伊宁评论述,费尔巴哈虽然十分肯定地认为行为人的主观因素是刑事责任的要件,但却不将其列入犯罪构成要件。古典学派的刑法学家们认为罪过是刑事责任—行为的质,而不是主体的质。古典学派的代表们的犯罪构成学说,就是在这种客观根据上建立起来的。其实,特拉伊宁在这里说的犯罪构成,就是指大陆法系刑法理论中的构成要件。构成要件在大陆法系刑法理论中,只是犯罪成立的一个条件,而在苏俄刑法理论中,构成要件被理解为犯罪构成,成为犯罪成立条件的总和。例如,苏俄学者在论及犯罪构成概念时指出,犯罪构成(Corpus delicti)的概念在中世纪的刑法学中即已成立,在当时是仅具有诉讼法上的意义。犯罪构成的概念在当时是包含着那些客观征象的总和,由这些客观征象的存在,证明犯罪行为的确实发生。犯罪构成的确定乃是一般审判的任务。例如,被害人尸首、杀人器具、血迹等的存在,乃是杀人的犯罪构成,因为这些征象的存在证明了有杀人之事发生,而且它们可以作为审问犯罪者而进行侦查的充分根据。

在18世纪末19世纪初,由于刑法法典的编制,而且因为在刑法法典中要规定出各种个别罪行,犯罪构成的概念乃移置于实体刑法之内。为了予以刑事处分的可能,需要在罪犯行为中确定有刑法法典所规定的一定征象的存在。犯罪构成的概念(Corpus delicti)乃成为各该具体犯罪必要征象总和的名称。不过在刑法著作中,对犯罪构成征象的认识并不完全一致。有些刑法学者只把那些说明人犯罪行为自身的客观征象,列入犯罪构成之内。在这样的认识之下,关于罪过问题,关于行为实行的主观因素问题,都将被剔除于犯罪构成的征象之外。因此,刑法学教程并不把关于罪过及其形式的学说放进关于犯罪构成的学说之内。另一派刑法学者认为,犯罪构成乃是犯罪一切因素的总和,其中不仅包含着客观的,而且有主观的犯罪征象,有了这些征象的存在,对犯罪者加以刑事处分的问题,才能提出。因此,此派刑法学者把关于罪过及其形式问题的研究,也放进关于犯罪构成的学说之内。从上述引文当中可以看出,这类的犯罪构成实际上是构成要件,将构成要件误读为犯罪构成,并将之理解为犯罪成立条件总和,是苏俄犯罪构成理论的逻辑起点。对此,我国学者进行了批评并指出,那种误认德文 Tatbestand 即是“犯罪成立”之意的观点,确实有着实质的误导性,不能不予以认真的检讨。这种观点,在我国有关大陆法系犯罪构成理论的历史发展的论述中比较突出。究其根源,在于我国对苏俄犯罪构成理论著作(以特拉伊宁所著《犯罪构成的一般学说》为代表)对 Tatbestand 误译为“犯罪构成”未作原始考证甄别而以讹传讹地沿袭。在这种情况下,所谓犯罪构成的客观结构,实际上是指古典的构成要件论。例如,贝林认为,构成要件是纯客观的、记叙性的,也就是说,构成要件是刑罚法规所规定的行为的类型,但这种类型专门体现在行为的客观方面,而暂且与规范意义无关。因此,犯罪构成的客观结构应指构成要件的客观结构。而所谓犯罪构成的主观结构,是指新古典学说派的构成要件论。迈兹格开始在构成要件中引入主观要素,尤其是威尔泽尔创立的目的主义构成要件论,确立了故意与过失作为构成要件的地位。但这里的故意与过失是构成要件中的故意与过失,不能简单地等同于罪过,它自然是纯事实的,与责任的故意与过失是两个不同的概念。我国刑法理论,全盘接受了苏俄的犯罪构成理论,把构成要件这个概念改造成为犯罪构成要件,然后又把它提升为犯罪成立条件总和的概念。

在苏俄犯罪构成理论形式当中,存在严重的意识形态化的倾向。其实,犯罪成立条件是一个纯学理问题,是对刑法关于犯罪成立法定条件的理论概括,是技术性的、工具性的概念。但苏俄刑法学家在批判大陆法系犯罪论体系的时候,充满政治上的敌对性,意识形态上的否定性。例如,日本学者在论述特拉伊宁批判近代资产阶级犯罪构成要件论时，在谈论分析批判的方法论问题时指出，特拉伊宁首先是通过资产阶级民主发展与崩溃的过程来把握近代资产阶级犯罪构成要件论的历史发展过程。在资本主义社会不断壮大和资产阶级民主极盛时期出现的刑事古典学派确立了罪刑法定主义原则，并根据罪刑法定主义原则发展的要求，确立了犯罪构成要件，从而促进了它的客观结构论。客观结构论是一种特殊形态，法治国家的加强，在刑法领域里就是通过这一形态实现的。它的任务在于限制审判及行政专横，加强保障个人自由。在资本主义帝国主义阶段初期，资本主义国家的基础与资产阶级民主的基础开始崩溃。在这一时期出现的刑事人类学派与刑事社会学派，以构成要件的主观结构论攻击了刑事古典学派的客观论。这种主观结构论也是一种特殊形态，它在刑法领域里，主张解放法权的惩罚职能，借以巩固资本主义已经动摇的基础，规定了没有犯罪的刑罚，并以社会防卫手段的形式规定了超级刑罚。这种政治批判代替学术评论的风气，是苏俄特定的历史环境下才有的，它从一种政治偏见出发，妨碍了对大陆法系犯罪论体系的科学认识。在此基础之上建立起来的所谓主客观相统一的犯罪构成论，获得了政治上的正确性。

苏俄犯罪构成理论不仅存在着意识形态化的倾向，而且在对于犯罪论体系的评价上也存在简单化的做法。例如，特拉伊宁在其论著中把古典派的犯罪论体系与刑事古典学派相等同，而把新古典派和目的主义的犯罪论体系与刑事实证学派相等同，在此基础上结合政治教条加以粗暴地批判。其实，刑事古典学派与刑事实证学派之争和古典派犯罪论体系与新古典派及目的主义的犯罪论体系之间并无直接的关联。从时间上来说，犯罪构成理论的演进晚于刑法学派之争。刑事古典学派出现在 18 世纪中叶至 19 世纪初，刑事实证学派出现在 19 世纪中期至 20 世纪初。而犯罪构成理论在 19 世纪末 20 世纪初才正式诞生，并不断发展。因此，正如我国有学者指出，古典派的犯罪构成论并不像我国一些学者所认为的那样，是指刑事古典学派费尔巴哈、斯求贝尔等人的犯罪构成理论，而是指德国刑法学者李斯特、贝林所提出的犯罪论体系。李斯特站在实定法的角度探讨犯罪概念与犯罪行为的刑罚要件，从而认为犯罪乃违法、具有罪责、应处以刑罚的行为。其后，贝林认为，行为是否构成犯罪，需要经过实定法明文规定，在"法无明文规定不为罪、法无明文规定不处罚"的罪刑法定原则要求下，只有与实定法明定的构成要件相符合的行为，才能视为犯罪，所以犯罪概念应补充"构成要件该当性"。1906 年，贝林在其《犯罪论》一书中，以"构成要件"概念为基础，即以形式的构成要件作为构成要件理论的出发点，构筑了新的犯罪论体系，"构成要件"概念在理论上始从犯罪概念中分离出来，由此形成了现代意义上的犯罪论体系之雏形。从刑法学派角度来说，李斯特属于刑事实证学派。但在犯罪构成理论上，李斯特属于古典派。如果说，刑法学派的演进与社会变迁有着较为密切的联系，具有一定的社会政治背景，那么，犯罪构成理论的发展更多的是与理论逻辑的演绎相关的，并不能直接与社会政治发展相等同。苏俄学者机械地套用资本主义自由竞争时期与资本主义帝国主义时期的政治教条来评价刑法学派，把刑事古典学派看作是自由竞争时期的资产阶级刑法理论，而把刑事实证学派看作是帝国主义时期的资产阶级刑法理论。以此类推，古典派犯罪论体系是刑事古典学派理论，因而是反映自由竞争时期资产阶级的法制要求。而新古典派及目的主义犯罪论体系是刑事实证学派理论，因而反映了帝国主义时期资产阶级对法制的破坏，等等。这种评价，正如我国学者所批评的那样，是根据既定的公式或结论去剪裁历史事实或评价客观事物，因而是完全不能成立的。

由上可知，苏俄及我国的犯罪构成理论虽然是从大陆法系的犯罪论体系改造而来,但已经形成自身的逻辑结构,它与大陆法系的犯罪论体系是有重大差别的,我们应当正视这种差别。否则的话,就会引起逻辑上的错位。例如,我国刑法教科书论述犯罪构成的分类,诸如基本的犯罪构成与修正的犯罪构成、普通的犯罪构成与派生的犯罪构成、简单的犯罪构成与复杂的犯罪构成、叙述的犯罪构成与空白的犯罪构成、封闭的犯罪构成与开放的犯罪构成等,在大陆法系的犯罪论体系中指构成要件的分类。如果我们对犯罪构成与构成要件这两个概念不加辨析,直接把大陆法系犯罪论体系中构成要件该当性的内容照搬到我国犯罪构成理论中,用来说明犯罪构成的一般内容,就会出现逻辑上的误差。

既然犯罪论体系与犯罪构成理论这两个概念是有所不同的,那么这两个概念哪一个好,我们应当采用哪一个概念?我们过去都是采用犯罪构成的概念,犯罪构成之下再分四个要件,这一概念已经在我国约定俗成。随着晚近大陆法系刑法教科书越来越多地引入我国,大陆法系的犯罪论体系这一概念在我国也逐渐地流行起来。在我看来,采用犯罪构成理论的概念表述大陆法系构成要件该当性、违法性、有责性这样一种犯罪成立条件,是存在一定矛盾的,会混淆犯罪构成与构成要件之间的关系。在这种情况下,应当采用犯罪论体系的概念或者径直称为犯罪成立条件。因此,如果我国直接引入大陆法系犯罪论体系,犯罪构成这个概念本身也要摈弃,改为犯罪论体系更为贴切一些。如果我们不是直接采用大陆法系的犯罪论体系,犯罪构成的概念还是能够成立的,这里的犯罪构成是指犯罪成立条件。相对于犯罪构成而言,犯罪论体系的范围相对要宽泛一些,它不仅是指犯罪成立条件,而且包括了犯罪的特殊形态,也就是未遂、共犯等内容。在我们今天的讲解中,对犯罪论体系与犯罪构成体系这两个概念未作严格区分,为讨论方便有时是混用的,对此应作出特别说明。

我国犯罪构成体系从苏俄引进后，和大陆法系的犯罪论体系之间存在相当大的逻辑差别。正是这种逻辑差别存在，在相互之间的交流中存在一定的沟通上的困难。关于这一点，当我们自说自话的时候感觉不到，而在进行学术交流的时候就会发现。例如，2002 年 10 月 12 日至 14 日在武汉大学举行了第八次中日刑事法学术研讨会，讨论会的主题为“共同犯罪”(含有组织犯罪)，下分 6 个题目，即共犯的分类、共同过失与共犯、间接正犯、共犯与身份、有组织犯罪的概念和有组织犯罪的对策。每一题目由中、日学者各写一篇论文，亦即每一题目都有两篇论文。论文事前印刷成册，送与会者阅读，以便有所准备。每次论文会上，先由两位作者做内容概要的报告，报告完毕，互相提问和回答。随后由其他与会者提问、评论或补充，彼此进行讨论。应该说，这是一种很好的学术交流形式，可以深入地了解彼此之间在学术上的差异并互相学习。我和日本早稻田大学法学部教授高桥则夫共同准备的题目是间接正犯。高桥则夫在论及利用无责任能力人、特别是利用刑事法上的未成年人的行为是否构成间接正犯时指出，对此，判例并未作简单划一的判决，而是在对背后者有无实施强制性行为及强制程度、有无压制未成年人的意思及压制程度等作了实质性考察之后，才作判决的。针对这种情况，有三个判例值得注意：第一个是 1983 年 9 月 21 日刑集 37 卷 7 号 1070 页所刊载的日本最高法院判例。对于被告人让 12 岁的养女实施盗窃的行为，判决认定构成间接正犯，对此可以理解为是判决肯定了被告人存在强制性支配。当然，对此案情也还存在可以探究被告人与其养女之间是否存在共谋的余地。认定本案所应采取的顺序是，只有在否定了被告人与其养女之间存在共谋之后，才可以去研究是否构成犯罪现象的中心形态，而在认定不构成教唆犯后，即可转而探讨是否构成间接正犯。第二个是 1995 年 11 月 9 日判决明报 1569 号 145 页所刊载的大阪高等法院判例。被告人指示、命令10岁的少年将因交通事故而倒地的被害人的提包拾来并自己拿走,对此行为,判例认定构成间接正犯,但辩护人则主张构成共谋共同正犯。判例可能是基于以下考虑,从单纯的命令的支配力强度以及少年当时瞬间的机械行为来考察,可以认定存在意思压制,该少年只是一种作条件反射运动的工具而已。指示型、支配型的共谋共同正犯与意思压制型的间接正犯之间的区别非常微小。理论上,对共同正犯采用限制从属性说的观点(违法连带性说),对可能构成刑事法上的未成年人的共同正犯持肯定态度。但由于对共同正犯是适用"部分实行全部责任之法理",因而,从这一角度考虑,就有必要对刑事法上的未成年人作实质的判断。第三个是刊载在2001年10月25日刑集55卷6号519页上的日本最高法院判例。母亲指示、命令12岁零10个月的长子实施抢劫行为,对此,判决判定既不构成抢劫罪的间接正犯也不构成抢劫罪的教唆犯,而是构成共同正犯。在本案中,该长子本身具有是非辨别能力,母亲的指示、命令也不足以压制长子的意思,长子是基于自己的意思而决意实施抢劫行为,并且还随机应变地处理问题而最终完成了抢劫。判例正是以此为理由而判定构成共同正犯。

我在准备间接正犯论文的时候,知道日本学者喜欢在论文中引用判例,并以此作为研究的基础。因为中国没有判例,便也尽可能地引一些案例。我论文的题目是《间接正犯:以中国的立法与司法为视角》。在写作过程中,引了一个保险诈骗间接正犯的案例。其实,当时我已经记起最高人民法院《刑事审判参考》上有过一个间接正犯的案例,但怎么也找不到。因此,论文第一部分为"引言:从案例开始",第六部分为"结语:以案例结束"。在论文提交以后,我找到了最高人民法院《刑事审判参考》上的间接正犯案例,并对论文作了修改。修改以后论文第一部分为"引言:从一个基层法院的案例开始",第二部分为"结语:以一个最高法院的案例结束"。当我将修改后的论文提交过去时,为交流方便,提前半年已经将论文翻译完毕,因而在交流中采用的是修改前的论文,文中未引最高人民法院《刑事审判参考》中的案例。这样,就出现了一个相同题目而有两个不同文本的咄咄怪事。在讨论会上,我介绍了最高人民法院《刑事审判参考》刊登的这个案例:

被告人刘某因与丈夫金某不和,离家出走。一天,其女(时年 12 周岁)前来刘某住处,刘某指使其女用家中的鼠药毒杀金某。其女回家后,即将鼠药拌入金某的饭碗中,金某食用后中毒死亡。因其女没有达到刑事责任年龄,对被告人刘某的行为如何定罪处罚,有不同意见:一种意见认为,被告人刘某授意本无犯意的未成年人投毒杀人,是典型的教唆杀人行为,根据《刑法》第 29 条"教唆不满十八周岁的人犯罪的,应当从重处罚"的规定,对被告人刘某应按教唆犯的有关规定来处理。另一种意见认为,被告人刘某授意未成年人以投毒的方法杀人,属于故意向他人传授犯罪方法,同时,由于被授意人未达到刑事责任年龄,不负刑事责任,因此,对被告人刘某应单独以传授犯罪方法罪论处。关于本案,最高人民法院刑一庭审判长会议经过讨论,得出如下结论:构成教唆犯也必然要求教唆人和被教唆人都达到一定的刑事责任年龄,具备刑事责任能力。达到一定的刑事责任年龄,具备刑事责任能力的人,指使、利用未达到刑事责任年龄的人(如本案刘某的女儿)或精神病人实施某种犯罪行为,是不符合共同犯罪的特征的。因为在这种情况下,就指使者而言,实质上是在利用未达到刑事责任年龄的人或精神病人作为犯罪工具实施犯罪。就被指使者而言,由于其不具有独立的意志,或者缺乏辨别能力,实际上是教唆者的犯罪工具。有刑事责任能力的人指使、利用未达到刑事责任年龄的人或者精神病人实施犯罪,在刑法理论上称之为"间接正犯"或"间接的实行犯"。"间接正犯"不属于共同犯罪的范畴。因被指使、利用者不负刑事责任,其实施的犯罪行为应视为指使、利用者自己实施,故指使、利用者应对被指使、利用人所实施的犯罪承担全部责任。也就是说,对指使、利用未达到刑事责任年龄的人或精神病人犯罪的人,应按照被指使、利用者实行的行为定罪处罚。本案被告人刘某唆使不满 14 周岁的人投毒杀人,由于被唆使人不具有刑事责任能力,因此唆使人与被唆使人不能形成共犯关系,被告人刘某非教唆犯,而是“间接正犯”,故对刘某不能直接援引有关教唆犯的条款来处理,而应按其女实行的故意杀人行为定罪处刑。

在听完我介绍的案例后,高桥则夫问:最高人民法院案例中被告人的女儿是多少岁?我回答:12 岁。高桥则夫问:我刚才的报告中也有一个母亲唆使 12 岁的儿子抢劫的案例,结论是共同正犯,中国不能这样吗?我回答:日本法院不仅考虑刑事责任年龄,还具体判断其刑事责任能力吗?此时,小孩是否构成犯罪,如不构成,是否意味着日本法院采用行为共同性,即使一方不构成犯罪,仍成立共犯?如 12 岁小孩单独实施抢劫,是仅判断其刑事责任年龄,还是要具体判断其刑事责任能力?高桥则夫回答:单独犯罪时不满 14 周岁时不构成犯罪。在日本,这是共犯从属性问题。原来要求具备构成要件符合性、违法性、有责性才成立共犯,现在具有构成要件该当性和违法性即可,有责性是不要求的。例子中,小孩知道毒药情况吗?我回答:是。高桥则夫回答:此例日本会判母亲与女儿构成共谋共同正犯。对这一讨论,西北政法学院贾宇教授发言说:“我感觉两人没有讨论到一起。陈教授说利用 12 岁的人杀人,12 岁的人有故意时构成共同犯罪,无故意时构成间接正犯。我认为,这是由于中国刑法的判断体系与日本的不同。日本首先考虑共犯成立,本例中两者均有故意,有行为,故不成立间接正犯。至于刑事责任年龄,是有责性的判断问题。我国犯罪的成立与责任的认定是一致的,是否成立犯罪与刑事责任能力的判断同步,如已经知道其无刑事责任年龄,就不会去判断有无故意,在中国只能按照间接正犯处理,不知我的理解对不对。”针对贾宇教授的发言,我说,贾教授作了非常重要的补充。间接正犯中,是先判断共犯是否成立,排除这种情形,故成立间接正犯。利用有故意无目的的工具犯罪,如工具成立犯罪,就说不上间接正犯了,那是共同正犯。

这一讨论,虽然是围绕间接正犯展开的,但实际上与中日两国的犯罪成立条件的判断有关。在大陆法系刑法理论中,关于共犯,存在犯罪共同性与行为共同性、共犯从属性说与共犯独立性说等各种学说,这些学说都是建立在其犯罪论体系的逻辑基础之上的。例如,关于共犯从属性说,存在从属性程度问题。根据德国刑法学家麦耶关于从属性程度的公式,可以分为以下四种情形:一是最小限度从属形式,认为共犯的成立,只要正犯具备构成要件的该当性就够了,即使缺乏违法性及有责性,也无碍于共犯的成立。二是限制从属形式,认为正犯具备构成要件的该当性和违法性,共犯才能成立,即使正犯缺乏有责性也不受影响。三是极端从属形式,认为正犯必须具备构成要件的该当性、违法性与有责性,共犯始能成立。四是最极端从属形式,认为正犯除具备构成要件该当性、违法性与有责性外,并以正犯本身的特性为条件,正犯的刑罚加重或者减轻事由之效力亦及于共犯。日本通常采用限制从属形式,因而利用 12 周岁的人去故意杀人,12 周岁的人具有构成要件该当性、违法性,两者之间成立共同正犯,利用者不是间接正犯。而在我国的犯罪构成理论中,则不存在这种共犯从属性程度上的区别,对于间接正犯与共同正犯的区分也就没有那么复杂。不明确在犯罪成立条件判断上的区别,对同一个问题为什么会得出不同结论,实在是难以理解的。

犯罪成立条件,无论是我国及苏俄的犯罪构成体系,还是德日的犯罪论体系,都是要为犯罪的认定提供一种法律模型。这里可以引入一个类型学的概念,因为在现实生活中犯罪总是具体的,它是一种活生生的社会事实。所谓认定犯罪,就是把某一种社会事实用法律来加以评价,把它评价为犯罪,这个评价过程就是定罪,定罪活动是一个从社会事实转化为法律上的犯罪事实的过程,在这个过程中,为了使定罪活动法治化与规范化,就要提供一个统一的犯罪规格。这个犯罪规格是由法律加以规定,并由刑法理论加以阐述的,它为定罪提供了一个模型。这个模型就是犯罪的母体,具体的犯罪就是从这个母体克隆出来的。关于犯罪构成是一种模型的观点,我国学者冯亚东教授曾经作过深刻的阐述,犯罪构成不管在刑法上还是在刑法理论上都只是一种模型,它显然不是犯罪行为本身。作为模型的意义就在于需要将其同实在的行为相比较,行为符合总体的犯罪构成模型就可以得出行为构成犯罪的结论。该行为又符合某一具体的犯罪构成模型就可以知道行为具体触犯什么样的罪名——不同的罪名有不同的具体犯罪构成。我们头脑中有了犯罪构成的模型,执法中就获得了将刑法付诸具体行为的操作程式,将刑法的条文转化成犯罪构成的观念和理论,其唯一的实在之处就在于具有运用刑法去识别犯罪的方法论意义。因此,作为类型化的、模式化的犯罪,它本身属于法律规定,是一个犯罪的标准,和那些具体的犯罪是有所不同的,具体的犯罪是根据这个模型生产出来的产品而已。如果把定罪过程看作是一个生产犯罪这种产品的活动,那么犯罪构成所提供的这个犯罪模式是在定罪活动之前存在的,它对于认定犯罪的活动具有准据的意义。在这个意义上说,我国及苏俄的犯罪构成体系和大陆法系的犯罪论体系为认定犯罪提供标准这一功能是相同的,关键是哪一种模型更有利于完成犯罪认定活动,这就是对不同犯罪成立条件理论的评价根据。我们可以确定这样一个评价标准:一个犯罪构成模式,如果更有利于对犯罪的司法认定,那就是一种优的模式,否则就是一种劣的模式。以下我想从整体

(宏观)与部分(微观)两个方面,对我国及苏俄的犯罪构成理论与大陆法学的犯罪论体系加以比较。

从整体上来说,大陆法系递进式的犯罪构成体系具有动态性,能够科学地反映认定犯罪的司法过程。而我国及苏俄的耦合式的犯罪构成体系具有静态性,它不能反映定罪过程,而只是定罪结果的一种理论图解。

大陆法系递进式的犯罪构成体系,在构成要件该当性、违法性与有责性这三个要件之间的关系上,呈现出一种层层递进的逻辑进程。其中,构成要件该当性是一种事实判断,它不以法律判断与责任判断为前提,是先于后两种判断的。事实判断不成立,自然也就无所谓法律判断与责任判断。只有在事实判断的基础上,才能继续展开法律判断与责任判断。因此,递进式的犯罪构成体系中三个要件之间的关系十分明晰。三个要件的递进过程,也就是犯罪认定过程。在这一犯罪认定过程中,犯罪行为不断被排除,因而给被告人的辩护留下了较大的余地。就此而言,大陆法系的递进式犯罪构成体系,三个要件之间的位阶是固定的,反映了定罪的司法逻辑。

而我国及苏俄耦合式的犯罪构成体系,在四个要件之间的关系上是一存俱存、一损俱损的共存关系。各个要件必然很附于其他要件而存在,不可能独立存在。例如,没有主观上罪过的支配,客观上的行为不可能是犯罪行为。因此,如果主观上罪过成立,客观上的犯罪行为必然也同时成立,反之亦然。我国学者将各种犯罪构成的结构模式形象地称为"齐合填充"式的犯罪构成理论体系。在这种理论体系中,一个行为,只要同时符合或齐备这四个方面的要件,就成立犯罪,缺少任何一个方面的要件,犯罪便无存在的余地。而且,撇开论述上的逻辑顺序不说,这四个方面的要件是谁也不会独立在先、谁也不会独立在后,任何一个方面的要件,如若离开其他三个方面的要件或其中之一都将难以想象,要件的齐合充分体现出要件的同时性和横向联系性。在耦合式的犯罪构成体系中,四个要件之间是耦合关系而非递进关系。两者的根本区别就在于,在耦合关系中,犯罪成立的判断先于犯罪构成要件的确立。在已经作出有关判断的情况下,把反映犯罪的四个要件耦合而成。而在递进关系中,犯罪构成要件的确立先于犯罪成立的判断,经过三个要件层层递进最终犯罪才能成立。可以说,耦合式的犯罪构成体系不能反映认定犯罪的司法逻辑进程。四个要件之间虽然存在顺序之分,但这种顺序并非根据认定犯罪的逻辑进程确立的,而是根据其对于犯罪成立的重要性确立的。因此,在同是主张四个要件的观点中,四个要件的顺序在排列上是有所不同的。我国刑法学界的通说是将犯罪构成的四个要件按照以下顺序排列:犯罪客体、犯罪客观方面、犯罪主体、犯罪主观方面。但有的学者指出,以犯罪构成各共同要件之间的逻辑关系作为排列标准,犯罪构成共同要件应当按照如下顺序排列:犯罪主体、犯罪主观方面、犯罪客观方面、犯罪客体。因为犯罪构成要件在实际犯罪中发生作用而决定犯罪成立的逻辑顺序是:符合犯罪主体条件的行为人,在其犯罪心理态度的支配下,实施一定的犯罪行为,危害一定的社会关系。在这四个要件中,犯罪主体排列在首位,因为离开了行为人就谈不上犯罪行为,也谈不上被行为所侵犯的客体,更谈不上人的主观罪过。因此,犯罪主体是其他犯罪构成共同要件成立的逻辑前提,在具备了犯罪主体要件以后,还必须具备犯罪主观方面。犯罪主观方面是犯罪主体的一定罪过内容。犯罪行为是犯罪主体的罪过心理的外化,因而在犯罪主观方面下面是犯罪客观方面。犯罪行为必然侵害一定的客体,犯罪客体是犯罪构成的最后一个要件。这种观点对犯罪构成的四个要件按照犯罪发生的逻辑排列,因而不同于按照构成要件重要性的逻辑排列。但犯罪发生逻辑并不能等同犯罪认定逻辑,这一排列顺序的改变对犯罪构成的实用性并无重大改进。此外,还有的学者从系统论出发指出,如果我们把一个具体的犯罪过程视为一个动态系统结构,那么,犯罪主体和犯罪客体就是构成这个系统结构的两极,缺少其中任何一极都不可能构成犯罪的系统结构,不可能产生犯罪活动及其社会危害性。实际上,任何犯罪都是犯罪主体一种侵害性的对象性活动,在这个对象性活动中,犯罪主体和犯罪客体是对立统一的关系,它们必然是相互规定、互为前提的。离开犯罪客体就无所谓犯罪主体,离开犯罪主体也无所谓犯罪客体。因为去掉其中任何一方,都不可能形成侵害性的对象性活动的系统结构,无从产生相互作用的功能关系。无主体的对象性活动与无客体的对象性活动都是不可思议的。同样,如果缺乏侵害性的对象性活动,犯罪主体和犯罪客体的对立统一关系不仅不可能形成,而且,它们俩都会丧失其作为犯罪主体和犯罪客体本身的性质,而成为单纯的互不相干的客观存在物。再从犯罪活动本身看,作为联结犯罪主体与犯罪客体的中介,它是一个既包括犯罪行为等客观方面诸要素,又包括犯罪思想意识等主观方面诸要素的统一体。这两个方面也同样是不可分割地联系在一起,缺少其中任何一个方面都不可能形成统一的犯罪活动过程。

综上所述,传统的犯罪构成理论认为,犯罪构成要件包括犯罪主体、犯罪客体、犯罪主观方面、犯罪客观方面四个方面的要件是合理的,但是,必须根据唯物辩证法的系统观,把它们视为一个统一的不可分割的有机整体,才能作出科学的解释。犯罪构成这个有机整体,是一个具有多层结构的复杂社会系统。根据这种观点,犯罪构成四个要件应当按照以下顺序排列:犯罪主体、犯罪客体、犯罪主观方面、犯罪客观方面。这种观点在犯罪构成理论中引入系统论,但系统论并不能从根本上解决犯罪构成理论的科学性问题,反而使犯罪构成体系混乱。这种四个犯罪构成要件可以随意地根据不同标准重新组合排列的情况,生动地表明耦合式犯罪构成体系在整体上缺乏内在逻辑的统一性。

从部分上来说,大陆法系递进式犯罪构成体系的三个要件具有各自的功能:构成要件该当性作为一种事实判断,为犯罪认定确定一个基本的事实范围。违法性作为一种法律判断,将违法阻却事由排除在犯罪之外。有责性作为一种责任判断,解决行为的可归责性问题。因此,这三个要件的功能是不可替代的,缺一不可。而我国及苏俄的耦合式犯罪构成体系的四个要件,则存在功能不明的问题。例如,犯罪客体是耦合式犯罪构成体系中的一个重要概念,也是我国及苏俄犯罪构成体系与大陆法学犯罪论体系的重要区别之一。在大陆法系犯罪论体系中,不存在犯罪客体,但存在行为客体和保护客体。行为客体是指犯罪行为具体指向或者作用的人或者物。而保护客体是指法益,即刑法保护的某种利益。保护客体是在犯罪概念中阐述的,而作为犯罪构成要件的是行为客体。苏俄犯罪构成体系中的犯罪客体理论是在批判所谓资产阶级犯罪客体理论的基础上形成的。例如,苏俄刑法学家曾经批判了资产阶级在犯罪客体上的两种观点:规范说与法益说,并指出,犯罪客体的规范学说是在与社会利益的隔离中研究规范,而此种社会关系却正是该规范所表现与调剂者。在犯罪客体的规范学说中,取消了在资产阶级刑法中对犯罪客体之实际社会内容的一切规定。因此,他们在解释犯罪时,并不以犯罪在统治阶级的观点上是危害社会关系制度的危险行为,而只是单纯的违反规范的行为。犯罪的法律形式在这里被刑法学者诈称为犯罪自身的实质了。他们并不能使人看到犯罪之实际社会内容,不能使人看到资产阶级社会中犯罪之实际客体,不能看到存在于该社会中的社会关系,他们把犯罪的阶级性隐藏起来了。而犯罪客体的法益学说被认为是一种浅薄的经验论与拙劣的机械论的理论,它把资产阶级社会指称为人类的总和,其中每一个人为自己而活动,也为他人而活动。它认为法律所保障的利益,乃是每个人生存的必要条件,乃是每个人的利益。在这里,他们自然竭力掩蔽资产阶级社会的阶级分化与阶级冲突。因此,以法益为犯罪客体的学说,乃是对资产阶级社会犯罪行为的犯罪客体真实概念的曲解。实际上,大陆法系犯罪论体系中并无犯罪客体之说,只是在其犯罪概念中有法益学说。因此,苏俄学者的机制是建立在假设基础之上的。更为重要的是,这一批判是以阶级学说为根据的,其结果是将犯罪客体实质化,以显示犯罪的阶级性。在这当中,马克思在关于《关于林木盗窃法的辩论》的评论中论述道:"犯罪行为(指盗窃林木的行为——引者注)的实质并不在于侵害了作为某种物质的林木,而在于侵害了林木的国家神经——所有权本身。"这一论述成为社会主义刑法犯罪客体理论的经典根据。

在大陆法系递进式犯罪构成体系中,犯罪客体并非犯罪构成要件,而仅仅在违法性中,不存在法益侵害的可以作为违法阻却事由被论及,即是实质违法的内容。那么,在苏俄耦合式犯罪构成体系中,犯罪客体是如何成为犯罪构成的独立的并且是首要的要件呢?在此,除了经典著作的根据以外,刑法理论上的根据是,犯罪客体对任何一个犯罪来说具有不可或缺性。例如,特拉伊宁就持这样的观点,他指出:每一个犯罪行为,无论它表现的作为或不作为,永远是侵犯一定的客体的行为。不侵犯任何东西的犯罪行为,实际上是不存在的。当然,在苏俄当时也存在否定犯罪客体是犯罪构成要件的观点,例如,布拉伊宁指出:犯罪客体,被留在犯罪构成之外,因而它不是犯罪构成的特征,而只是它的成分。这种否认犯罪客体是犯罪构成要件的观点在当时只是个别的,而且这种观点本身也是不彻底的,存在自相矛盾之处。一方面,犯罪客体不是犯罪构成的特征;另一方面,只是它的成分。其实,把犯罪客体分解为保护客体与行为客体,上面的话就好理解了:保护客体不是犯罪构成要件,而行为客体是犯罪构成要件的成分。但由于布拉伊宁未对犯罪客体作上述区分,因而出现了逻辑上的混乱。

在我国刑法学界关于犯罪构成体系的讨论中,犯罪客体也是最早受到质疑的一个要件,并且越来越多的学者主张犯罪客体不是犯罪构成要件。例如,张明楷教授在将保护客体与行为客体加以区分的基础上,主张作为保护客体的犯罪客体不是犯罪构成要件,并列举了六点理由。在这六点理由中,我认为最重要的还是第五点:主张犯罪客体不是要件,并不会给犯罪定性带来困难。一个犯罪行为侵犯了什么法益,是由犯罪客观要件、主体要件与主观要件以及符合这些要件的事实综合决定的;区分此罪与彼罪,关键在于分析犯罪主客观方面的特征。如果离开主客观方面的特征,仅仅凭借犯罪客体认定犯罪性质,难以甚至不可能达到目的。从实际情况来看确实如此,在现行的刑法教科书中,对犯罪客体的论述,不论是在刑法总论还是在刑法各论,都是最空洞的,对犯罪成立来说可有可无。因此,取消犯罪客体要件并不影响犯罪构成的功能。除犯罪客体以外,犯罪主体也是一个受到质疑较多的问题。在犯罪主体问题上,特拉伊宁本身就说过一些模棱两可、自相矛盾的话:责任能力是刑事责任的必要的主观条件,是刑事责任的主观前提:刑事法律惩罚犯罪人并不是因为他心理健康,而是在他心理健康的条件下来惩罚的。这个条件,作为刑事审判的一个基本的和不可动摇的原则规定在刑法典总则中,而在描述犯罪的具体构成的分则中,是不会有它存在的余地的。正因为如此,在任何一个描述构成因素的苏俄刑事法律的罪状中,都没有提到责任能力,这是有充分根据的。所以相关无责任能力的问题,可以在解决是否有杀人、盗窃、侮辱等任何一个犯罪构成的问题之前解决。责任能力通常在犯罪构成的前面讲,它总是被置于犯罪构成的范围之外。刑法分则在具体犯罪的规定中之所以不规定责任年龄与责任能力问题,是因为刑法总则已经作出规定,这一规定适用于刑法分则各个犯罪。因此,这里的置于犯罪构成的范围之外,似乎应当理解为置于罪状之外,它对于犯罪成立来说仍是不可或缺的。但责任年龄与责任能力是犯罪成立条件之一,与犯罪主体是否犯罪构成要件并非是一个问题。我国现行的犯罪构成体系,把犯罪主体作为犯罪构成的要件,就出现了一个不好说清楚的问题。即一个人在没有犯罪之前就是一个犯罪主体,还是在犯罪之后才是一个犯罪主体?有的学者认为,犯罪主体可以脱离犯罪而成立,而有的学者说,犯罪成立之后才有犯罪主体,没有犯罪怎么能有犯罪主体?这样就出现了“先有鸡后有蛋还有先有蛋后有鸡”的争论。我认为,犯罪主体并不是一个独立的犯罪构成要件。犯罪主体内容包括两部分:一是行为主体,即行为人,这是在犯罪成立之前就有的,是先于犯罪而存在的。二是刑事责任能力,责任年龄只是责任能力的一个要素,它与责任能力是不能相提并论的。刑事责任能力是和犯罪密切关联的,是不能独立于犯罪而存在的,它是归责性要件,没有刑事责任能力也就无所谓犯罪。因此,刑事责任能力是犯罪成立条件。在我国及苏俄的耦合式犯罪构成体系中,对犯罪客体与犯罪主体这两个要件存在争议。正是基于这种争议,表明我国及苏俄的犯罪构成体系存在着一种内在缺陷,不利于在司法活动中正确地认定犯罪。

日本学者大塚仁曾经提出,犯罪论体系判断的两个标准,一是逻辑性,二是实用性。也就是说,判断犯罪论体系的优劣,就在于逻辑是否清晰,应用是否方便。大塚仁指出:在这些错综的体系中,哪种立场是妥当的呢?必须根据其逻辑性和实用性对体系进行评价。犯罪论的体系应该是把握犯罪概念的无矛盾的逻辑,并且是在判断具体犯罪的成否上最合理的东西。从逻辑性和实用性两个方面比较苏俄及我国的犯罪构成理论和大陆法系刑法理论中的犯罪论体系,孰优孰劣是十分明显的。通过比较,我们可以得出结论,我国犯罪构成理论发展的方向,是应当彻底清算或者推翻我国现行的犯罪构成理论,这是一个必然的趋势。

二、犯罪论体系的阐述

犯罪论体系的构造,涉及刑法中的一系列理论问题,对此需要从学理上加以探讨。在此我想论述以下三个问题:

(一)犯罪构成的哲理之维

犯罪构成并不仅仅是一个法律概念的问题,甚至不仅仅是一个法律制度的问题,而且是一种思维方法。对犯罪构成概念的这种多义性,我国学者已经关注到,认为犯罪概念通常具有三重指涉含义:一是指理论层面上的抽象犯罪构成理论;二是刑法中作为抽象化、类型化存在的一般犯罪构成,这种意义上的犯罪构成既是一种刑法制度,又是一个概念体系;三是等同于规范层面的具体的犯罪构成要件。我个人认为,犯罪构成可以从形而下与形而上两个方面加以把握。形而下的犯罪构成,指的就是犯罪成立条件,这种犯罪成立条件,在罪刑法定原则下,是由刑法加以规定的,因而总是具体的。其实,像行为、结果、故意、过失等这样一些要素,无论在何种犯罪构成理论中,对犯罪成立来说都是不可或缺的条件,但仅在这个意义上理解犯罪构成还是不够的。我认为,应当提出形而上的犯罪构成的概念,形而上的犯罪构成,是指作为一种定罪的思维方法的犯罪构成,对正确定罪具有指导意义。在某种意义上说,犯罪构成体系是一种刑法的认知体系。对此,台湾地区学者许玉秀曾经精辟地论述了其所谓犯罪阶层体系,也就是我们所说的犯罪构成体系的认识论意义:"犯罪阶层体系可以算是刑法学发展史上的钻石,它是刑法学发展到一定程度的结晶,再透过它,刑法学的发展才能展现璀璨夺目的光彩。它是刑法学上的认知体系，认知体系的建立必然在体系要素——也就是个别的概念——澄清到一定程度时，方才会发生，而认知体系建立之后，会使得概念体系的建立更加迅速，更加丰富。”正因为犯罪构成体系是一种刑法的认知体系，它起到的是一种刑法思维方法论的作用。尽管法官在具体犯罪的认定中，不需要逐一对照犯罪构成要件而确认某一行为是犯罪，但这并不能成为犯罪构成无用的证据。事实上，犯罪构成理论作为刑法教义学的重要内容，在大学本科学习中已经掌握。一旦学成，它就转变为一种法律思维方法实际发生着作用，无论我们认识到还是没有认识到。在这个意义上说，犯罪构成作为一种思维方法可以类比为形式逻辑，学习形式逻辑有助于提高我们的思维能力。但在我们进行思维活动时，并未有意识地去考虑我们的思维是否符合形式逻辑。因此，我们应当在定罪的思维方法的意义上肯定犯罪构成理论的重要性。

在犯罪构成的思维方法中，我认为涉及三个重大问题：一是主观与客观的关系问题；二是事实与法的关系问题；三是形式与实质的关系问题。下面分别加以论述：

1. 主观与客观

主观与客观的关系问题，在犯罪论体系中是首先需要处理的。事实上，各种犯罪论体系是不包含犯罪的主观与客观这两个层面。最初的犯罪论，就是建立在对犯罪的主观与客观的区分基础之上的，在刑法学上称为古典的二分理论。例如，意大利学者指出，对犯罪进行分析的方法最初源于18世纪的自然法理论，古典学派的大师们(如G. Carmignari 和 F. Carrara)对其发展作出了极大的贡献。从犯罪是一个“理性的实体(ente di ragione)”前提出发，古典大师们认为，犯罪由两种本体性因素构成，他们称这些因素为“力(forza)”，包括犯罪的“物理力(forza fisica)”和“精神力(forza morale)”。尽管有不尽然之处，这两种“力”大致相当于现代刑法学中犯罪的“客观要件”和“主观要件”。根据古典学派的理解,这两种力又各包含一个客观方面和主观方面:“物理力”的主观方面即主体的行为,而其客观方面则是指犯罪造成的危害结果。“精神力”的主观方面指的是行为人的意志,而其客观方面表现为犯罪造成的“精神损害”。在这种“力”的二分模式中,犯罪的本体性因素与评价性因素结合成了一个整体。尽管这种二分法的犯罪论体系存在简单法之嫌,但它基本上涉及犯罪成立的两个最基本要素——犯罪行为与犯罪心理。

在主观与客观的关系上,我国及苏俄的犯罪构成理论都标榜主观与客观相统一,并将大陆法系国家犯罪论体系斥责为主观与客观相分离的。例如,日本学者在评论苏俄犯罪构成论时指出:苏俄刑法理论,从马克思列宁主义关于犯罪的阶级性这一根本原理出发,主张把犯罪构成要件的客观因素和主观因素辩证地统一起来。而近代资产阶级的犯罪构成要件论,却总是纠缠在究竟犯罪构成要件的两种结构——客观结构与主观结构,当中何者处于优势地位的问题上,这就是两者的不同点。由此可见,在苏俄刑法体系中,刑事责任不是与主观要素和客观要素处于对立和分裂的地位,而是以其所具有的客观性质作为一切标志的。也就是说,必须根据犯罪主体与犯罪的所有情况,辩证地研究犯罪行为,显然,两者之间只是名词相同,而在实质上却无任何联系。这一批判实际上是建立在对大陆法系国家犯罪论体系误解之上的。关于所谓客观结构论与主观结构论,我在前面已经作过辨析。在此,就要进一步观察,在犯罪构成中如何处理主观要件与客观要件之间的关系?在大陆法系国家犯罪论体系中,最初确实存在客观的构成要件论,例如,贝林就认为,构成要件的客观的概念,构成要件的要素只限于记述性要素和客观性要素。但这里的构成要件并不是我们现在所说的犯罪构成,而是客观的构成要件论也并不等于客观的犯罪构成论。实际上,当时在刑法理论上通行的是心理责任论,因而在有责性中讨论构成要件的主观要素。此后,迈兹格在客观的违法性论的基础上,倡导主观的违法要素说,从贝林纯客观的构成要件论转向主观违法要素的构成要件论。当然,迈兹格仍将主观违法要素限于目的犯等个别情况,而对于一般犯罪的违法,仍然认为可以离开主观的犯罪心理而单就客观行为方面予以评价。只有在威尔泽尔提出目的主义以后,才在构成要件中引入主观要素,把故意与过失作为构成要件的要素。至于有责性,随着规范责任论的确立,它只研究归责要素,例如,期待可能性等规范性要素。由此,不能认为大陆法系国家犯罪论体系是主观与客观相分离的。只不过在犯罪成立条件,主观要件与客观要件的处理方式有所不同而已。

主观与客观的逻辑关系也是一个值得研究的问题。这里涉及主观要件与客观要件的排列顺序问题。在我国及苏俄的犯罪构成理论中,按照犯罪客体、犯罪客观方面、犯罪主体、犯罪主观方面这样一个顺序,自然是犯罪客观要件排列在犯罪主观要件之前。而现在我国主张否认犯罪客体是犯罪构成事件的学者中,对于三要件按照什么顺序排列又存在两种观点:第一种观点是指以客观要件、主体要件与主观要件的顺序排列。第二种观点是按照犯罪主体、犯罪主观要件与犯罪客观要件的顺序排列。在这两种观点中,引起我关注的是客观要件与主观要件孰先孰后的问题。我认为,这并不仅仅是一个顺序问题,而是一个关系到犯罪构成功能发挥的问题。主观要件先于客观要件,是按照犯罪发生过程的逻辑排列的,而客观要件先于主观要件,是按照犯罪认定过程的逻辑排列的,两者存在重要区别。我主张客观要件先于主观要件的观点,理由有三:第一,客观要件是有形的、外在的、更容易把握,主观要件是无形的、内在的、不容易认定。在这种情况下,客观要件先于主观要件的犯罪构成模式更能够限制刑罚权的发动,从而具有人权保障的积极意义。第二,客观要件先于主观要件的观点更符合定罪的司法逻辑。定罪过程,总是始于客观上的行为及其后果,以此追溯行为人的主观可责性,犯罪构成模式应当具有实用性,符合实用性的构成要件排列顺序是正确的。第三,客观要件先于主观要件的观点是建立在对客观与主观之间逻辑关系的正确理解之上的。在犯罪构成体系中,主观内容是依附于客观内容而存在的,也只有通过客观特征才能认定认为人的主观心理。因此,客观要件是在逻辑上先在于主观要件的,两者的顺序不能颠倒。

2. 事实与价值

在犯罪构成理论中,事实与价值也是一个十分重要的问题。在大陆法系的犯罪构成体系中,事实与价值始终是相分离的。这种事实与价值的分离,就是哲学上所谓事实与价值的二元论。我国学者在阐述大陆法系国家犯罪论体系的方法论意义时指出,对大陆法系国家犯罪论体系中所包含的完整的方方面面的意义,绝非简单地依靠逻辑推理所能理解——必须将其置于欧陆国家的民族思维方法、哲学背景和司法运作基本模式的大环境下,才有可能真正揭示其事实性或底蕴性的东西。可以认为,自 18 世纪以来盛行于欧洲的事实——价值二元论和实证主义哲学思潮必然会潜移默化地进入立法者、法学家和司法者的头脑,从而成为刑事立法、刑法学说乃至个案处断自觉或不自觉的宏大参照系。此言不虚,大陆法系的犯罪论体系确定是按照事实与价值二元论的方法建构起来的理论大厦。在构成要件该当性、违法性和有责性这三个要件中,构成要件该当性是事实判断,而违法性和有责性是价值判断。这里的价值判断,也可以说是一种规范判断。

从大陆法系国家犯罪论体系形成过程来看,贝林是将构成要件看作纯客观的、记叙性的事实要件,与规范意义无关。规范评价是由违法性与有责性这两个要件完成的,正如小野清一郎指出,所谓违法性和道义责任问题,指的是从刑法的制裁性机能出发,如何对业已发生了的行为进行评价的问题。违法性的评价,是从行为的客观方面,即从外部对行为进行评价的。道义责任的评价,是对已被客观地、外部地判断为违法的行为进一步去考虑行为人主观的、内部的一面,亦即行为人精神方面的能力、性格、情操、认识、意图、动机,等等,而来评价其伦理的、道义的价值。尽管在大陆法系国家的犯罪论体系中,后来麦耶尔承认在构成要件中有规范性要素的存在,如盗窃“他人的财物”、陈述“虚伪的事实”都不是纯客观要素,离开规范意义是无从判断的。但三要件格局的维持,仍然使不同要件分担事实判断与价值判断的职能,因而坚持了事实与价值相分离的立场。

但在我国及苏俄的犯罪构成体系中,事实与价值是合而为一的,甚至否认构成要件中的评价要素。例如,苏俄学者指出:德国刑法学者贝林,以新康德主义的唯心哲学为基础,发挥了关于犯罪构成的“学说”。根据这种“学说”,即使有犯罪构成,仍不能解决某人是否犯罪的问题。照这种观点看来,犯罪构成只是行为诸事实特征的总和。说明每一犯罪的行为的违法性,乃是犯罪构成范围以外的东西。法律上所规定的一切犯罪构成,都带有纯粹描述的性质,其中并未表现出把行为当作违法行为的这种法律评价。说到行为的违法性,它好像是属于原则上不同的另一方面,即“当知”的判断方面。法院并不根据法律,而是依自己的裁量来确定行为的违法性。这样,关于某人在实施犯罪中是否有罪的问题,也就由法院裁量解决了。法院可以依自己的裁量来规避法律,如果这样做是符合剥削者的利益的话。如果我们真实地理解贝林的观点,就会感到上述批判是建立在曲解之上的。贝林主张的构成要件只是犯罪成立的条件之一,与我们现在所说的犯罪构成是不同的,犯罪构成是作为犯罪成立条件总和使用的概念。因此,违法性判断在贝林那里,是构成要件该当性的事实判断基础上的价值判断,而不是犯罪构成范围以外的东西。苏俄学者还对罪过评价论进行了严厉批判并指出:唯心主义的罪过"评价"理论,也是为破坏犯罪构成服务的。根据这种"理论",法院对被告人行为的否定评价,和对被告人行为的谴责,被认为是罪过。罪过的评价概念是以新康德主义的"存在"和"当为"的对立为前提的。新康德派刑法学者们否认人的罪过是实际现实世界的确定的事实。按照他们的"理论",当法院认为某人的行为应受谴责时,法院就可以以自己否定的评断,创造出该人在实施犯罪中的罪过。主观唯心主义的罪过评价理论,使得资产阶级的法官们可以任意对所有他们认为危险的人宣布有罪。这里所批判的罪过评价论,就是规范责任论。规范责任论是在心理责任论基础上形成的,它以心理事实与规范评价相分离为特征。只有在规范责任论确立以后,有责任才真正成为一个规范评价的要件。苏俄学者的上述批判并没有真正理解规范责任论,因而是对规范责任论的歪曲。规范责任论并不是离开罪过心理进行规范评价,而是将规范评价建立在心理事实基础之上。因此,规范评价论根本不存在唯心主义的问题。

苏俄学者对大陆法系国家犯罪论体系中事实判断与价值评判相分离的观点的批判表明,苏俄的犯罪构成体系是以事实判断与价值评判的合一为特征的,我国犯罪构成体系同样具有这一特征。正如我国学者提出,在我国刑法学中,事实判断和价值评价同时地、一次性地完成。事实评价主要通过犯罪主客观方面要件的讨论来完成。一般地说,这里的事实包括危害社会的行为(作为及不作为)、危害社会的结果及犯罪的时间、地点、犯罪所使用的方法等附随情况。此外,与犯罪的客观情况(犯罪事实)紧密相关的其他要件,例如,犯罪心理,也是构成事实的一个组成部分。行为事实符合构成要件的同时,就可以得出结论说,这样的行为可以受到否定的价值评价。所以,事实判断与价值评价均在同一时间完成,没有先后之分。在这样一种犯罪构成体系中,必然出现重事实判断轻价值评价,甚至以事实判断代替价值评价的倾向。没有正确地处理好事实判断与价值评价的关系,是我国及苏俄犯罪构成体系的一个重大缺陷。我认为,犯罪构成体系应当坚持事实判断与价值评价相分离的原则,至于在犯罪构成要件上如何容纳两者,那是另一个重要深入讨论的问题。

3. 形式与实质

犯罪构成到底是形式的还是实质的?这也是在犯罪构成理论中需要讨论的一个问题。这里的形式与实质是指在犯罪认定上,符合犯罪构成是否就成立犯罪。这个问题,在一般性的讨论中并无问题,当涉及正当防卫、紧急避免等行为与犯罪构成的关系时就成其为一个问题。

在大陆法系国家递进式的犯罪论体系中,对行为的犯罪性质的认定是通过三个层次完成的。三个要件全部具备,即意味着某一犯罪的成立。在这个意义上说,大陆法系国家递进式的犯罪构成体系具有实质性,只要符合犯罪构成即成立犯罪。尤其是在违法性判断中,已经把正当防卫、紧急避险等行为以违法阻却事由的方式从犯罪中予以排除。但在我国及苏俄的犯罪构成体系中,正当防卫和紧急避险行为是在犯罪构成之外研究的。对此,苏俄学者特拉伊宁指出:在犯罪构成学说的范围内,没有必要而且也不可能对正当防卫和紧急避险这两个问题作详细的研究。至于为什么不在犯罪构成学说的范围内研究正当防卫和紧急避险,特拉伊宁并没有说明。我想,这主要和我国及苏俄的犯罪构成体系中的要件都是积极的构成要件,而没有包括消极的构成要件有一定关联。在这种情况下,就出现了一个问题,即犯罪构成体系中形式与实质的矛盾。例如,我国学者在评论苏俄刑法理论时指出,在苏俄刑法理论中,都主张排除行为犯罪性的情形是表面上符合犯罪的特征,但实质上却是对社会有益的行为。换言之,该行为形式上符合犯罪的构成要件,但实质上却不能构成犯罪。从形式上符合犯罪构成要件但实质上却不构成犯罪这一结论中也可以推出另一个结论,苏俄刑法理论是在犯罪成立要件体系之内解决一系列的排除行为犯罪性的问题的,同时也反映了苏俄刑法理论在犯罪成立条件这一问题上自相矛盾——形式要件与实质内容的分离。这种犯罪构成的形式与实质的矛盾在我国刑法理论中同样存在,并且在一定程度上影响我国刑法理论的科学性。例如,我国传统刑法教科书在论及排除社会危害性的行为时指出,我国刑法中犯罪构成的理论阐明,犯罪行为的社会危害性是反映在犯罪构成诸要件的总和上。当一个人的行为具有犯罪构成的诸要件,就说明这个人的行为具有社会危害性,即构成某种犯罪。但是,在复杂的社会生活中,往往有这样的情况:一个人的行为在外表上似乎具有犯罪构成的诸要件,然而在实际上却完全不具有犯罪概念的本质属性,相反地,这种行为对国家、社会、他人或本人都是有益而无害的,因而它实质上不具有犯罪构成。在此,正当防卫、紧急避险等行为就被描述为形式上符合犯罪构成而实质上不具有犯罪构成的情形。因此,正当防卫、紧急避险等行为之所以不构成犯罪,并不是根据犯罪构成所得出的结论,而是根据行为不具有社会危害性这一实质判断的结果。在这种情况下,正如我国学者批评的那样:这种观点实际上认为犯罪构成是“形式”或“外表”的东西,不一定具有实质内容,不能作为认定犯罪的最后依据,要确定行为构成犯罪,还必须在犯罪构成之外寻找犯罪的社会危害性。这一批评是有道理的,但接下去的一句话我就不能苟同了:这种观点来源于资产阶级的刑法理论,与我国的刑法理论是不协调的。我认为,这种观点恰恰是我国犯罪构成体系自身的问题,与大陆法系国家的犯罪论体系没有任何关系。大陆法系国家的犯罪论体系在违法性这一要件中已经将正当防卫、紧急避险等行为排除在犯罪之外。只有在我国及苏俄的犯罪构成体系中,才会出现这种形式上符合犯罪构成与实质上符合犯罪构成之间的矛盾,需要用犯罪构成之外的没有社会危害性这一实质判断来解决正当防卫、紧急避险等行为的犯罪问题。

(二) 犯罪构成的法律视野

犯罪构成是一个法律的概念,与法律有着密切的关联性,因而必须从法律角度对犯罪构成加以考察。

1. 立法考察

犯罪构成是对法律规定的一种理论解释,因而犯罪构成本身具有法定性。我认为,近代罪刑法定原则的确立,与犯罪构成理论的发展是有着密切联系的。可以说,犯罪构成使刑法对犯罪的规定实体化,从而为罪刑法定原则提供了基础。同时,犯罪构成理论发展过程中,罪刑法定原则也起到了积极的推动作用。例如,日本学者小野清一郎指出,Tatbestand 的概念从诉讼法转向实体法,进而又被作为一般法学的概念使用,而且,已经从事实意义的东西变为抽象的法律概念。特别是在刑法学中,它被分成一般构成要件和特殊构成要件两个概念。这主要是因为在刑法中,从罪刑法定主义原则出发,将犯罪具体地、特殊地加以规定是非常重要的(在民法中也有特殊的构成要件——如买、卖、质、贷、借、不法行为等——但这种特殊化与刑法相比显得松散得多,尤其是契约,内容是可以变更的)。可以想象,如果没有犯罪构成使刑法化立于犯罪的规定实体化,罪刑法定原则的明确性与确定性的要求都是无法实现的。因此,对罪刑法定原则与犯罪构成关系的以下论述,我是极为赞同的。罪刑法定原则的诞生和现代犯罪构成的形成在刑法的发展史上具有同样的里程碑意义。如果说罪刑法定原则奠定了刑法现代化的基石,那么犯罪构成就是牢牢撑起现代刑法大厦的大梁。缺失了罪刑法定的基石,刑法的现代化固然无从谈起;没有犯罪构成作为支撑的大梁，刑法大厦也将在瞬间倾倒成一堆碎砾。当然，罪刑法定与犯罪构成之间也并不是一种机械的对应关系，犯罪构成具有某种纯罪刑法定原则实体化，甚至填补法律空白的积极功能，对此不能不予以充分关注。

尽管犯罪构成与法律规定有着密切联系，不可否认的是，犯罪构成作为一种理论具有对法律规定的相对独立性。这是因为犯罪构成理论作为对法律规定的解释方法，有着自身的逻辑，这一逻辑有别于法律规定的逻辑。正如世界只有一个，然而解释世界的方法却有各种，由此形成的哲学理论也是多种多样的。尽管大陆法系国家的犯罪论体系与我国及苏俄的犯罪构成体系在逻辑上存在重大的差别，但在刑法规定上并无太大的区别。从中、俄、德、日四国关于犯罪成立条件的具体规定来看，似乎存在较大差别，但这种差别与采用不同的犯罪构成体系并无关系。首先，关于犯罪概念，在中国与俄罗斯刑法中有规定，而德、日刑法则无规定。尤其是 1997 年《俄罗斯刑法典》在刑法理论中，该犯罪的形式与实质相统一的犯罪概念为犯罪的形式概念，这是值得我们注意的。联系到中、俄两国刑法都没有关于犯罪构成客观要件的规定，可以看出犯罪概念中实际上包含了对一般犯罪行为的规定。而在《德国刑法典》中只有不作为的规定，《日本刑法典》则对作为与不作为都没有规定。从刑法角度来看，犯罪行为的规定是由刑法分则的罪状完成的，一般犯罪行为在法律上没有规定，完全由刑法理论根据罪状规定加以概括，这里面本身也显现出构成要件该当性是指行为合乎刑法分则规定的特殊构成要件之蕴含。其次，犯罪故意与过失，是中、俄、德、日四国刑法都有规定的，只是中、俄刑法稍繁，德、日刑法略简而已，从刑法立于犯罪故意与过失的规定上，我国及苏俄的犯罪构成理论中关于罪犯学说似乎更接近法律规定，即将心理事实与价值评价合二为一。而德、日刑法的犯罪构成理论，将心理事实放在构成要件该当性中论述，规范评价放在有责性中讨论，是对法律规定作了某种“分解”，它是根据理论逻辑对于法律规定的一种重新构造。第三，关于犯罪主体条件的规定中、俄、德、日四国刑法规定也相差不多，我国及苏俄的犯罪构成理论将其归结为一个独立的犯罪成立条件，而德、日刑法的犯罪构成理论将犯罪主体要件的内容——刑事责任能力纳入有责性要件，也完全是一种理论上的归类。第四，关于正当化事由，虽然四国刑法规定的种类或多或少有所不同，但内容几乎相同，尤其是正当防卫，四国刑法都对正当防卫成立的条件作了规定。至于我国及苏俄的刑法理论将正当化事由放在犯罪构成范围之外研究，而德、日刑法理论将其作为违法阻却事由在违法性事件中论述，也完全是一个理论构造的问题。

综上所述，尽管犯罪构成体系与各国刑法规定有一定联系，但从刑法规定大体上相同而犯罪构成体系却存在重大差别的情形来看，理论还是起到了至关重大的作用。就此而言，在我国现行刑法不予修改的情况下，直接采用大陆法系递进式的犯罪构成体系并不存在法律上的障碍。

2. 司法考察

犯罪构成体系是司法人员用来认定犯罪的，因而犯罪构成体系是否科学，必须经过司法实践的检验。那么，我国现行的犯罪构成体系是否适应司法实践的需要呢？对此，我国学者指出，从司法实践上看，可以毫不夸张地说，目前我国从事司法实践工作的同志，不管其他法学知识掌握得如何，一般都对犯罪构成的基本理论包括犯罪构成的四方面要件有一个基本的了解，并自觉以该理论为指导，去认定现实生活中的各种犯罪。可以说，犯罪构成理论已植根于司法工作人员的思想中，对这样一个既成的、已被广大理论工作者和司法实践工作者接受的犯罪构成理论，有什么理由非要予以否定呢？否定或者随意改变之后,怎么能不给理论界和司法实践部门造成极大的混乱呢?这是一种为现行犯罪构成体系辩护的观点,也代表了相当一部分学者对这一问题的认识。不可否认,现行的犯罪构成体系具有通俗易懂性。在我国目前司法人员学历层次较低且有大批未经法律专业训练的人员的历史背景下,现行的犯罪构成体系确实发挥了一定作用。只要经过数月培养,转业军人也可以掌握四个要件,并以此作为定罪的理论根据。但是,现行的犯罪构成体系对一些复杂疑难问题的解决上显然不能胜任,甚至破绽迭出,容易造成错案。以下引一个真实案件加以说明。

邵建国诱发并帮助其妻自杀案

【案情】

被告人:邵建国,男,29岁,宁夏回族自治区银川市人,原系银川市公安局城区分局文化街派出所民警。1991年8月29日被逮捕。

1990年4月30日,被告人邵建国与本所部分干警及联防队员沈××(女),应邀到苏××家喝酒。喝完酒后,几个人在一起返回派出所的途中,与邵建国的妻子王彩相遇。王彩原来就怀疑邵建国与沈××关系暧昧,看到邵与沈又在一起,更加怀疑邵、沈的关系不正常,便负气回家。当晚7时许,邵建国与王彩在家中为此事争吵不休。争吵中邵建国说:“我不愿见到你。”王彩说:“你不愿见我,我也不想活了,我死就是你把我逼死的。”邵说:“你不想活了,我也不想活了,我们两个一起死。”邵把自己佩带的“五四”式手枪从枪套里取出,表示要与王彩一起自杀。王彩情绪激动地说:“要死就我死,你别死,我不想让儿子没爹没妈。”王彩两次上前与邵夺枪没有夺到手,邵即持枪进入卧室。王彩跟进去说:“要死我先死。”邵说:“我不会让你先死的,要死一块儿死,你有什么要说的,给你们家写个话。”王彩便去写遗书,邵在王快写完时自己也写了遗书。随后,王彩对邵说:“你把枪给我,我先打,我死后你再打。”邵从枪套上取下一颗子弹上了膛,使手枪处于一触即发的状态。王彩见此情景,便从邵手中夺枪。在谁也不肯松手的情况下,邵建国把枪放在地上用脚踩住。此时,王彩提出和邵一起上床躺一会儿,邵表示同意,但没有把地上的枪捡起。邵躺在床里边,王躺在床外边,两人又争执了一会儿。大约晚10时许,王彩起身说要下床做饭,并说:“要死也不能当饿死鬼。”邵建国坐起来双手扳住王彩的双肩,不让王彩捡枪。王彩说把枪捡起来交给邵,邵便放开双手让王彩去捡枪。王彩捡起枪后,即对准自己的胸部击发。邵见王彩开枪自击后,发现王彩胸前有一黑洞,立即喊后院邻居贾××等人前来查看,同时将枪中的弹壳退出,把枪装入身上的枪套。王彩被送到医院,经检查已经死亡。经法医尸检、侦查实验和复核鉴定,王彩系枪弹近距离射击胸部,穿破右心室,导致急性失血性休克死亡,属于自己持枪击发而死。

【审判】

银川市人民检察院以被告人邵建国犯故意杀人罪向银川市中级人民法院提起公诉,王彩之父王善宽提起附带民事诉讼,要求被告人邵建国赔偿其为王彩办理丧葬等费用共计1100元。

银川市中级人民法院经过公开审理认为,被告人邵建国身为公安人员,明知其妻王彩有轻生念头而为王彩提供枪支,并将子弹上膛,对王彩的自杀在客观上起了诱发和帮助的作用,在主观上持放任的态度,其行为已构成故意杀人罪,应负刑事责任。由被告人邵建国的犯罪行为所造成的经济损失,邵建国确无赔偿能力。该院依照《中华人民共和国刑法》第132条的规定,于1992年11月17日作出刑事附带民事判决,以故意杀人罪判处被告人邵建国有期徒刑7年。

宣判后,被告人邵建国和附带民事诉讼原告人王善宽均不服,提出上诉。邵建国的上诉理由是:主观上没有诱发王彩自杀的故意,客观上没有帮助王彩自杀的行为。王善宽的上诉理由是:邵建国有赔偿能力。

宁夏回族自治区高级人民法院对本案进行了二审审理。对附带民事诉讼部分,经该院主持调解,邵建国赔偿王善宽1100元已达成协议,并已执行。对刑事诉讼部分,该院认为,上诉人邵建国在与其妻王彩争吵的过程中,不是缓解夫妻纠纷,而是以"一起死""给家里写个话"、掏出手枪等言词举动激怒对方。在王彩具有明显轻生念头的情况下,邵建国又将子弹上膛,使手枪处于一触即发的状态,为王彩的自杀起了诱发和帮助作用。邵建国明知自己的行为可能发生王彩自杀的结果,但他对这种结果持放任态度,以致发生了王彩持枪自杀身亡的严重后果。邵建国诱发、帮助王彩自杀的行为,已构成故意杀人罪。原审判决事实清楚,证据确实充分,定罪准确,量刑适当,审判程序合法。邵建国的上诉理由不能成立,应予驳回。据此,该院依照《中华人民共和国刑事诉讼法》第136条第(一)项和《中华人民共和国刑法》第132条的规定,于1993年1月14日裁定如下:驳回邵建国的上诉,维持原审刑事附带民事判决中的刑事判决。

【评析】

本案在审理过程中,对被告人邵建国的行为是否构成犯罪、构成什么罪,有四种意见。

第一种意见认为,邵建国的行为不构成犯罪。王彩是自杀身亡的,邵建国没有杀人的故意,也没有杀人的行为。而且邵、王二人属于相约自杀,王彩自杀,邵建国没有自杀,不应追究邵建国的刑事责任。

第二种意见认为,邵建国在与其妻王彩争吵的过程中,拿出手枪,将子弹上膛,对王彩拿枪自杀制止不力,并非故意杀人。但邵建国违反枪支佩带规定,造成了社会危害,后果严重,应比照《刑法》第187条的规定,类推定"违反枪支佩带规定致人死亡罪"。

第三种意见认为,邵建国的行为与刑法规定的故意杀人罪最相类似,应比照《刑法》第 132 条的规定,类推定“提供枪支帮助配偶自杀罪”或“帮助自杀罪”。

第四种意见认为,邵建国的行为构成故意杀人罪。邵建国、王彩夫妇在争吵的过程中,王彩说“我不想活了”,这是王彩出于一时激愤而萌生短见,并非一定要自杀,更没有明确的自杀方法。此时,邵建国不是设法缓解夫妻矛盾,消除王彩的轻生念头,而是用“两人一起死”“给家里写个话”和掏出手枪等言词举动,诱使和激发王彩坚定自杀的决心。当王彩决意自杀,情绪十分激动,向邵建国要手枪的时候,邵又把手枪子弹上膛,使之处于一触即发的状态,这又进一步为王彩自杀提供了便利条件,起到了帮助王彩自杀的作用。尽管王彩从邵手中夺枪时,邵没有松手,随后把枪放在地上用脚踩住,但当王彩提议两人上床躺一会儿的时候,邵建国没有拾起手枪加以控制,反而自己躺在床里,让王彩躺在床外,使她更接近枪支。邵建国明知自己的上述一系列行为可能造成王彩自杀的后果,但他对此持放任的态度,终于发生了王彩持枪自杀的严重后果。邵建国诱发和帮助王彩自杀的行为,其实质是非法剥夺他人的生命,符合故意杀人罪的构成要件。在我国刑法对这类行为没有另定罪名的情况下,以故意杀人罪追究邵建国的刑事责任是适当的,无须类推。持这种意见的人还认为,邵、王二人的行为并非相约自杀。相约自杀必须是双方都有真实自杀的决心,如果一方虚伪表示愿与另一方同死,实际上却不愿同死,就不能认为是相约自杀。从本案的情况看,邵建国虽然表示要与王彩一起自杀,继王彩之后自己也写了遗书,但事实表明他并没有真实自杀的决心。王彩自杀之前,手枪基本上控制在邵建国手中,邵如果真的要自杀,完全有可能用手枪自杀,他并没有这样做。当他发现王彩自杀之后,他也没有自杀,而是把手枪收起装入枪套,破坏了现场。因此,认为邵、王二人属于相约自杀的观点是难以成立的。

二审法院采纳了上述第四种意见,对被告人邵建国的行为定故意杀人罪,是正确的。

这一案件,根据我国现行的刑法理论,并不能认为是错判。因为对这种教唆或者帮助自杀行为,我国刑法教科书一般都认为是构成故意杀人罪的,只是认为情节较轻而已。因此,在本案处理中,虽然存在四种分歧意见,但很快统一于第四种意见。根据我国现行犯罪构成体系,被告人邵建国在客观上存在实施诱发和帮助王彩自杀的行为,其实质是非法剥夺他人生命的故意杀人行为,主观上明知自己的行为可能发生王彩自杀的结果,但他对这种结果持放任态度,以致发生了王彩持枪自杀身亡的严重后果,符合故意杀人罪的构成事件。但是,被告人实施的诱发和帮助他人自杀行为是一种杀人行为吗?杀人,无论是作为还是不作为,都必须具备构成要件该当性,但这种诱发和帮助他人自杀的行为,不能直接等同于故意杀人。在刑法没有明文规定的情况下,不宜作为故意杀人处理。在日本刑法中,有自杀关联罪,因而教唆或帮助自杀行为构成犯罪,但并不构成故意杀人罪。由此可见,教唆或帮助自杀等自杀关联行为,不能等同于故意杀人行为。按照递进式的犯罪构成体系,教唆或帮助自杀行为不具有构成事件该当性,因而也就不可能具有违法性与罪责性,就不会评价为犯罪。而根据耦合式的犯罪构成体系,只要将教唆或帮助自杀行为错误地理解为杀人行为,接下来杀人故意也有,因果关系也有、杀人结果也有、主体要件也符合。因此,一存俱存必然导致一错俱错。由此可见,在司法实践中,耦合式犯罪构成体系比递进式犯罪构成体系出错的几率要大一些。当然,错案的发生也并不能仅归咎于犯罪构成体系,但至少与之有关。

综上所述,从司法实践的角度考察,随着我国刑事法治的发展,司法人员素质的逐渐提高,现行的犯罪构成体系已经不适应司法实践的需要。犯罪构成理论必须更新,这是一个不争的事实。

(三) 犯罪构成的理论发展

基于以上分析,我认为,犯罪构成理论亟待发展,这种理论发展具有以下两种可供选择的途径。

1. 犯罪构成体系之引入

从上文的叙述中可以看出,我国及苏俄的犯罪构成体系是在对大陆法系国家犯罪论体系进行改造以后形成的。但改造以后的犯罪构成体系存在着内在逻辑上的某些缺陷,而且也不利于对犯罪的正确认定。在这种情况下,直接引入大陆法系递进式的犯罪构成体系,是一条简便易行的出路。在我主编的《刑法学》一书中,我们就试图将大陆法系国家的犯罪论体系引入我国刑法教科书。在该书的序中,我指出:"刑法教科书可以有多种写法,犯罪构成体系也可以进行多种尝试性的建构,而不能将某一种模式视为金科玉律。即使是在递进式犯罪成立理论占主流地位的德、日等大陆法系国家,刑法教科书中对犯罪论体系的写法也不太相同。例如,有学者按行为论、构成要件该当性、违法性、有责性的次序处理犯罪论问题;有学者则按照不法、责任的两重结构讨论犯罪成立条件,多种模式并行不悖。刑法教科书在犯罪论体系上的多元化探索,既有助于刑法学教学改革的推进,也对促进刑法学理论的繁荣和发展、刑事司法的民主和公正,具有积极意义。"这段话虽然是针对刑法教科书而说的,但同样适合于犯罪构成理论研究。我认为,引入大陆法系递进式的犯罪构成体系,对于我国刑法理论的发展具有积极意义。

在《刑法学》一书中,我们认为,在犯罪的认定上必须采用排除法,构成要件的该当性、违法性和有责性之间,应环环相扣、层层递进,各要件之间的逻辑关系必须明确。根据这种递进式结构,在将某一行为认定为犯罪时,须进行三次评价。构成要件该当性是事实评价,为认定犯罪提供行为事实的基础;违法性是法律评价,排除正当防卫等违法阻却事由;有责性是主观评价,为追究刑事责任提供主观根据。以上三个要件,形成一个过滤机制,各构成要件之间具有递进关系,形成独特的定罪模式。构成要件该当性、违法性、有责性三者之间的关系是,构成要件该当性具有推定功能,只要行为符合构成要件,原则上可推定构成犯罪,存在违法性,原则上可推定行为人有责任。构成要件该当性、违法性考虑一般情况,其评价标准对所有人平等适用,违法阻却、责任是考虑特殊、例外情况,当存在例外情况时,递进式推理即中断。以递进式犯罪构成体系为框架的犯罪论体系能够在一定程度上克服我国现行犯罪构成理论的缺陷。当然,引入大陆法系国家递进式犯罪论体系并非简单地照搬与机械地套用,还应根据我国刑法规定与司法实践加以融合。

2. 犯罪构成体系之创新

除直接引入大陆体系国家的递进式犯罪论体系以外,还可以在犯罪构成体系上进行创新。在《本体刑法学》一书中,我提出了犯罪构成的二分体系,即罪体与罪责。罪体是犯罪构成的客观要件,罪责是犯罪构成的主观要件,两者是客观与主观的统一。在《规范刑法学》一书中,我根据中国刑法规定的犯罪概念中存在罪量因素这样一个特点,进一步提出了罪体—罪责—罪量三位一体的犯罪构成体系。其中,罪体相当于犯罪构成的客观要件,罪责相当于犯罪构成的主观要件,两者是犯罪的本体要件。罪量是在罪体与罪责的基础上,表明犯罪的量的规定性的犯罪成立条件。在我国这一犯罪构成体系中,罪体是指刑法规定的、犯罪成立所必须具备的客观外在特征,包括主体、行为、客体、结果、因果关系等要素。罪责是指具有刑事责任能力的人在实施犯罪行为时的主观心理状态，包括责任能力、责任形式等要素。罪量是指在具备犯罪构成的本体要件的前提下，表明行为对法益侵害程度的数量要件，包括数额、情节等要素。

三、犯罪论体系的讨论

犯罪论体系是刑法理论中的一个重大问题，需要经过深入的研究才能真正掌握它的真谛。以上是我个人晚近对犯罪论体系问题的一些思考。现在开始讨论。同学们既可以发表自己的评论性见解，也可以提出问题，我将予以解答。

【车浩】（北京大学法学院博士研究生）：

德、日的递进式犯罪构成体系比我国现在通行的耦合式的犯罪构成体系在逻辑上更为严谨，在内涵上也更为深厚。因此，从推动学术进步的角度说，我赞成陈老师舍弃旧的学说，引进德、日的犯罪构成体系的观点，也更期待我国学者自己的、富于个性的犯罪构成体系不断涌现。但是，我还是有一点忧虑，一方面，由于我国刑法学界长期以来在司法实践部门也有很大影响，在某种意义上取得了一定的现实合理性；另一方面，也是由于传统的原因，我国刑法学界对于德、日理论的研究还很不深入，加之语言工具的障碍，我很担心这样的一个学习和引进的过程会不会是“路漫漫其修远兮”？我们什么时候能够追赶上刑法理论发达国家的脚步呢？

【陈兴良】：

你对引入大陆法系的犯罪构成体系的赞同和对我国学者在犯罪构成体系上的创新所持有的期待态度，我深以为然。你提出了两个问题，我分别加以回答：

第一个问题，大陆法系的犯罪构成体系能否顺利地替代我国现在通行的耦合式的犯罪构成体系，你表示担忧。因为耦合式的犯罪构成体系毕竟在我国已经通行多年，你的这种担忧当然不是没有由来的，但我并不认为耦合式的犯罪构成体系已经在我国取得了一定的现实合理性。我国是在20世纪50年代初期从苏联引入耦合式的犯罪构成体系的，尤其是特拉伊宁的《犯罪构成的一般学说》1958年在我国的翻译出版，对此后这一犯罪构成体系的发展提供了理论根据。何秉松教授将我国犯罪构成理论的发展分为三个时期：一是移植期，1949年至1956年；二是沉寂期，1957年至1978年；三是发展期，1979年至今。从以上时间表可以看出，移植期实际上很短，当然主要是苏联专家来华传授苏联的犯罪构成理论，同时我们也翻译了一些苏联刑法教科书。特拉伊宁的《犯罪构成的一般学说》一书在1958年出版时，是在我国已经进入"反右"斗争以后，这本书对当时并没有发生影响。甚至可以说，这本书在"反右"的背景下能够正式出版本身就是一个奇迹。从现在已经发现的资料来看，在"反右"运动中，犯罪构成理论已经成为禁区。我国学者对这段历史有以下描述：我国刑法中犯罪构成理论，早在1957年前已有了一定的研究，在一些刑法论著中阐述了犯罪构成理论的重要性及其在司法实践中的作用。广大司法干部运用这一理论分析和解决各类案件，对正确运用法律和政策分析犯罪，分清犯罪与非犯罪的界限，起了积极的作用。但是后来，这一正确理论遭到了批判，在犯罪理论问题上出现了严重的混乱现象。"犯罪构成"一词不能再提了，犯罪构成各个要件不能再分析了，不准讲犯罪必须是主客观的统一，等等。理论上的混乱，必然导致实践上的错误。因此，对犯罪构成理论的真正研究，实际上始于20世纪80年代初期。当时，是由高铭暄教授主编的统编教材《刑法学》和杨春洗教授等编著的《刑法总论》等教科书确立了这一犯罪构成体系在我国刑法学界的主导地位。但从一开始，对这一犯罪构成体系的争鸣、质疑以及突破的努力就没有停止过。对此,何秉松教授作过以下描述:十一届三中全会(1978 年)以后,特别是我国第一部刑法典颁布后,刑法理论进入了繁荣发展时期。犯罪构成理论作为刑法理论的核心和基础,更是受到人们的青睐。对犯罪构成理论的研究逐步深入,并取得不少可喜的成果。但是,这时期,在如何对待传统的犯罪构成理论和如何发展犯罪构成理论上,也开始出现了严重的意见分歧。一部分学者提出要打破传统犯罪构成理论的束缚,创立具有中国特色的犯罪构成理论;另一部分学者则认为,我国目前的犯罪构成理论是科学合理的,因而,不应当破除,而应当维护。由此展开了关于犯罪构成理论发展的两条道路和两种方向的争论。因此,尽管从苏联引入的犯罪构成体系在我国占统治地位,成为刑法理论上的通说,但对其批评从来没有停止过。在这种情况下,破除耦合式的犯罪构成体系不是空穴来风,而是有其理论积累的。

第二个问题,我们对大陆法系的犯罪构成体系将会深入研究,引入这一理论是否存在困难。我们如何才能赶上刑法理论发达国家的脚步?大陆法系的犯罪构成理论早在 20 世纪 30 年代就已经在我国通行,大家可以看一看民国时期的刑法教科书,都是按照这一犯罪构成理论建构犯罪论体系的。只是在 20 世纪 50 年代全盘接受苏俄的犯罪构成体系。大陆法系犯罪构成体系被视为资产阶级法学理论被弃用,从而使这一学术传统中断。20 世纪 80 年代以后,随着德、日刑法专著和刑法教科书不断地引入我国,使我国学者对大陆法系犯罪构成体系有了更为系统而深入的理解。我相信,只要在我国全面推行大陆法系的犯罪构成体系,这一理论被我国法律人接受是不困难的。当然,我国犯罪构成理论的研究水平距离德、日刑法理论发达国家还有很大的距离,我参加过两届中日刑事法交流会,对此更有深切的体会。我曾经说,德、日的犯罪构成理论经过 100 多年发展,已经建成理论大厦,完成装修,正在处理一些细节,犯罪构成理论已经发展到极致。而我国引入苏俄犯罪构成体系,就像建造了一座歪歪斜斜的大厦,需要推翻重建,现在旧屋还未推翻,距离大厦建成还很遥远。要想在短时间内赶上德、日,是不可能的。时不我待,我们现在如果不努力,差距将会更大。

【方鹏】(北京大学法学院博士研究生):

你在《规范刑法学》中提出罪体—罪责—罪量的犯罪构成体系,具有独特性。请你说明,你的这一犯罪构成体系与我国及苏俄的犯罪构成体系和大陆法系的犯罪构成体系在逻辑上有什么区别?你在提出这一犯罪构成体系的同时又主张引入大陆法系的犯罪构成体系,在这两者之间,你到底选择哪一种犯罪构成体系?

【陈兴良】:

你的问题涉及我所提出的罪体—罪责—罪量的犯罪构成体系。你也提出了两个问题,我分别予以回答:

第一个问题,我国犯罪构成体系到底有何独特性?在回答这一问题前,我想回顾一下我这一犯罪构成体系形成的过程。这一犯罪构成体系并非即兴之作,而是长期研究犯罪构成理论过程中逐步形成的学术成果。大家都看过我的《刑法哲学》一书,该书出版于 1991 年。这本书虽然不是犯罪构成的理论专著,但对犯罪构成体系有较大篇幅的论述,包含了当时我对这一问题的一些想法。在《刑法哲学》一书中,关于犯罪构成理论,我至少作了以下学术工作:

第一,在定罪模式的题目下,对我国及苏俄的犯罪构成体系与大陆法系的犯罪构成体系作了比较。将我国及苏俄的犯罪构成体系称为耦合式的逻辑结构,将大陆法系的犯罪构成体系称为递进式的逻辑结构。

第二,在主观理论与客观危害的题目下,研究了犯罪成立的主观要件与客观要件。

第三，在犯罪成立的主观要件与客观要件的论述中，将事实判断与价值评价相分离，提出主观理论是理论事实与规范评价的统一。客观危害是行为事实与价值评判的统一的命题。

当然，在犯罪构成体系上，我当然认为，犯罪客体不是犯罪构成要件，但仍将犯罪主体包括在犯罪构成体系之内，同时指出，犯罪构成归根到底是要解决定罪的法律模式问题。所以静态的犯罪构成研究应该纳入动态的定罪论体系，因而确定如下的定罪模式：犯罪主体是定罪的前提，犯罪的客观要件是定罪的客观依据，犯罪的主观要件是定罪的主观依据。上述研究，我是想用定罪模式替代犯罪构成体系，现在看来是不成熟的，但为后来的犯罪构成体系的创新奠定了基础。在《本体刑法学》一书中，我提出了犯罪构成的二分体系，首次采用罪体与罪责的概念。及至《规范刑法学》，又将罪体与罪责的二分体系根据我国刑法的规定，确定为罪体—罪责—罪量三位一体的犯罪构成体系，尤其是罪量概念的提出，更加符合我国的刑法规定。对我国刑法中犯罪的数量要素，例如，数额较大、情节严重等，到底是否是犯罪构成要件，我国刑法学界存在否定说与肯定说之争。否定说认为，刑法规定"情节严重"才构成犯罪时，只是一种提示性规定，而不是构成要件。犯罪情节有的属于客观方面的，有的属于主观方面的，还有的属于客体或者对象的，有的属于主体的。既然犯罪构成的四个方面都有情节，就不好把情节作为一个独立的要件。而肯定说则认为，"情节严重"中的情节不是特定的某一方面的情节，而是指任何一个方面的情节，只要某一方面情节严重，其行为的社会危害性就达到了应受刑罚处罚的程度，应该定为犯罪。正因为如此，应把这种"情节严重"称为犯罪构成的综合性要件。我认为，情节严重之犯罪情节是犯罪成立的条件之一，否定其为犯罪构成要件是没有道理的。但把它作为犯罪构成的综合性学科,它与犯罪构成的共同要件之间的关系也难以说清。我认为,应当把罪量看作是与罪体—罪责相并列的犯罪构成要件,它是表明犯罪数量界内的一个构成要件。

那么,我的上述犯罪构成体系到底有何独特性呢?

首先,我的犯罪构成体系与耦合式的犯罪构成体系存在不同之处。犯罪客体要件不复存在,行为客体归入罪体。犯罪主体要件也不复存在,刑事责任能力归入罪责。更为重要的是,在耦合式的犯罪构成体系中,由于耦合性特征所决定,四个要件是一种共存共生关系。而我的犯罪构成体系,在罪体与罪责之间是一种对合关系。在这种对合关系中,罪体是可以独立于罪责而存在的,例如,精神病人的杀人行为,是具有罪体的,只是没有罪责而已。正是这种对合性,决定了我的犯罪构成体系是客观要件先于主观要件的。换言之,罪体与罪责的顺序是由其内在逻辑所确定的,不可随意变动。此外,在耦合式的犯罪构成体系中,犯罪情节和犯罪数额(量)在犯罪构成中的体系性地位也是一个没有得到圆满解决的问题。我将其归结为犯罪构成的一个独立要件——罪量,就较为圆满地解决了这个问题。使罪体—罪责—罪量的犯罪构成体系,不仅是客观与主观相统一的犯罪构成体系,而且是质与量相统一的犯罪构成体系。

其次,我国犯罪构成体系与递进式的犯罪构成体系也是有所不同的。在递进式的犯罪构成体系中,事实评价与价值评价是分为不同要件进行的。构成要件该当性只是事实评价,违法性是客观的价值评价,有责性是主观的价值评价。相对来说,这种犯罪构成结构较为复杂,理解起来困难一些。而我国犯罪构成体系,罪体与罪责都是事实评价与价值评价的统一,将事实评价与价值评价统一在一个要件之中。另外,对于正当防卫、紧急避险等行为的处理可能是两个体系之间的最大区别。在大陆法系递进式的犯罪构成体系中,正当防卫、紧急避险是作为违法阻却事由,在违法性这一要件中讨论的。在我国的犯罪构成体系中,正当防卫、紧急避险等行为是作为正当化事由,在犯罪构成体系之外讨论的。这时就存在一个问题,正当防卫、紧急避险等行为与犯罪构成到底是一种什么关系?过去我国及苏俄的犯罪构成理论说是形式上符合犯罪构成实质上不具有社会危害性因而不构成犯罪,这一观点将使犯罪构成形式化,与犯罪构成是社会危害性的构成、犯罪构成是刑事责任的唯一根据等通论相矛盾,显然是不足取的。有觉于此,张明楷教授将正当化事由称为排除犯罪的事由,他指出,有些行为,虽然在客观上造成了或者可能造成一定的损害结果,客观上与某些犯罪的客观方面相似,但由于具有特别的理由、根据,并未被刑法禁止,因此并不符合刑法规定的犯罪构成(因为刑法通过犯罪构成禁止犯罪行为,既然未被刑法禁止,就不可能符合刑法规定的犯罪构成),进而排除犯罪的成立,这便是排除犯罪的事由。在此,张明楷教授明确指出,正当化事由不符合犯罪构成,但与犯罪的客观方面相似。由此,在将正当化事由放在犯罪构成之外的同时,保持了犯罪构成的实质化意蕴。对此,我是深表赞同的。在《本体刑法学》一书中,我以肯定与否定的分析框架解决犯罪构成与正当化事由之间的关系,定罪是一种肯定性判断,行为符合犯罪构成即为犯罪,这一肯定判断依据的是刑法的禁止性规范。例如,刑法禁止杀人,违反此禁令而杀人者,即为杀人罪。应当指出,刑法中绝大多数规范是禁止性的。但是,刑法也存在个别的允许规范,以限制禁止规范的内容,正当化事由就是此类允许规范。在这个意义上说,正当化意味着合法化。当然,这种允许规范不是一般意义上的允许规范,而是作为禁止规范之例外的允许规范。因此,允许规范具有高于禁止规范的效力,形成对禁止规范的否定,使禁止规范失效。这样一种解释,我认为是能够成立的,这也是我的犯罪构成体系与递进式的犯罪构成体系的重要区别之所在。

第二个问题,我在提出罪体—罪责—罪量的犯罪构成体系的同时又主张引入大陆法系的犯罪构成体系,在这两者之间如何进行选择?我的观点是,应当提倡犯罪构成体系的多元化。各种犯罪构成体系可以并存,互相竞争,逐渐形成通说。这里应当提出,大陆法系的犯罪构成理论经过长达百年的历史发展,从古典派到新古典派,从贝林、麦耶尔到迈兹格、威尔泽尔,这段历史大家有兴趣不妨看一看小野清一郎的《犯罪构成要件理论》一书。应该说,日本的小野清一郎也是对犯罪构成理论发展作出了重大贡献的重要学者之一,我们都是通过他的著作了解大陆法系犯罪构成理论的历史发展的。因此,大陆法系的犯罪构成体系是十分精致和成熟的,并且具有合理性的犯罪成立理论。而我提出的罪体—罪责—罪量这一犯罪构成体系,只是作为个人的见解,当然是存在不足的,需要在研究中不断地加以完善。

【葛磊】(北京大学法学院博士研究生):

1. 犯罪论体系或者说犯罪构成体系,是判断行为是否为刑法调整的标准,实际上无论是大陆法系包括德、日刑法中各类型的递进式犯罪构成体系,英美法系的双层次构成体系,还是我国的犯罪构成体系,都是由几个基本的构成要件要素所组成,这些要素包括行为、危害结果、因果关系、违法性要素、责任能力、责任形式、期待可能性等,区别只在于不同体系中诸要素的排列组合结构以及各要素在组合结构中的地位不同。然而,这种区别实际上是和各国的传统思维方式、产生时的哲学基础相适应的。欧洲大陆各国文明起源于古希腊文明,古希腊人的并不优厚的自然生存环境,导致了他们粮食不能自给自足,不得不通过交换活动来维持生存,逐渐形成了一种农工商结合的综合型经济。与之相适应的文化是一种多源头、多元化的开放式文化,这使得古希腊人不像中国古人那样,喜欢推崇古人来印证自己正确,而往往是以否定前人来证明自己正确,而要否定前人,自然要提出与众不同的观点,于是逐渐形成了以演绎为主的理性思维,即通过一种积累性的个人探索,提出定义、公设、公理、然后进行逻辑推导,最后得出结论、构建体系的思维模式。这种在演绎基础上构建体系的思维方式对西方文化影响至今,因此,他们崇尚思辨,习惯于逻辑推理,具有强烈的个人主义精神。同时,现代大陆法系的犯罪构成理论被认为是在20世纪初建立的,而其时欧洲哲学建立在主客体对立基础上的传统认识论在康德那里发展到了极致,但暴露了内在的困难——主客体的鸿沟无法真正跨越,因此产生了分析主义哲学,并成为西方哲学最主要的流派,延续了整整一个世纪,这种分析主义哲学与其他流派哲学比较起来,特别强调的就是逻辑分析。不难看出,构成要件符合性—违法性—有责性这种层层递进的、从一般到特殊的递进式的结构或体系和大陆法国家的传统文化、思维方式、哲学基础有着天然的联系。而且,也是因为这种多元化的文化特征,致使大陆法系的犯罪论体系非常个性化,几乎每个刑法学家都有自己的犯罪构成体系。而英美特别是美国崇尚自由主义,以实用主义哲学为基础,产生了强调实践的实体意义上和诉讼意义上的双层次的犯罪构成体系。

而在中国,古代中国自然环境优越,适合农业生产,产生了自给自足的农业经济,与之相适应的是一种封闭式的农耕文明。在年复一年的春种秋收、大同小异的规律生活中,形成了一种归纳为主、注重实用的经验理性思维方式,即通过总结前人的经验、观点,通过归纳论证的方式,得出自己的见解和观点。同时,儒、道的思想根深蒂固,道家学说的太极模式、阴阳观念(诸如一阴一阳谓之道,孤阴不生,独阳不长,负阴而抱阳,负阳而抱阴,阴中有阳,阳中有阴)对中国人的思维方式有深远的、潜移默化的影响,也导致中国人习惯的思维方式与西方思维方式有重大区别,具有以归纳为主、求实重用、强调整体和统一、习惯以阴阳两方面考虑问题等特征。从哲学基础来看,新中国成立后的正统哲学为马克思主义的辨证唯物主义,这种哲学也强调矛盾对立、主客观一致。因此,耦合式的犯罪构成体系非常适应中国人的思维方式和哲学基础。一方面,耦合式的犯罪构成体系在结构上是耦合式的结构,主观和客观、主体和客体互相对应,统一在一个整体之中;另一方面,在适用过程中,分别从四个要件对应的角度去评价的一个行为,通过归纳论证得出整体性结论来判断该行为是否属于犯罪行为的结论,这与中国人习惯于从大量的个别事实情节出发形成对咨询事物全貌认识的归纳型思维方式很吻合。而且这种犯罪构成理论非常实用,只要知道了四个构成要件就可以断案,不需要进行复杂的逻辑论证,也不需要掌握学者们提出的林林总总的犯罪论体系,这也很符合中国人的求实重用的思维方式。因此,中国人传统的思维方式和哲学基础导致了对苏俄的耦合式的犯罪构成体系广为接受,并在实践中长期适用。因此,理论体系更应该理解为一个国家或者民族在某一领域内的思维模式,而且刑法理论体系本来应该是为刑事立法、司法实践服务的,应为其提供指导。因此,虽然耦合式的犯罪构成体系有一定的理论缺陷,但我们彻底地抛弃它,完全引进大陆法系的构成体系而不考虑到中国人的文化传统和思维方式特征,犯罪论体系在司法适用过程中会不会出现问题,是否能得到真正的贯彻和遵循?

2. 大陆法系确实有逻辑性强、开放性强的优势,但是也存在许多理论上的问题。大陆法系的构成要件学说可以分为行为类型构成要件说、违法构成要件说和违法责任构成要件说,前者强调形式解释,后二者强调实质解释。行为类型构成要件说的问题在于:(1) 仍然要在构成要件符合性之外寻求违法性的基础,不利于贯彻罪刑法定。(2) 强调构成要件该当性的客观性、形式性,不引入价值判断,不能区别具体的犯罪,如故意杀人、过失杀人、故意伤害致人死亡。(3) 不能判断违法程度，必然要求引入可罚的违法性要件，存在理论体系上的缺陷。违法性通说是消极判断，即使是行为构成要件说，也承认构成要件该当性具有表征机能，原则上符合构成要件该当性就推定违法，但是符合构成要件该当性的行为又不得不在违法性中积极判断行为的违法程度，是否属于可罚性违法行为。违法性构成要件说没有把责任纳入构成要件该当性中，同样存在难以判断具体犯罪的问题，如故意杀人、过失杀人、故意伤害致人死亡。再如团藤重光认为，藏匿伪造证件、使用伪造证件罪中，如果伪造对犯罪人自己有利的证据，就不具有期待可能性，不符合构成要件该当性。而我认为违法责任构成要件说实际上并不具有思维经济性。因为责任的评价是一种道义评价，是对将行为作为"行为人的行为"所作的评价，主要是对主观因素进行判断，是个别性的、最具体的评价，因此在责任的判断中，不能像在违法性判断中一样，仅仅根据无责任阻却事由来推定责任，推定是没有意义的，因此必须具体判断，以确定责任的有无和程度。因此，在构成要件该当性中考虑了责任，又不得不在有责性中重新判断，就不具有思维经济性了。

事实上，考察各构成要件学说的产生时间，可以看出由行为构成要件说到责任违法构成要件说是一个发展过程，虽然各类型的学说在西方仍然有自己的地位。这种发展过程体现了一种整合的趋势——逐步地在该当性中引入违法性和有责性要素。这种整合的趋势是非常明显的。彻底坚持违法构成要件学说会导致抹杀构成要件该当性与违法性的区别和界限，也就是说会将构成要件该当性和违法性完全整合在一起。如德国学者鲍姆加腾、日本学者中义胜就提出构成要件体系不需要三段式，仅构成要件该当性（违法性）和有责性两个阶段就可以了。而坚持违法责任构成要件学说，把违法性和有责性放到构成要件该当性中考察，在大多数情况，出于思维经济性考虑，都推定了违法性和责任性，除非存在违法阻却事由和责任阻却事由，在后两个阶段中不再分析违法性和责任性，这样的情况下大陆法系的犯罪论体系实际也就与我国的四构成要件说在不具有排除社会危害行为的情况相类似了。这时，作为仅需考虑的构成要件该当性中，同样存在行为、故意过失等所有的犯罪构成要件要素。然而，构成要件该当性内部却并不存在逻辑性。这种整合趋势说明了耦合式的犯罪构成具有一定的内在合理性，它的整体性考察机制避免了各类型的三段式构成要件说可能出现的问题，而且具有很强的思维经济性。当然，这个合理性仅仅是对把犯罪构成分为客体、客观方面、主体、主观方面四个要件的结构体系安排上来说的，并不是说苏联和作为我国目前通说的耦合式的犯罪构成体系没有问题。但是，是否有必要彻底否定耦合式的犯罪构成体系，而引入目前尚无定论、理论界存在各种相对自成体系的大陆法系的犯罪论体系呢？

3. 最后再谈一谈耦合式的犯罪构成体系存在的问题及对其进行必要的改造。苏俄的耦合式的犯罪构成体系是对大陆法系递进式的犯罪构成体系进行改造而产生的。将违法性改造为犯罪客体，将构成要件该当性改造为客观方面，将有责性分解为主体和主观方面。按理说符合四个构成要件的行为都应该属于犯罪行为，但是苏联和我国的通说并不这样认为，而是认为符合犯罪构成要件的行为并不一定说明行为具有社会危害性，诸如正当防卫、紧急避险等正当化事由的社会危害性需要在构成要件之外判断。这就架空了犯罪构成要件实质内容，使构成要件成为一种形式上的法律记述。这是因为在苏联和我国目前的构成要件理论中，客体仅仅视为形式上“侵犯了刑法所保护的社会主义社会关系或者利益”，而没有对其进行实质上的解释。这样一来，正当化事由在构成要件中就没有任何位置了，只要在构成要件之外再另行判断行为的社会危害性。我认为，这是耦合式的犯罪构成体系在理论上最大的问题。为了解决这个问题,应该对客体作实质上的解释,同时我倾向于将其改变为法益,因为社会危害性概念是一个抽象的、超规范的概念,不利于保障罪刑法定原则。这样,不仅正当防卫等正当化事由就可以纳入构成要件之中而不至于游离于构成要件之外,还可以把刑法规定的犯罪真正限制在侵害法益程度非常严重,值得处以刑罚的行为之内,从两方面加强我国的构成要件理论的出罪的机能。

但是,我并不赞成将客体排除在犯罪构成要件之外,因为构成要件是决定一个行为是否属于犯罪,是此罪还是彼罪的法律标准,法益显然具有这个功能。林山田指出,法益不但是构成要件的基础,而且也是区别各种不法构成要件的标准。只有透过法益,才能掌握一个行为是否构成犯罪,精确地界定出各罪的区别。林山田以伪造文书罪和诬告陷害罪为例作出了说明,伪造文书罪所要保护的法益,是法律交往之安全性和可靠性,因此,伪造自己名义的文书,因为没有破坏该法益,不构成犯罪。再如,诬告陷害罪保护的法益是公民的人身权利,那么得到诬告人承诺的诬告行为就不成立,而认为诬告罪保护的法益是国家司法机关的作用,那么即使得到诬告人承诺的行为,也成立本罪。

另外,我觉得有必要在构成要件中引入否定的构成要件,也就是在四个构成要件每一个构成要件之中,增设一对下位概念,肯定要件和否定要件。虽然陈老师在《本体刑法学》中认为,犯罪构成的积极要件本身具有过滤机能,对不具有积极要件的行为自然排除在犯罪构成之外,因此构成要件只能是积极构成要件,而不能包含消极构成要件。但我认为引入消极(否定)构成要件有以下意义:(1) 加强构成要件的出罪功能,保障人权。(2) 使期待可能性、正当防卫、紧急避险以及其他的正当化事由可以纳入构成要件中,从而消除理论上的冲突,解决理论上一方面宣称考察一个行为是否构成犯罪,仅需要判断其是否符合构成要件,另一方面不得不在犯罪构成要件之外进行正当化的判断的矛盾。(3) 使构成要件理论体系显得更合理、更明确,有利于指导司法实践。最后,还应该注意到四个构成要件并不是随意组合的,而具有内在的逻辑结构,这种逻辑结构体现了认定犯罪从客观到主观的思想。不过我认为,将四个构成要件的排列顺序由客体、客观方面、主体、主观方面调整为客观方面、客体、主体和主观方面更为恰当。首先,这种结构更符合司法实际中认定犯罪的方法和过程。司法实践中认定犯罪首先是针对行为,考查行为及其后果、因果关系,只有在行为和后果的基础上才能判定其是否分割法益、侵害的是何种法益,然后具体地判断行为人的责任。其次,如果引入了消极构成要件,在考虑行为之前就分析阻却违法的事由,缺乏分析的基础,显然是不恰当的。第三,更重要的是,这种顺序可以强调将行为作为定罪的根据,有利于防止主观归罪,保障人权。

【陈兴良】:

你对犯罪构成理论有一定的思考,发表了你的见解,这是值得肯定的。我想回答你的一个问题,就是完全引进大陆法系的犯罪构成体系而不考虑到中国人的文化传统和思维方式特征,犯罪论体系在司法适用过程中会不会出现问题,是否能得到真正的贯彻和遵循?换言之,大陆法系的犯罪构成体系是否具备本土化的可能性?我不打算正面回答你的这个问题,如果要正面回答,我的答案当然是肯定的。我想说的是,中国古代虽然有发达的律学,但却从来没有过犯罪构成理论,犯罪构成理论无论是苏联的还是德、日的,对我国来说都是舶来品,为什么?是中国传统文化之故还是中国思维方式之故?这个问题确实是值得我们思考的。

中国古代有十分发达的律学,这是一个不争的事实,但中国古代的律学,只限于对法律条文的注疏,即文字解释。例如,晋代的张斐,对法律中的一些核心用语作了注释，指出："其知而犯之谓之故，意以为然谓之失，违忠欺上谓之谩，背信藏巧谓之诈，亏礼废节谓之不敬，两讼相趣谓之斗，两和相害谓之戏，无变斩击谓之贼，不意误犯谓之过失，逆节绝理谓之不道，陵上僭贵谓之恶逆，将害未发谓戕。唱首先言谓之造意，二人对议谓之谋，制众建计谓之率，不和谓之强，攻恶谓之略，三人谓之群，取非其物谓之盗，货财之利谓之赃。凡此二十者，律义之较名也。"这些法律用语的定义对中国古代法言法语乃至于法律文化的形成当然是有意义的，但它的作用也仅限于此。诸如六杀、六赃之罪等，只是一种罪名上的分类，而没有对这些犯罪的更一般的理论概括。及至清代，律学达到相当的精致程度，也只是解释之学。例如，清代学者王明德提出读律八法：一曰扼要，二曰提纲，三曰寻源，四曰互参，五曰知别，六曰衡心，七曰集义，八曰无我。王明德还提出八字之义：律有以、准、皆、各、其、及、即、若八字，各为分注，冠于律首，标曰八字之义，相传谓之律母。王明德对于八字作出十分精确的解释，对于解读刑法之精义十分有益。但正如我国学者指出，中国古代的刑法理论，仅仅局限于对律条进行注疏和解释，对具体的犯罪作一些说明和阐发，而没有提出对任何犯罪都适用的犯罪构成的概念及要件问题。我认为，中国古代律学之所以没有形成犯罪构成理论，与中国古代的思维方式与法律文化都是有关系的。犯罪构成是一种理论模型，是建立在对犯罪成立条件的理论概括基础之上的，需要具备相当程度的逻辑水平与思维能力，尤其是刑罚上的抽象思维能力，而这一点恰恰是中国人所缺乏的，中国人擅长的是语言而非逻辑，尽管这两者有着密切的联系。因此，中国古代是没有犯罪构成理论的，犯罪构成都是由外国传入的。在这种情况下，我们应当明确一点，也就是需要使我们的思维去适应法治化所带来的更为精细的法律技术。在犯罪构成上也是如此，犯罪构成并不仅仅是一种法律技术，这种法律技术背后起作用的是思维方法。只有思维方法的变革,才能真正实现犯罪构成理论的本土化。

我国学者晚近从知识论角度对犯罪构成体系进行了颇有新意的探讨,我认为是极有价值的,也有利于我们对我国犯罪构成体系与大陆法系犯罪构成体系在哲学层面上进行对照。刑法理论的知识构成,它绝不是对事实现象的简单描述,也不是对法律规范的机械诠释,而是从概念出发对经验知识进行体系化的思维过程。这一思维的起始是概念,概念是知识的原点,是认识之网络上的网结。概念是与语言联系更为紧密的思维方式,中国古代律学达到了对法律现象的概念化,但也仅止于此而已。关键问题在于,这种概念必须被体系化建构,而从概念到体系的过渡必须借助于类型化。因此,类型化对于刑法学知识的整合是十分重要的思维工具。我国学者指出,类型化方法将极有成效地加强刑法的体系化与科学化。一方面,在横向层面上,类型化不但有利于刑法总则的条分缕析、前后承继,而且通过对各种法益和行为样态的类型化处理,刑法分则亦变得分门别类、井井有条。另一方面,在纵向层面上,类型化处理妥当地连接了基本原则与具体个案,构成刑法上下衔接的必要中介。正是借助类型化这一桥梁,才使刑法体系变得错落有致、层次分明。犯罪构成要件正是这样一种类型化思维方式的知识产物,是近代大陆法系犯罪论体系的逻辑起点。犯罪论体系将所有刑事可罚条件体系化,将更有助于对裁判者的约束,便于检验裁判过程与结果的合法性,即有利于裁判规范性能的充分发挥。而这一切,确实与一个民族的理性思维能力有关。当然,中国人不长于理性思维,在历史上未能创造出大陆法系引以为自豪的犯罪构成体系,这是毋庸讳言的事实。但我们也决不悲观到这样一种程度,即使引入大陆法系的犯罪构成体系,我们也在思维习惯上适应不了、接受不了,决不至于如此。

【叶慧娟】(北京大学法学院博士研究生):

我的第一个问题是,大塚仁先生提出,犯罪论体系应具备两个特征:一是逻辑性,二是实用性。就逻辑性而言,西方国家见长于逻辑思辨,尤其是德国。中国人不擅长逻辑思辨,但却注重功利。我们现有的耦合式的犯罪构成体系虽有种种弊端,但因其适用起来比较简便,所以为实践部门所接受。我们现在改革现有的犯罪构成体系,因为同为成文法国家的缘故,更多学习大陆法系国家,其犯罪构成要件理论集中体现了逻辑性(这并不是说其实用性就差)。但就实用性来说,或许英美法系更注重法律的实用性。霍姆斯大法官就曾说过:"法律的生命不在于逻辑,而在于经验。"在此种观念指导下的英美法,其实用性我们是不是可以说要超出大陆法理论呢?但实际上我们在学习时很少谈到对英美法系的借鉴。陈老师,您能谈一下对这个问题的看法吗?英美法系的犯罪构成体系对我们构建中国的犯罪构成体系有什么借鉴意义吗?

我的第二个问题是,刚才您说应该允许大家提出各种不同的犯罪构成体系,不断碰撞,逐渐达成共识,这是不是可以看作是一种渐进的过程?理论是用来指导实践的,犯罪构成理论也终将体现于我们的法律之中。那么法律怎样来因循这种渐进的理论变革形式?是等到理论彻底定型、成熟了再吸纳进来呢,还是像新中国建立初期在立法问题上采取"成熟一项立一项"的原则那样,理论上成熟一部分就规定一部分呢?如果采取第二种方法的话,现有的犯罪构成体系与引入的犯罪构成体系之间必定有冲突,那又怎样去协调?

【陈兴良】:

关于第一个问题,涉及对英美法系的犯罪构成理论的借鉴问题。英美法系的犯罪构成体系,被储槐植教授形象地称为双层次的犯罪构成体系。储槐植教授指出,在英美刑法中,犯罪行为和犯罪心态是犯罪本体要件。犯罪成立,除应具有犯罪主体要件外,还必须排除合法辩护的可能,即具备责任充足条件。在理论结构上,犯罪本体要件(行为和心态)为第一层次,责任充足条件为第二层次,这就是美国刑法犯罪构成的双层模式。英美法系的这种犯罪构成体系之形成,与其判例法的特点和对抗制的诉讼程序有着十分密切的关系。在《本体刑法学》一书中,我曾经对英美法系的双层次犯罪构成体系作过以下评述,英美法系的犯罪构成体系是一种双层次结构,本体要件与合法抗辩形成犯罪认定的两个层次,在犯罪构成中介入诉讼要件是英美刑法中所特有的,由于合法抗辩的存在,这种双层次的犯罪构成体系在认定犯罪中引入了被告人及其辩护人的积极性,利用这一民间司法资源使犯罪认定更注重个别正义的实现。英美法系的这种犯罪构成体系的形成,与其实行判例法有着极大关系,合法辩护事由主要来自判例的总结与概括。由于英美刑法中的双层次的犯罪构成体系具有这种法系特征背景,成文法国家是难以效仿的。当然,这里的难以效仿,并非否定英美法系的犯罪构成体系对于我们的借鉴意义。实际上,我的罪体—罪责—罪量的犯罪构成体系,就受到英美法系的犯罪构成体系的影响。我在《刑法哲学》中,按照主观恶性与客观危害这样一种两分法讨论犯罪成立条件。把心神丧失、意外事件和不可抗力作为主观恶性的阻却事由,又把正当防卫、紧急避险作为客观危害的阻却事由。在《本体刑法学》中,罪体—罪责—正当化事由的犯罪认识模式,虽然正当化事由未纳入犯罪构成体系,但还是存在英美法系犯罪构成体系的思维痕迹。

关于第二个问题,涉及立法与理论两个层面。就立法而言,如前所述,犯罪构成体系主要是一种刑法理论上的构造,与立法关系不大。因此,引入大陆法系的犯罪构成体系或者创立犯罪构成的新体系,都不需要修改刑法。至于理论,它是一个整体,不可能成熟一部分吸收一部分。至于是否定型、成熟了再吸纳进来,我认为,不能以等待的态度对待这个问题。时不我待,不应永远等下去。吸收进来,再根据我国的立法与司法加以磨合,这是应有的态度。

【米传勇】(北京大学法学院博士研究生):

第一个问题,我们为什么要思考犯罪论体系这一问题?或者说思考犯罪论体系问题的价值在哪里?我认为,刑法始终是存在于一定的社会中的,刑法必然要回应自己所处时代的需求。因此,我们现在思考犯罪体系问题,也应该考虑到未来中国社会可能对刑法提出的要求。我的这点想法,是受到日本学者大谷实的启发。在法律出版社新近出版的大谷实教授的《刑法总论》一书的中文版序言中,大谷实教授指出,对中国1997年刑法修订的特征,简单地加以概括的话,就是在维持旧刑法所固定的传统刑法体系的同时,加入了尊重自由主义或者个人主义的理念。如果这种理解正确的话,那么,在刑法的适用或解释上,中国迄今为止的犯罪论体系能否被维持下来,就应当成为问题,或者肯定会成为问题。这大概就是最近在中国的年轻学者当中,对重新建立犯罪论体系表现出强烈兴趣的原因。大谷实教授的这段话,实际上指出了犯罪论体系可能具有价值蕴含的问题。那么,未来中国社会需要一个什么样的犯罪论体系?未来中国刑法的价值取向会是怎样的?我认为,现在的中国社会还不是一个个人权利优位的社会,事实上,我们的社会依然是社会本位的。但是,我们可以看到,个人权利的保护越来越受到重视,从孙志刚案件引起的收容遣送被废除,反映了社会以及政府对于人权保障的重视。市场经济的发展,也必将带来人权观念的勃兴。因此,对犯罪论体系问题的思考也应该考虑到社会的这种发展趋势。我们现有的犯罪论体系继受自苏俄,其实基本上也是照搬的。而苏联的这种犯罪构成理论形成于20世纪的三四十年代。在那个年代产生的犯罪构成理论很难说具有人权保障的意蕴,相反，社会保护可能是它更偏重的功能。因此，我们的犯罪构成理论可能难以承担人权保障的任务。这样，我们思考犯罪论体系问题就具有了一定的价值。改造现有的犯罪论体系就带有必然性。

第二个问题，我们怎样改造现有的犯罪构成体系。从理论上来说，我倾向于同意陈老师的观点，即彻底接受德、日的犯罪构成体系。这种犯罪构成体系，可以反映定罪的过程，逐步收缩刑事责任的范围因而具有强大的出罪机制，因此，可能具有更多的人权保障的机能。从这点来看，大陆法系的犯罪构成体系可能会更符合未来中国社会的要求。

【陈兴良】：

你的两个问题都是自问自答，似乎不需要我来回答。在此，我只想作一点评论，正如你所说，犯罪构成体系的演变与刑法价值观念的发展是具有密切关系的。犯罪构成理论在近代的出现，当然存在思维方法和法律演进等各种原因，但是我认为，不可忽视的一个背景，就是以罪刑法定原则为核心的人权保障思想的兴起。犯罪构成以一种制度化、技术化的形式将法律关于犯罪的规定实体化与定型化，以此限制法学的恣意裁量、使被告人的人权得以保障。对我国犯罪构成理论的发展，也应当在这样一个大的背景下来看待。我始终有这样一个观点，一个国家的法学理论的发达程度取决于这个国家的法治发达程度。很难想见，一个无法无天，采取法律虚无主义的国家，它的法学理论是会繁荣发展的。刑法理论，包括犯罪构成理论也是如此，其发展的原动力来自法治实践。只有刑事法治发展到一定水平，对定罪提出了更加精细化的要求，犯罪构成理论才有发展的实际可能。我相信，随着罪刑法定原则在我国刑法中的确立，更为重要的是，随着罪刑法定原则司法化进程的启动，犯罪构成理论必定会有进一步的发展。

最后，我还想强调一点，就是犯罪构成体系并不仅仅是犯罪成立条件的问题，而是关乎整个刑法理论的发展。引入大陆法系递进式的犯罪构成体系，我个人认为，能够使我们的刑法理论更好地加以整合，因为我们现行的刑法理论存在着种种矛盾，它是一些不同时期引进的不同理论体系的知识、概念的简单的组合，这些知识、概念之间往往存在着一种不匹配的现象，用一句形象的话来说，就像一辆车发动机可能是桑塔纳的，而我们的轮胎可能是夏利的，我们的操作系统可能又是捷达的，所以它就像一辆杂牌车，由不同的零件组装起来的。所以大家可以想象这样一辆车也许能跑，但肯定跑不快，经常出毛病，可能抛锚。因为它不匹配，所以我们的现行刑法理论体系就有点像这样一辆杂牌车。我觉得我们的刑法理论面临着一个整合的任务，也就是说，消除不同知识、概念之间的矛盾，使得它们之间建立一种内存的逻辑关系。在这里最重要的可能就是犯罪构成，因为它是这个体系的基础，就像汽车的发动机一样，它直接决定这辆车的性能，其他的零件要与发动机相匹配，而不是让发动机去匹配其他的零件。我们首先要把最重要的犯罪构成体系确定下来，然后再来整合其他刑法知识。

直接引入大陆法系国家的递进式犯罪论体系，我觉得也便于和大陆法系国家的刑法理论之间的交流与沟通。从整个大陆法系的范围来看，我们过去的犯罪客体、犯罪客观方面、犯罪主体、犯罪主观方面的犯罪构成体系是非常特殊的，和大陆法系的犯罪构成体系是有很大差别的，这种差别就造成了沟通上的障碍。但我们又不断从大陆法系的理论体系中吸收一些概念和知识放到我们这个知识体系中来。但是犯罪构成体系不同，所以你把他的那套概念吸收进入以后就会形成矛盾。就像两辆汽车发动机不一样，你把他的零件配到一起就不合适，他那个零件只能配他那个发动机，配你这个发动机就是不匹配的。

我们的犯罪构成体系和大陆法系国家完全不一样,就影响了吸收他的知识,就像铁轨,我们是窄的,他们是宽的,所以这个火车想开到他们的那个铁轨上就开不过去,他们的火车也开不过来,“铁轨”的宽窄就限制了沟通。直接引用大陆法系国家的递进式的犯罪论体系,我觉得能够解决知识体系上的沟通问题。大陆法系国家的递进式的犯罪论理论有很长的历史,基本上已经定型。在这种情况下,采取“拿来主义”是最简便、也是最经济的方式。在这个基础上,再来进行研究就意味着站在一个较高的理论平台上能够和他们进行对话,否则就没有办法进行对话。正如冯军教授所说的,学了中国的犯罪构成理论的这些学生到德国、日本去留学,你这套理论算是白学了,到那里还得重新学习他们的犯罪构成理论。因为你学的这一套与他们的是两回事,没有办法沟通。我们过去的自然科学强调国际通用性,但人文社会科学知识现在也要强调国际通用性,你不要另创一套,直接采用他的那套构成要件理论,学了之后就可以直接和他们沟通,在这个基础上再去进行理论探讨,就可以减少很多麻烦。要不然就会走很多弯路,因为一入学就讲耦合式的犯罪构成体系,然后学完了去看日本的、德国的刑法教科书,而他们的又是与所学不一样的,我们还是得再学习他们的犯罪构成体系,这里就有大量的重复劳动。所以我个人觉得直接引入大陆法系的递进式的犯罪构成体系应当是一种比较简便的方法。

过去我们对于大陆法系国家的犯罪论体系已经有了不少的介绍,包括直接翻译的刑法教科书。但我们过去是将其当作外国刑法知识来介绍和学习的。如果我们要把这一套犯罪构成理论引进来,就不是再当作外国刑法理论来学习,而是当作中国刑法理论来学习,并在将来用这套犯罪构成体系来指导定罪活动,这是一个重大的转变,当然这个转变是要逐渐的来完成,而不可能一朝一夕完成。在这个过程中,我们学者需要做很大的努力。

今天和大家共同讨论这个问题,也可以说是这种努力的一部分,谢谢同学们参与讨论。

(本文整理自2003年11月24日北京大学法学院2003级博士生刑法专题课堂讲授稿)

专题九　犯罪论体系的去苏俄化

各位同学,大家晚上好!

今天晚上很高兴来到中国政法大学参加这个讲座,感到很荣幸。在讲这个题目之前,我想先就我们今天晚上这个题目稍微作一点讲解。因为在座的主要是本科生,有的同学可能已经学过刑法,有的同学可能还没有学过刑法。在这种情况下,理解犯罪论体系的去苏俄化这样一个命题可能会有一定的难度,因此需要对这个题目本身来做一点说明。

我记得钱钟书先生在1979年出版了200多万字的四卷本的巨著《管锥篇》,这部巨著名满天下,在中外都产生了很大的影响。外国学者到中国来都想见钱钟书先生,钱钟书一概予以拒绝。他说了一句非常风趣的话,一个人偶尔吃到一个鸡蛋而且觉得味道很好,但有必要看是哪只老母鸡下的吗?他说没有这个必要,鸡蛋就是鸡蛋,没有必要看是哪只老母鸡生的。

我想用钱钟书说的话来说明这个题目,我们的题目讲的是对刑法知识论的考察。也就是我们的刑法知识到底是从哪里来的,这里讲的去苏俄化主要是对从苏俄传到我国的有关刑法知识做某种清理。在座的同学可能学过刑法,只是知道刑法的基本内容,但是刑法知识到底是从哪里来的,哪些是从苏俄来的?哪些是从德日来的?可能不是完全了解,但是从刑法知识论的角度来说,在对刑法知识做清理的时候,我们不仅要知道这些知识而且要知道它们到底是从哪里来的。从这个意义上说,我们不仅要吃这个鸡蛋而且要知道这个鸡蛋是哪只老母鸡生的。这也是对某种知识的一种追溯、一种学术史的考察。

今天我的题目主要围绕三个方面:一是苏俄,苏俄四要件的犯罪构成理论本身是如何形成的;二是苏俄化,中国刑法是如何被苏俄化的;三是去苏俄化,也就是对苏俄传入中国的四要件的犯罪构成理论进行一个考察,论证去苏俄化的必要性和正当性。

第一个方面:苏俄

苏俄犯罪构成理论体系到底是如何形成的,它有一个历史还原。我们这里讲的犯罪构成理论体系就是苏俄的四要件的犯罪构成论,也就是把犯罪构成分为四个要件:犯罪客体、犯罪客观方面、犯罪主体、犯罪主观方面。苏俄这种犯罪构成理论本身并不是苏俄产生的,如果追述它的源头也同样来自于德国,具体来说,来自德国的费尔巴哈。也就是说,苏俄四要件的犯罪构成论和费尔巴哈的构件要件概念之间存在着某种渊源关系。

为了使我们对德国和苏俄之间的关系掌握得更加清楚,我想给出三个时间。第一个时间是1801年,这一年德国著名的刑法学家费尔巴哈出版了他的《德国刑法教科书》。第二个时间是1881年,这一年德国另外一名刑法学家李斯特出版了他的《德国刑法教科书》。第三个时间是1906年,这一年德国著名的刑法学家贝林出版了他的《犯罪论》这本书,正式创立了构成要件论。以这三个时间段为参照,我们再来看苏俄的情况。我们都知道苏俄是1917年"十月革命"以后建立的,在之前是俄罗斯帝国时期,这个时期的刑法学家较为知名的是塔甘采夫,他引入了费尔巴哈的构成要件学说,他采用的分析方法是法律关系的方法。

法律关系一般分三部分:一是主体,法律关系的主体;二是客体,法律关系的客体;三是法律关系的内容,一般的法律关系的内容指的是权利和义务。塔甘采夫采用这样一种三分法就把犯罪成立条件区分为犯罪主体、犯罪客体和犯罪行为本身。这样就出现了犯罪主体和犯罪客体这样一些概念,塔甘采夫创立的犯罪构成论的雏形和费尔巴哈的构成要件观念有一些区别。“十月革命”以后建立了世界上第一个社会主义国家,在社会主义国家建立之初,对在社会主义国家要不要制定刑法典,甚至在社会主义国家要不要法律本身存在很大的争议。当时存在一种法律虚无主义思想,认为法律是商品关系的反映,而社会主义国家是建立在计划经济基础之上的,已经消灭了商品关系,因此,在社会主义国家应该废除法律。这样的法律虚无主义思想反映在刑法之中,表现为认为在社会主义国家不应该制定刑法,把刑法典看成是形式主义的东西,是资产阶级法制的表现。后来,这种观念有点转变,认为还是应该制定刑法,但制定一部刑法总则就可以了。在刑法总则中规定犯罪实质概念,这个犯罪的实质概念是以社会危害性为中心的,某种行为只要具有社会危害性就应当认定为犯罪,如果没有社会危害性就不应该视为犯罪。至于刑法分则,那是不需要的,有了刑法总则以及以社会危害性为中心的犯罪实质概念以后,法官就可以此来判断具体犯罪。法官认为某种行为具有社会危害性,就可以定罪,没有社会危害性就不能认定犯罪,而没有必要制定刑法分则。由此可见,在苏维埃国家建立初期,在刑法领域法律虚无主义的思想还是很严重的,苏俄的犯罪构成论就是在这样一种背景下产生的。

在讲到苏俄的犯罪构成论的时候,不得不谈到两个人物,一个叫皮昂特科夫斯基,另外一个叫特拉伊宁,这两个人可以说是对苏俄的犯罪构成论的产生具有重大影响。他们两个人实际上代表了两个派别,皮昂特科夫斯基所代表的被称为是教科书派,这里所说的“教科书”是指苏联司法部全苏法学研究所主编的《苏联刑法总论》这套教科书。这套书里的犯罪构成论部分正好由皮昂特科夫斯基执笔,这个犯罪构成论就是四要件的犯罪构成论。四要件的犯罪构成论就是刑事责任的唯一依据,犯罪构成是犯罪成立条件的总和。这样一种以教科书作为载体所传播的四要件犯罪构成论在苏俄占据了主导地位。

另外一位是特拉伊宁,他专门对犯罪构成做了研究,他有一部重要的著作——《犯罪构成的一般学说》,这本书前后出了三版,特拉伊宁的犯罪构成思想主要体现在这本专著里。这二人的犯罪构成论的思想之间存在着某种对立,皮昂特科夫斯基的思想被称为教科书派,特拉伊宁的思想被称为反教科书派,两者的冲突主要表现在对犯罪构成的理解上。教科书派把犯罪构成理解为是一般性、共同性、总则性。所谓一般性是指确立了一般的犯罪构成这样一个概念,认为存在着一般的犯罪构成,而犯罪构成是犯罪成立的总和。所谓共同性是指存在着共同的犯罪构成要件,把犯罪主体、犯罪主观方面、犯罪客体、犯罪客观方面这四个要件看作犯罪构成的共同要件。总则性是指教科书派强调犯罪构成是总则性的概念,犯罪构成的具体内容是由总则、分则共同来形成的。与教科书派对犯罪构成的理解完全相反,特拉伊宁强调的是犯罪构成的具体性、个别性和分则性。特拉伊宁一再强调,犯罪构成是具体的、现实的,而且根本就不存在一种一般的犯罪构成。特拉伊宁还认为,犯罪构成是个别的,这种个别的犯罪构成和皮昂特科夫斯基主张的一般的犯罪构成也是相对立的。尤其值得注意的是特拉伊宁强调犯罪构成的分则性,犯罪构成是指由刑法分则罪状所规定的犯罪成立条件,特拉伊宁把刑法分则罪状所规定的犯罪成立条件称为犯罪构成的因素,在特拉伊宁的思想中犯罪构成的因素是犯罪构成论的主体部分,从而与教科书派主张的一般的犯罪构成之间存在着一种对立关系。

例如,特拉伊宁曾经认为,所谓的责任能力根本就不是犯罪的因素,法律之所以惩罚一个人,并不是因为这个人身体健康,而是因为他在身体健康的条件下实施了犯罪行为。因此,特拉伊宁就认为,责任能力应该是在犯罪构成之前讨论的一个问题,而它本身并不属于犯罪构成的因素。这种观点和教科书派所主张的四要件的犯罪构成论显然是矛盾的。另外,按照教科书派的观点,犯罪主体当然是犯罪成立的一个要件,如果没有犯罪主体犯罪就不能成立,而且教科书派所主张的犯罪构成指的是犯罪成立条件的总和。而特拉伊宁所指的犯罪构成因素实际是指刑法分则所规定的某个具体犯罪构成的条件,这样一种刑法分则所规定的具体犯罪成立条件就相当于德国著名的刑法学家贝林所讲的构成要件。贝林所讲的构成要件是分则性的,是犯罪成立的第一个条件,他和教科书派所讲的作为犯罪成立条件总和的犯罪构成是完全不一样的。

因此,在苏俄犯罪构成论当中存在以皮昂特科夫斯基为代表的教科书派的观点,也存在着作为其对立面的以特拉伊宁为代表的反教科书派的观点。从现在所掌握的资料来看,在整个苏俄刑法学中,教科书派还是占到了主导地位,而特拉伊宁关于犯罪构成因素这种思想是边缘的,甚至不断受到批判,在这种批判下特拉伊宁本身也存在着某种思想上的动摇,由此特拉伊宁这本书的前后三版在对犯罪构成的理解上也是摇摆于作为犯罪成立条件总和的犯罪过程和作为犯罪成立特殊条件的重要因素这两者之间。

第二个方面:苏俄化

苏俄化指的是中国的法学存在一个苏俄化的过程,这个苏俄化的过程主要发生在20世纪50年代初,具体来讲是1950年到1958年的上半年这样一个短暂的时间内。因为1949年中华人民共和国成立后,由于政治上向苏联一边倒,因此,在法学上也完全引入了苏俄的法学。不仅在刑法学中,而且在其他的部门法当中,都引入了苏俄的有关法学知识。

在刑法中,虽然这种苏俄化的过程是一个比较短暂的过程,但受苏俄的影响是很大的。这里需要考虑的问题是,我国的犯罪论体系接受了四要件的犯罪构成理论,那么我国接受的到底是教科书派犯罪构成论,还是特拉伊宁反教科书派观点?对这个问题,我们过去的具体分析还不够。但是,如果我们用苏俄刑法知识传入中国的具体时间表来看,我们就会得出结论:我国在20世纪50年代在苏俄化的过程中所接受的犯罪构成论,实际上是以皮昂特科夫斯基为代表的教科书派的观点,而不是以特拉伊宁为代表的反教科书派的观点。苏联司法部全苏法学研究所主编的《苏联刑法总论》这本书,在1950年就由上海的大东书局翻译出版,在我国产生了较大的影响。与此同时,我国还翻译出版了其他一些苏俄刑法教科书,尤其是苏俄的刑法专家到中国人民大学来讲授刑法,培养了一批新中国的刑法学家,包括我的导师高铭暄教授,也包括刚去世的武汉大学马克昌教授等人,他们是新中国的第一代刑法学家。我们来看一下特拉伊宁的《犯罪构成的一般学说》,它是1958年8月才由中国人民大学出版社出版。但从1957年开始,我国就已经“反右”,此后就进入政治运动当中,犯罪构成就被打入禁区,整个刑法当中,不能再讲犯罪构成。由此可见,当1958年8月特拉伊宁的《犯罪构成的一般学说》这本书被翻译介绍到我国来的时候,我国犯罪论体系的苏俄化过程早在20世纪50年代就已经基本完成。从这样一个苏俄刑法著作在我国出版的时间表来看,我认为,我国接受的是教科书派的观点,而不是特拉伊宁的观点。从1958年到1978年,在这长达20年的时间里面,我国处于政治动乱之中,整个法制建设中断了,刑法学的研究也完全进入一个休眠期。从1978年开始,我国进入了改革开放的新的历史发展时期,尤其是1979年7月6日,颁布了第一部《中华人民共和国刑法》。从20世纪80年代初期开始，我国刑法学开始在一片废墟的基础之上，恢复重建。这种恢复，主要是指对20世纪50年代初从苏俄引进的犯罪构成论的一种恢复。其中，以1982年出版的高铭暄教授主编的统编教材《刑法学》为代表。应该说，高铭暄教授的《刑法学》在20世纪80年代初的出版，标志着我国刑法学的恢复重建，并且奠定了此后20多年来我国刑法学的主流学说。在这部刑法学教科书中，采用了四要件的犯罪构成体系。这个四要件的犯罪构成体系，基本上就是以皮昂特科夫斯基为代表的教科书派的观点，把四个犯罪过程要件理解为犯罪构成的总和，在此基础上来建构犯罪论的体系。过去往往说我国犯罪构成理论的发展受特拉伊宁的影响，但正如刚才我所说的，特拉伊宁的《犯罪构成的一般学说》这本书，是1958年8月才翻译介绍到中国来的，在这个时候，中国刑法知识的苏俄化过程在20世纪50年代初就已经完成了。

从20世纪80年代初开始，我国刑法学犯罪构成理论的恢复重建当中，特拉伊宁的《犯罪构成论》这本著作，确实产生了影响。但这种影响恰恰表现为当时极少数我国学者对四要件的犯罪构成论提出质疑、进行批评的学术资源。在20世纪80年代初期，我国有些学者就对四要件进行了批评，其中有一篇文章提出犯罪主体不是犯罪构成要件，之所以认为犯罪主体并不是犯罪构成要件，是因为它主要采用的理论依据就是特拉伊宁在犯罪构成一般学说里面所反映的思想。在这种情况下，由于采用特拉伊宁这种思想去批评四要件犯罪构成论，除了犯罪主体外，其他学者对犯罪客体是不是犯罪构成要件也进行了讨论，但这个时期的讨论由于是在整个苏俄刑法学知识框架内讨论，最终还是无疾而终。

20世纪80年代末期，尤其是90年代后，我国逐渐引入了德日的刑法知识。最初的时候，主要是日本的刑法知识，后来又引入了一部分德国刑法知识。德日的三阶层犯罪论体系引进来以后,就与苏俄的四要件的犯罪构成理论之间形成了一种竞争关系,一种学术上的竞争。应该说,三阶层的犯罪体系引入我国,对我国的刑法学在20世纪90年代以后的发展提供了一种学术资源。

这30年来,我国的刑法学发展很快。但是我们也可以看到,在我国目前的刑法知识当中,存在着来自苏俄的四要件的犯罪构成理论和来自德日的一些具体的刑法知识之间的冲突,而犯罪论体系是刑法中犯罪论的基本理论框架。就苏俄的刑法知识而言,目前在我国仍然有影响的就是这样的四要件的基本框架,但是目前我国刑法学中的具体内容实际上都是来自德日刑法学。比如,因果关系理论过去采用的是来自苏俄的因果关系必然性、偶然性的观点,但现在越来越多的人采用来自日本的相当因果关系的理论、德国的客观归责理论。又如,过失犯的理论,现在越来越多的人采用日本的过失理论,所谓的旧过失论、新过失论和新新过失论,是以作为义务为核心来揭示过失的构造。再如,在不作为犯的领域,也越来越多地采用德日的一些学术观点,例如,等置性理论、保证人地位理论、义务犯理论等。除此以外,在未遂犯、共犯以及罪数论领域,占主导地位的都已经是德日的学说。但是,这些刑法知识都与三阶层的犯罪论体系相关。比如,在共犯理论当中,存在着共犯的从属性说,共犯的从属性程度和三阶层是相对应的,和四要件之间是不衔接的。所以目前在我国的刑法知识中,来自苏俄的四要件作为一个框架,和框架下面的内容之间存在着理论上的冲突。正是在这个背景之下,我国刑法学界就出现了用三阶层的犯罪体系来取代苏俄的四要件的犯罪构成理论的呼声。这就出现了一个所谓去苏俄化的问题,所以下面我想重点讲去苏俄化的问题。

第三个方面:去苏俄化

去苏俄化的命题是我首先提出来的。在2005年《政法论坛》第5期上我发表了一篇论文,题目叫作《刑法知识的去苏俄化》。在刑法知识的去苏俄化当中,犯罪论体系的去苏俄化是主要的。去苏俄化这样一个命题提出以后,受到了来自各方面的很大压力。有相当一部分学者认为,四要件的犯罪构成理论虽然来自于苏俄,但是目前已经被本土化了,已经成为我国刑法理论的通说,并且对司法实践有重要影响。在这种情况下,如果四要件的犯罪构成理论存在某种缺陷,可以通过改善的方法来加以发展,而没有必要推倒重来。这种思想受到相当一部分学者的赞同。而主张用三阶层来取代四要件,以及用犯罪论体系去苏俄化的学者反而比较孤独。在这种情况下,我们就需要对四要件的犯罪构成论来作一个内在的分析,尤其是要把四要件和三阶层来作一个对比,来考察一下四要件的犯罪构成论所存在的问题是不是可以克服的问题。如果这些问题是可以克服的,不需要推倒重来,那么用三阶层来取代四要件就是没有必要的。如果四要件内部存在的一些缺陷是根本性的,是无法克服的,那么去苏俄化就具有正当性。下面我想从三个方面来对苏俄的四要件的犯罪构成论进行理论上的清理。

(一) 分则和总则:犯罪构成的规范分析

关于这个问题,我们应当从贝林开始说起,贝林是构成要件论的创立者。我认为,贝林在1906年出版的《犯罪论》这本书中所创立的构成要件理论,可以说是刑法教义学的奠基之作。过去我们往往把刑法学的历史追溯到李斯特和费尔巴哈。但是我认为,真正的刑法学历史是从贝林开始的,是从1906年开始的。至于贝林1906年出版《犯罪论》这本书创立构成要件理论之前的历史,那只不过是一段刑法学的前史而已。因此,我们要理解刑法学,尤其是要理解犯罪构成体系,必须要回到贝林,贝林是犯罪论体系的原点,我们要回到原点,从原点出发。尽管贝林的构成要件论在此后100多年的发展过程当中也已经被改得面目全非了,但这也丝毫不能否定贝林的构成要件论在近代刑法学发展史上的重要贡献。贝林的构成要件是刑法分则所规定的一种犯罪的客观轮廓,因此,贝林的构成要件论,是由分则规定的,是具有分则性的。在贝林之前,费尔巴哈就提出了罪刑法定原则,罪刑法定原则的一个基本含义就是法无明文规定不为罪。这里所讲的"法",指的就是刑法分则。

在贝林之前,虽然费尔巴哈创立了罪刑法定原则,但这个原则本身还是比较空洞的,仅仅是一种法律的理念,一种法律原则。正是贝林创立了构成要件论,构成要件就为罪刑法定原则提供了制度性的保障。"法无明文规定"中的"法"指的就是刑法分则,刑法分则正是通过设立犯罪的构成要件来加以规定的,构成要件就成为限制国家司法权的一种制度性保障。在这种情况下,"没有法律就没有犯罪"这句格言的真实含义就表现为"没有构成要件就没有犯罪",构成要件就成为犯罪成立的第一个条件,所以贝林将构成要件理解为犯罪的一个轮廓。他关于构成要件打过两个比喻,是非常形象的。其中一个比喻说,可以把构成要件看作一个钩子,而把案件看作一件衣服,我们有了构成要件这个钩子,就可以把案件像挂衣服一样挂起来。贝林的这样一个比喻,充分地揭示了构成要件在整个犯罪中的支撑作用,也就是我们经常说的一句中国成语"提纲挈领",起到一种"纲举目张"的作用。一个犯罪案件的要素很多,但在这些要素中只有构成要件起到框架作用,只要抓住了构成要件,其他的要素就会依附于构成要件而存在,因此,构成要件是犯罪的纲领。贝林对构成要件的另外一个比喻是，如果把犯罪比喻成一个音乐作品，构成要件就是这个音乐作品的主旋律，主旋律不等于整个音乐作品，因为音乐作品的要素是很多的，但是主旋律是最能反映一个音乐作品的思想深度和艺术内容的指标。

贝林的构成要件理论，我认为是非常重要的，它指引我们在定罪的时候首先从分则出发，要看行为在分则当中有没有规定，也就是说，要看行为是否具备构成要件，如果不具备构成要件就不存在犯罪。在苏俄的刑法学中，我前面已经讲了，特拉伊宁对构成要件因素的理解比较接近于贝林，他强调犯罪构成的分则性，强调犯罪构成存在于罪状之中。特拉伊宁曾经讲过一句很形象的话：罪状是犯罪构成的住所。犯罪构成是住在分则里面的，而总则所规定的犯罪主体、犯罪客体并不是犯罪构成的要件。但是我们所接受的教科书派的观点，恰恰强调的是犯罪构成的总则性，强调的是一般的犯罪构成概念，尤其是强调犯罪的实质概念，强调社会危害性在认定犯罪中的主导地位。在这种情况下，四要件是从对犯罪行为的社会危害性作一般性的判断开始，因此这是两种完全不同的思维。

贝林的构成要件论采用的是一种先分则后总则的逻辑思维，从分则入手，看有没有构成要件，如果有了构成要件，再来看总则所规定的犯罪的其他条件，如果没有构成要件，那么定罪的过程就中断了。这是分则优先的一种思维，是从个别到一般。而皮昂特科夫斯基所代表的教科书派的观点，是从一般到个别，从总则到分则。表面上看来，只是一个思路的不同，是先考虑分则还是先考虑总则，但这两者存在着重大差别，这种差别也正是三阶层的定罪方法论和四要件的定罪方法论之间的根本区别之所在。目前，我们采用的是后者。

比如，我曾经举过一个例子。在上海有一起案件，被告人为了报复他人，潜入他人的股票账号，采用对他人的股票进行高买低卖的操作方法使他人财产受损失。所谓对他人股票进行高买低卖，是一种使他人受损失的方法,因为在一般情况下,我们股票买卖是要低价买进高价卖出,是低进高出,但他反其道而行之,使他人财产受到损失。在考虑这个案件时,就涉及这个行为能不能按照《刑法》第 275 条故意毁坏财物罪来定罪,最后法官认定这个行为构成了《刑法》第 275 条所规定的故意毁坏财物罪。但是在判决书的论证中,法官首先引《刑法》第 2 条关于刑法任务的规定,刑法的任务包含了保护公民个人的合法财产;然后引《刑法》第 13 条关于犯罪概念的规定,认为这个行为侵害了他人的财产所有权,应当受到法律制裁;最后才引《刑法》第 275 条关于故意毁坏财物罪的规定。从他引用法条的逻辑顺序可以看出,他首先是按照刑法总则的规定来判断这个行为具有社会危害性,然后找具体条文。因为根据刑法总则已经认为这个行为具有社会危害性,应当受到刑法处罚了,再找具体法条时,就很容易作出有罪的认定。我认为,这种从总则出发来思考问题,是很容易入罪的。这也是四要件的犯罪构成论本身所存在的一个根本性缺陷。相比较之下,三阶层的犯罪构成论,首先从分则规定的构成要件出发来考虑,使构成要件起到了一种对定罪这种司法活动的限制机能,有利于保障公民的权利和自由,这是第一个视角。

(二) 违法与责任:犯罪构成的结构描述

三阶层的犯罪构成论,是建立在违法与责任这两大支柱的基础之上的。构成要件该当性和违法性这两个要件属于不法的内容,而有责性是责任的内容。因此,三阶层虽然是三个要件,但其核心内容是两个:一是不法,二是责任。不仅如此,更为重要的是三阶层是建立在不法和责任之间逻辑关系的位阶基础之上的,也就是不法和责任之间存在着逻辑上的位阶关系。这种位阶关系表现为不法不以责任为前提,而责任必须要以不法为前提。

所谓不法不以责任为前提,就是不法是独立于责任的,因而必须要承认没有责任的不法,也就是一个行为是不法,可以离开责任判断,与责任没有关系。不法可以是有责的不法,也可以是无责的不法。

另外,责任必须要以不法为前提,不存在没有不法的责任,没有不法的责任是难以想象的。因此,责任必然以不法为前提,这就是不法与责任在逻辑上的位阶关系。这种位阶关系就要求在定罪的时候首先确定一个行为是否存在不法,然后再考虑行为人要不要对不法来承担责任。

不法的判断,通常来说是一般的判断;而责任的判断,通常来说是个别的判断。不法的判断,通常来说是客观的判断;而责任的判断,通常来说是主观的判断。因此,在三阶层的犯罪体系中,不法与责任两个逻辑关系是这个犯罪论体系的灵魂,是它的内在逻辑关系。

但是在四要件的犯罪构成论中,不存在不法与责任这样一种关系,四要件的犯罪构成论不是以不法和责任为支柱来建立的,而是以主观和客观为支柱来建立的。所以四要件总是在强调一个基本的原则,就是"主客观相统一",这种主客观关系更多的是存在论的关系,而不法与责任的关系更多的是规范论的内容,所以两者是有重大区别的。不法和责任在一定条件下也可以还原成主观与客观的关系,但是不法与责任和主观与客观的关系又不能完全等同。

尤其值得注意的是,在四要件的犯罪构成论中,四个要件间是一种互相依存的关系,而不存在逻辑上的位阶关系,这一点是四要件和三阶层的根本区别,一种内在结构上的差别。四要件中的四个要件是互相依存的,都不能独立于另外一个而存在,必须依存于另外一个要件而存在,因此出现了一个一有俱有、一无俱无的关系。只要一个要件有,其他要件必然同时具备,即一个要件是以其他三个要件存在为前提的,一个没有,其他三个都没有。我们可以举一个很简单的例子,可以回去看看教科书上是如何定义犯罪主体的。

犯罪主体是指具备刑事责任能力、达到责任年龄、实施了犯罪行为的人。我们都知道,责任能力和年龄当然是犯罪主体的内容,但是实施犯罪行为明明是犯罪构成客观方面内容,这能否在犯罪主体的概念当中出现呢?但是我们可以设想一下,如果在犯罪主体的概念当中,把实施了犯罪行为这样一个要素抽离,那么就会出现非常荒谬的情况。那么我们任何人都会成为犯罪主体,因为我们只要达到了法定的年龄,具备了这种能力都成了犯罪主体,这显然是荒谬的。因此,为了限制犯罪主体,说犯罪主体是已经犯了罪的人的这种主体资格。因此也必然要在犯罪主体的内容当中包含实施犯罪行为的内容。犯罪客体也是这样。什么叫犯罪客体,犯罪客体是刑法所保护而为犯罪行为所侵害的社会主义的社会关系,而当这个社会主义的社会关系没有受到侵害的时候,它是不可能成为犯罪客体的。因此,犯罪主体、犯罪客体都已经假定了犯罪存在的前提。

在这种情况下,四要件之间是一种互相依存的关系,你中有我,我中有你,不能互相独立。由此带来一个根本性的问题是,我们在认定犯罪行为时首先要判断哪个要件,是先判断主体还是先判断客观方面,还是先判断主观方面,在四要件这样一个架构中,没有一个必然、唯一的结论,而在这一点上,三阶层完全不同。三阶层必须要先考虑不法,然后再来考虑责任,没有不法就不可能有责任,因此,通常表现为先作客观判断再作主观判断,客观判断通常是不法的判断,主观判断通常是责任的判断。但是在四要件中不存在这样的一个顺序,不存在这样一个位阶关系,在判断的时候往往就是哪一要件有就先判断哪一要件。而在目前我国司法实践的定罪过程中,先作主观判断后作客观判断这种思维的路径比比皆是。先作主观判断,主观故意都有了,就会认为客观上的犯罪行为也会有。因此,犯罪构成要件之间的逻辑关系,我认为,它并不是一个简单的犯罪成立条件的排列顺序问题,不是技术性的问题,而是功能性的问题。在这一点上,四要件存在着难以克服的根本性缺陷。实际上,犯罪成立条件到底是三个或者两个或者四个甚至五个都没关系,关键是要在这些犯罪成立条件之间确立一种逻辑关系,一种逻辑上的位阶关系。这个逻辑关系就是以不法与责任为核心来建构的。但是,如果按照不法与责任来对四要件进行重新组合、架构,那么就已经不是四要件了。尤其有些学者主张对四要件进行改造,但是经过改造以后的东西根本就不是四要件,不是原来那个东西了。在这里我想强调的一点是,三阶层、四要件并不是一个形式上的问题,而是一个内在的逻辑关系问题。

(三)出罪与入罪:犯罪构成的功能考察

对于定罪的问题,它主要是区分罪与非罪。在这里面有一个入罪的问题,同时有一个出罪的问题。你要把这个行为认定为犯罪,而把无罪的行为排除。对于入罪和出罪,它是定罪的两个方面:一个是正面的,一个是反面的。在三阶层的犯罪论体系中,入罪和出罪是同时完成的,统一于一个逻辑过程。在入罪的过程中,就不断地将非罪行为予以排除,入罪的过程同时也是出罪的过程,两者处于同一进程中。三阶层理论的三个阶层成为入罪的三个门槛,同时也成为出罪的三个环节。

首先是构成要件该当性,如果行为不具备构成要件该当性,就不构成犯罪。具备了构成要件该当性以后,再来考虑是否具有违法性,也就是是否存在违法阻却事由。如果存在违法阻却事由,即使具备了构成要件该当性,也被排除在犯罪之外。只有具备了违法性,才能进入到有责性环节的判断。尽管具备了构成要件该当性和违法性,但却存在责任排除事由,那么同样被排除在犯罪之外。只有同时具备构成要件该当性、违法性、有责性，定罪经过这三个门槛，最终才达到犯罪。因此，三阶层的这样一个定罪过程是一个动态的思维过程，它符合无罪推定的原则，就是有罪是最后才得出的结论。得出有罪这个最后结论的过程也就是一个不断将非罪行为予以排除的过程。因此，三阶层这样一个犯罪认定体系，我认为能够合理地实现刑法区分罪与非罪功能。

但是，在四要件的犯罪构成论中，由于这四个要件之间存在着互相依存关系，因此，它对犯罪的审查不是像三阶层一样分为三个环节，而是同时完成。一个要件没有，那么其他要件都没有；一个要件有，那么其他要件都有。关于这个问题，有学者曾经为四要件辩护，你说四个要件一个要件有，其他三个要件都有，这是有利于定罪。但是你难道没有看到对于四要件来说，一个要件没有，其他三个要件都没有了，这难道不是有利于出罪吗？这话听起来似乎是有道理的，在四要件的情况下，一个要件有，其他三个要件都有了，就入罪了。但同时，一个要件没有，其他三个要件都没有了，也同样有利于出罪。也就是说，对四要件的犯罪构成论来说，入罪和出罪机会是同等的，因此，就不能说四要件一定有利于入罪，不利于出罪。这个话听起来是有道理的，但是我们要看一下，到底是谁在推动入罪，而谁在推动出罪。

是谁在推动入罪？公检法。谁在推动出罪？律师。我们把掌握强大定罪权的公检法与律师——社会工作者、自由职业者作一个对比，他们之间力量是那么悬殊，结论就一清二楚了。显然，推动入罪的力量更大一些，推动出罪的力量极其微弱。逻辑上看来好像是对等的，但是在现实的定罪过程中，这两者显然是不对等的。因此，我们才可以说这种四要件犯罪构成论是有利于入罪而不利于出罪的。四要件犯罪构成论把入罪和出罪变成两个过程，不是同一过程。这里面存在一个根本性问题——正当防卫和紧急避险等这样一些所谓的排除社会危害性的行为不是在四要件中讨论,而是在四要件之后再来讨论的。而在三阶层的犯罪论体系中,正当防卫、紧急避险是作为违法阻却事由在违法性中讨论。因此,在三阶层中,如果三个要件同时具备,这个犯罪是一定成立的,因为已经把违法阻却事由排除出去了。但在四要件的犯罪构成论中,即使四要件都具备了,还是有可能存在排除社会危害性的行为,排除社会危害性的行为是在四要件之外来排除的,而不是在四要件的内部来排除的。这里存在的根本性问题就是,社会危害性和四个要件之间到底是什么关系?社会危害性是一种在四个要件之外、凌驾于四个要件之上的实质判断标准。因此,社会危害性可能对四个要件形成某种损毁,使四个要件不能圆满地完成区分罪与非罪功能。可能因为四个要件都有了,但是由于没有社会危害性,所以它不构成犯罪。那么在某些情况下,把社会危害性凌驾于四个要件之上,有可能出现四个要件并不完全具备,但是由于行为具有社会危害性因而就把它入罪。因此,相较于四要件这两种定罪的理论模型,从功能上来看,我认为三阶层是更为合理的。

综上,我对来自苏俄的四要件的犯罪构成论从规范层面、结构层面和功能层面进行了全面的清理。通过这样的清理,我认为可以得出这样一个结论:四要件的犯罪构成论确实存在着某种根本性的缺陷,而这个缺陷是无法通过发展完善的方法来克服的,因此有必要让三阶层来取代四要件,这就是我的结论。谢谢大家!

(本文整理自2011年10月13日中国政法大学“致知讲坛”讲座的演讲稿)

专题十 构成要件论：从贝林到特拉伊宁

各位来宾、各位同学，非常高兴来到中国人民大学法学院主办的“当代刑法思潮论坛”。刘明祥教授在介绍今天的演讲题目时说的是“犯罪构成论——从贝林到特拉伊宁”，我必须纠正一下，我演讲的题目是“构成要件论——从贝林到特拉伊宁”。我今天演讲的目的就是要澄清“构成要件”和“犯罪构成”这两个完全不同的概念。从刚才刘明祥教授的误读来看，这种澄清是有必要的。在论坛的第一讲，张明楷教授演讲的主题是“违法与有责的关系”。违法与有责为现在的犯罪论体系建立了一个框架，违法作为一个价值判断一定是有所依照的，构成要件就是违法判断的对象，而构成要件恰恰是存在误解最多的一个概念。大家都知道，构成要件论是1906年由德国著名刑法学家贝林在《犯罪论》一书中首先提出来并加以确定的。对于贝林所提出的构成要件理论，在相当长一段时间里我们缺乏对其应有的重视。我个人认为，现代的刑法学在某种意义上说是从贝林1906年出版的《犯罪论》一书开始的。在贝林之前的刑法学都是前史而不是当代史，因此，对于贝林的构成要件论我们应当予以足够的关注。

当前我国刑法学界正在进行一场三阶层的犯罪论体系和四要件的犯罪构成体系之间的学术争论，这场争论对于推动我国刑法知识的转型具有重要意义。在这场争论中，我认为核心问题就是厘清构成要件和犯罪构成的关系。犯罪构成理论也就是我们现在所采用的四要件的犯罪构成体系，主要是由苏俄刑法学家特拉伊宁在1947年出版的《犯罪构成的一般学说》一书中确立的。长期以来，特拉伊宁的《犯罪构成的一般学说》一书被我国学者奉为经典，可以说特拉伊宁是对我国刑法理论产生影响较大的外国学者。在这种情况下，我们应当对特拉伊宁的犯罪构成理论进行反思与质疑,尤其是要揭示贝林的构成要件论与特拉伊宁的犯罪构成论之间的逻辑关系。我们来看看贝林的构成要件论是如何演变成特拉伊宁的犯罪构成论的。通过这样一些理论考察,我们能够正确地理解构成要件的原始含义,回到问题的起点,也就是回到贝林。只有这样才能彻底清理我国的刑法知识,从而为我国刑法理论的发展奠定基础。

下面我讲三个问题。

第一个问题是关于贝林的构成要件论的简要介绍。我认为贝林的构成要件论奠定了现代犯罪论体系的基础,因此对犯罪论体系的考察要回到贝林,要看贝林所说的构成要件到底是怎样的含义。我们在论及构成要件论源头的时候往往追溯到费尔巴哈,甚至追溯到13世纪意大利法学的有关内容。但是,构成要件的真正历史是从贝林开始的,因此我们要从贝林开始讨论构成要件论的现代演进。我认为,在考察贝林的构成要件论的时候,需要注意以下问题:

第一,构成要件的定型化机能,也就是说,构成要件论揭示了或者确立了定型化机能,而这种机能恰恰是构成要件论在犯罪论体系中能够发挥其独特作用的根本原因。

这里应该指出,构成要件并不是一般意义上的犯罪成立条件,而是指在犯罪成立条件中能够起到独特作用的要件。这种要件并不是由刑法总则规定的犯罪成立条件,而是由刑法分则中的罪状所规定的犯罪成立的特殊条件,主要是指客观条件。可以说构成要件是犯罪的类型化的基础,是某种犯罪的骨架。对于犯罪的成立来说需要具备许多条件,比如盗窃罪的成立需要在客观上有窃取他人财物的行为,这种行为要对他人财物的控制造成了某种破坏,主观上要有非法占有的目的并且是出于故意。并不是所有的决定盗窃罪成立的主客观要件都是贝林所说的构成要件。贝林所讲的构成要件只是对盗窃罪来说具有定型化机能的那些要素，也就是窃取他人财物，只有窃取他人财物这个要件才是盗窃罪的构成要件。由此可见，构成要件是犯罪的骨架，它决定了犯罪的类型。按照贝林的话来说，构成要件是犯罪的客观轮廓，构成要件虽然不能直接决定犯罪的类型，但是构成要件是前在于犯罪类型的，对于犯罪类型具有某种制约作用。贝林曾经对构成要件进行过形象的比喻，他说构成要件就像一个钩子，有了构成要件就能够把案件挂上去。这句话的意思是，一个犯罪案件包含各种要素，在这些要素中构成要件是一个基本的骨架，抓住了构成要件，整个案件就能把握住。贝林的这个比喻使我想起了中国的一个成语就是"提纲挈领"，构成要件就是犯罪案件的"纲"和"领"，抓住了构成要件，就能立体、客观地对整个犯罪案件加以把握。贝林还有一个形象的比喻，他说犯罪的类型就像一个音乐作品，构成要件是这个音乐作品的主旋律。一个音乐作品是由各种元素构成的，离开哪一个元素都不行，但是在音乐作品中只有主旋律才是决定音乐作品风格、思想深度的要素，构成要件也是这样。构成要件并不等于犯罪成立的所有条件，纳入构成要件的要素只是犯罪成立条件中的一部分，恰恰是这样一部分条件对犯罪有定型化的机能，使某一种行为被称为犯罪。构成要件和其他犯罪成立要素的关系，我认为类似于骨架和血肉的关系，构成要件是骨架，其他要件是血肉。对于生命来说，既要有骨架，也要有血肉。如果光有骨架没有血肉，那么生命便不能存续；如果光有血肉没有骨架，那么这个血肉就无法依附，同样生命不能存续。尽管如此，就骨架和血肉的关系来说，首先需要骨架，有了骨架，血肉才能有所依附，生命才能存续。这样一种观念就是强调了构成要件的定型化机能。我认为这是贝林关于构成要件的一个非常深刻的思想。

第二，构成要件的人权保障机能。人权保障机能恰恰是构成要件所具有的某种价值内容，这也是贝林的构成要件理论所蕴含的深刻思想之所在。应该说罪刑法定原则并不是贝林首创的,罪刑法定思想在1764年意大利著名刑法学家贝卡里亚所出版的《论犯罪与刑罚》一书中已经被提出,但是在贝卡里亚那里罪刑法定仅仅是一种思想而已。在1801年德国著名刑法学家费尔巴哈所出版的《德国刑法教科书》一书中,罪刑法定原则得以确立,并且采用了"法无明文规定不为罪,法无明文规定不处罚"这样一种通俗的语言来表达罪刑法定原则的基本思想。在费尔巴哈那里,罪刑法定仍然是停留在法律的原则上。罪刑法定的真正实现并没有得到确实保障。1906年,贝林出版了《犯罪论》一书,确立了构成要件论,才真正地为罪刑法定原则的实现提供了物质保障。从这个意义上来说,没有构成要件就不可能有罪刑法定。罪刑法定原则最基本的含义就是"法无明文规定不为罪",这里的"法"指的是刑罚性法则,也就是我们通常所说的刑法分则中的罪状,即对构成要件的规定。正是在这个意义上,构成要件是刑法分则所规定的犯罪成立的特殊条件,而不是指刑法总则所规定的犯罪成立的其他条件。所以构成要件可以说是罪刑法定原则所具有的人权保障思想的物质载体,只有通过构成要件,罪刑法定原则才能真正通过立法、解释论来指导我们的司法活动。应该说,过去在一段相当长的时间里,我们对于罪刑法定原则存在误解。比如说我们所理解的法律规定为犯罪,这里的法律规定并不是指法律对犯罪成立所有条件的规定,而是指刑法分则对犯罪成立的特殊条件的规定。只有在这个意义上的构成要件才具有人权保障机能,因为它限制了司法权,对国家刑罚权发动构成某种实体性的条件,如果不具备刑法分则的规定,那么国家刑罚权的发动就缺乏实体性根据。因此,只有从人权保障的价值内容来挖掘构成要件论所蕴含的思想,才能使我们理解构成要件的深刻含义。

第三,在构成要件的定型化机能和人权保障机能之间实际上存在着某种手段和目的的关系,也就是说,刑法的人权保障机能主要是通过构成要件的设置来实现的,这也是构成要件所具有的一种特殊机能。对于这一点,过去在相当长的时间里我们都没有深刻领悟,主要是因为我们在理解犯罪成立条件的时候没有把构成要件放在一个特殊的位置上,没有强调构成要件在整个犯罪成立条件之中的独特地位,而是把构成要件理解为犯罪成立的一般条件,这个意义上的构成要件实际上丧失了其定型化机能,因而也丧失了它的人权保障机能。我们现在之所以要一再强调构成要件的作用,就是希望通过构成要件来实现刑法的人权保障机能。我觉得这一点非常重要。

通过以上的论述我们可以看到,贝林的构成要件论实际上为我们现在的犯罪论体系提供了一个逻辑起点。只有通过贝林的构成要件论才能够实现刑法的人权保障机能,才能为罪刑法定原则的实现提供物质保障。只有从这个意义上理解构成要件,我们才能领会贝林关于构成要件论的思想精髓。

尽管贝林1906年出版《犯罪论》一书距今已经一百多年,贝林的构成要件论在之后又发生了重大变化,但贝林的构成要件论为刑法犯罪论体系的缔造作出了重要贡献,我认为应当予以充分肯定。

第二个问题主要是介绍特拉伊宁的犯罪构成论。特拉伊宁的犯罪构成论中所讲的"犯罪构成"指的是犯罪成立条件的总和,正是在这个意义上,"犯罪构成"和"构成要件"这两个概念完全不同。构成要件只是犯罪成立条件中具有特殊功能的要件,主要是指刑法分则中的罪状所规定的客观要件;但是特拉伊宁所讲的犯罪构成指的是犯罪成立条件的总和,也就是犯罪成立的所有条件,既包括客观条件也包括主观条件,既包括刑法分则中的罪状所规定的犯罪成立的条件,也包括刑法总则所规定的犯罪成立的条件。因此,我认为特拉伊宁的犯罪构成实际上是一种没有构成要件的犯罪构成。经过特拉伊宁的改造以后,在特拉伊宁的犯罪构成里面构成要件的特殊机能丧失了,这也正是构成要件与犯罪构成最大的区别。应该说特拉伊宁的犯罪构成论是在批判贝林的构成要件论的基础上建立起来的。特拉伊宁时代,主要是指20世纪30年代末期至40年代初期,这个时期特拉伊宁的思想与苏俄的法制建设的进程是紧密相连的。特拉伊宁曾经对贝林的构成要件论提出这样的批判:贝林把犯罪构成由日常生活的事实变成了脱离日常生活实际的抽象的东西,变成了时空和生活以外的一个概念。从特拉伊宁的批判中我们可以看出,这种批判是建立在对贝林的误读基础之上。特拉伊宁首先把贝林的构成要件论曲解为犯罪构成论,然后在这个意义上对贝林的构成要件论进行批判。比如特拉伊宁说贝林的构成要件只包括客观的内容而不包括主观的内容,因此是主客观相分离的,并且批判贝林的构成要件只是事实的东西而不包含价值评价,没有涵盖社会危害性的内容。特拉伊宁对贝林的构成要件论的这些批判,除了政治意识形态的原因以外,我认为最重要的原因在于特拉伊宁对贝林的构成要件论的误读、误解乃至歪曲。同时我们也必须看到,在特拉伊宁的思想中实际上是存在矛盾的,从这个矛盾中可以看出特拉伊宁是如何从贝林的构成要件论向犯罪构成论转变的。特拉伊宁把犯罪构成分为两部分内容,一部分是犯罪构成体系,这是从整体上对犯罪构成的一个框架性的论证,除此以外,特拉伊宁又提出一个概念叫做犯罪构成的因素,特拉伊宁关于犯罪构成因素的论述与犯罪构成的体系之间存在很多矛盾。从这些矛盾中我们可以看出,特拉伊宁正如阮齐林教授所评论的那样,实际上是在三阶层和四要件之间动摇。我们可以举几个例子来看一下,比如特拉伊宁关于犯罪构成曾经说过一句非常经典的话,他说,"刑法分则中的罪状是犯罪构成的住所,犯罪构成是居住在刑法分则当中"。按照这种理解,只有规定在刑法分则中的犯罪成立的条件才是犯罪构成,这也是他所理解的犯罪构成的因素。但是这一概念和他所说的四要件的犯罪构成的概念之间显然是矛盾的。四要件的犯罪构成是指犯罪成立的所有条件,但是四要件的内容并不都是规定在刑法分则的罪状中。刑法分则中的罪状所规定的主要是指客观要件,在某些情况下可能包含了主观的违法要素。而关于犯罪一般的主体、责任能力、故意、过失这些内容,通常都是在刑法总则中规定的。因此,他说刑法分则中的罪状是犯罪构成的住所,这句话本身就与四要件的犯罪构成体系相矛盾。下面我们考察其他矛盾的地方。

第一,关于责任能力是否属于犯罪构成的因素,特拉伊宁曾经指出,责任能力并不是犯罪构成的因素,也不是刑事责任的根据,责任能力是刑事责任必要的主观条件,是刑事责任的主观前提,刑事法律是在犯罪人心理健康的前提下进行惩罚的。按照特拉伊宁的这种说法,责任能力根本就不是犯罪构成的要素。但是按照四要件的犯罪构成体系,责任能力显然属于犯罪主体的要素。如果我们把特拉伊宁在这里所讲的犯罪构成理解为贝林的构成要件,这个矛盾就能够得到化解。在贝林的构成要件论当中责任能力当然不是构成要件的内容,而是责任的内容。

第二,关于一般主体是否属于犯罪构成的因素。特拉伊宁在谈到犯罪主体的时候指出,一般的主体不属于犯罪构成的因素,只有特殊主体才属于犯罪构成的因素。这样的论述也正好反映了特拉伊宁的犯罪构成与构成要件两个关键词之间的矛盾。特拉伊宁曾经指出,只有某一特殊主体是犯罪成立的条件,且为刑法分则所规定,它才是犯罪主体的因素,而犯罪主体的一般条件并不是犯罪主体的因素。我们把特拉伊宁在这里所讲的犯罪构成还原为贝林的构成要件就容易理解了。在贝林的构成要件中,所谓的特殊主体就是纯正身份犯的身份,在构成要件中是指行为主体,因为它是由刑法分则规定的,当然属于构成要件;而犯罪的一般主体主要是指刑事责任年龄、刑事责任能力等要素,是由刑法总则规定的,当然不属于构成要件。但是按照四要件的犯罪构成体系,犯罪主体既包括一般主体也包括特殊主体,犯罪主体是犯罪成立的必要条件。从这个意义上说,特拉伊宁关于犯罪的一般主体并不是犯罪构成的因素的论述与四要件的犯罪构成理论之间出现了矛盾,这种矛盾只有将犯罪构成转化为构成要件才能消解。

第三,社会危害性是否属于犯罪构成因素。在四要件的犯罪构成理论中,这一点是存在争议的。应该说四要件的犯罪构成理论会认为社会危害性是犯罪构成的本质。所谓的犯罪构成就是社会危害性的构成,因此强调社会危害性与犯罪构成的一体化,两者是统一的关系。但是特拉伊宁始终批判这种观点,他认为社会危害性并不是犯罪构成的具体要素,如果这样的话就会消解、贬低社会危害性的重大意义,因此特拉伊宁把社会危害性放在犯罪构成之外来考虑。他的这一观点在苏俄刑法学中也是极为特别的。特拉伊宁之所以坚持这种观点,反映了他的犯罪构成理论中的一个矛盾,也就是说,只有把特拉伊宁的犯罪构成理解为贝林的构成要件,才能够理解社会危害性作为一种价值判断当然不是在构成要件之中,而是在构成要件之外。在贝林那里,社会危害性是需要在违法性阶层解决的问题。正因为在特拉伊宁的犯罪构成理论当中将犯罪构成和构成要件混为一谈,才导致犯罪构成和构成要件之间关系上的混乱。如果按照特拉伊宁的观点,社会危害性是犯罪构成之外的东西,就会形成所谓的犯罪构成和社会危害性之间的循环论证,就会出现苏俄刑法学所批判的那种“形式上符合犯罪构成”。也就是说,表面上看犯罪构成的条件具备了,但是行为没有社会危害性,这样就会使犯罪构成形式化。怎么论证一个行为具备社会危害性呢?因为四要件具备了,既然都具备了就说明行为具有社会危害性；反过来说，四要件为什么能够成为犯罪的构成要件呢？因为四要件体现了社会危害性，因而在四要件和社会危害性之间形成了循环论证。

第四，特拉伊宁关于正当防卫和紧急避险曾说过这样一句话，即正当防卫和紧急避险当然不能在犯罪构成当中来研究，但是他没有进行充分的论证。因此，我们最初看到这个论断就会感觉到特拉伊宁是很武断地得出了这样一个结论。所以在四要件的犯罪构成体系当中，正当防卫和紧急避险作为所谓的排除社会危害性的行为，并不是在四要件之内讨论的。这样一种体系安排和特拉伊宁的论断是有直接关联的，但是如果把这句话中的犯罪构成替换为构成要件，就容易理解了。正当防卫和紧急避险作为违法阻却事由当然不能在构成要件当中来讨论，只能在构成要件之外讨论。

从以上几个方面可以看出，特拉伊宁的犯罪构成论实际上是从贝林的构成要件论转化而来的，但这个转化过程实际上是把贝林的本来具有特殊功能的构成要件变成了容纳犯罪成立所有条件的一般化的概念。在这个过程中就消解了构成要件所具有的特殊功能，也就是我们通常所强调的定型化机能、人权保障机能，使得四要件的犯罪构成变成一种没有构成要件的犯罪构成。在这种转化过程中，特拉伊宁的《犯罪构成的一般学说》一书就表现出种种的自相矛盾，而这些自相矛盾恰恰表明，特拉伊宁在从贝林的构成要件论向四要件的犯罪构成论转化过程中的艰难抉择。当然特拉伊宁对苏俄刑法四要件犯罪构成理论的形成作出了巨大的贡献，但是在这个过程中他不断受到批判。特拉伊宁的《犯罪构成的一般学说》一书共出了三版，在此过程中不断被修改，不断修改的过程就是不断叛离贝林的构成要件论的过程。包含了犯罪成立所有条件的犯罪构成论，经过苏俄刑法学家的最终努力，将其打造成所谓承担刑事责任的唯一根据，就把犯罪构成和刑事责任之间直接画上了等号。只要具备了犯罪构成，就构成犯罪，就应当承担刑事责任,由此使贝林的构成要件论最精髓的思想、功能消失殆尽。对于构成要件论而言,从贝林走向特拉伊宁,实际上是一条“歧途”。而构成要件论被改造、被遮蔽,是我对特拉伊宁犯罪构成论的基本评价。

第三个问题就是当下中国应当如何进行选择。在贝林的构成要件论和特拉伊宁的犯罪构成论之间如何选择,我的观点是构成要件论应当还原到贝林,应当回到贝林,应当回到问题的起点重新向前走。目前我国的四要件犯罪构成理论是全盘照搬苏联的,尤其是受到了特拉伊宁犯罪构成论的影响。近几十年来,我国学者根据我国的刑事立法和刑事司法对犯罪构成论也进行了一定的本土化改造,尽管如此,我们现在所通行的四要件犯罪构成理论可以说至少95%是受到苏联影响,深深地打上了苏俄刑法学的烙印,这一点是不可回避的。应该说,在贝林的构成要件理论介绍到中国之前,我们对犯罪构成和构成要件两个概念之间的关系根本没有感觉,完全把它们看做一个东西,只是在贝林的构成要件论被介绍到我国后,我们才突然发现构成要件论和犯罪构成论之间的混乱,这种混乱导致我们在运用苏俄的四要件犯罪构成理论来看待德日刑法学中三阶层犯罪论体系时出现一些错误观念。对此,肖中华教授曾经进行了深刻的批判。肖中华教授将构成要件论和犯罪构成论之间的混乱的责任追溯到特拉伊宁,认为特拉伊宁在问题的出发点上偷换了概念。我认为肖中华教授的观点是非常重要的,我们必须要回到问题的出发点,要正本清源。什么是问题的出发点呢?我认为贝林的构成要件论就是问题的出发点,因而对于四要件的犯罪构成体系的反思和反驳都必须回到构成要件论,回到贝林。也许有人会说贝林是一百多年前的人物,所以落伍了。即使是德国的犯罪论体系,也在贝林的古典犯罪论体系之后经历了新古典学派犯罪论体系、目的行为学派犯罪论体系、目的理性犯罪论体系等一系列变化,贝林的构成要件已经过时了。日本学者西原春夫甚至提出

"构成要件论发展的历史实际上也正是构成要件论崩溃的历史"的命题,他指出,纵观德国与日本构成要件论发展的历史,简直就是构成要件论向违法论靠近的历史,就是原本价值无涉的、客观的描述性的构成要件,逐渐开始承载价值,逐渐开始包含大量的主观性和规范性这两种要素的历史。如果构成要件的概念本来就背负着这种发展的宿命,那么构成要件的概念就只不过是德国和日本刑法学的"悲哀的玩具"。可以说,西原春夫是对构成要件论批判最为有力的学者,在西原春夫的犯罪论体系中,甚至取消了构成要件论的独立地位,将构成要件作为违法性的凭证纳入违法性当中。当然,贝林以后的构成要件的命运是另外的一个话题。本次演讲题目的副标题是"从贝林到特拉伊宁",贝林对于我们今天来说正如付立庆所讲的,他是应该肯定的先哲,也是必须超越的阶梯,但是如果我们想要超越贝林,首先必须要回到贝林的时代,理解贝林的构成要件论。即便贝林的构成要件论已如西原春夫教授所言已经成为"悲哀的玩具",但我国的犯罪论也正处于需要玩具的童年时代。我们要回到犯罪论体系的童年时代,也就是要从犯罪构成的歧路返回构成要件的原点,然后从问题的原点轻装上阵。从这个意义上说,我国刑法学需要贝林的构成要件论的启蒙。因为我国正处在罪刑法定的启蒙时代,正如同处在贝林的时代,贝林尽管是一百多年前的人物,构成要件论是贝林一百多年前的思想,但是对于中国来说,一百多年并不是时间上的间隔,可以说我们正处在贝林时代,这也是我们需要认真理解贝林的构成要件论的原因。在贝林的犯罪论体系中,构成要件不是犯罪成立的唯一要件,在构成要件之后还要有违法性和有责性,因此只有把贝林的构成要件纳入三阶层的犯罪论体系,才能真正把握构成要件的精髓。而特拉伊宁将贝林的构成要件论改造成犯罪构成论,把犯罪成立的所有要素都纳入犯罪构成体系中去,就使得构成要件与违法性、有责性三者之间的关系遭受了根本性的破坏,这也正是我一再强调的。就三阶层和四要件这两种犯罪成立的理论而言,由于犯罪成立条件本身是由法律规定的,而不是由理论规定的,理论只是对法律规定的犯罪成立条件的一种抽象和概括,从而建立理论模型帮助我们根据法律规定来定罪量刑。但是建立在构成要件论基础之上的三阶层的犯罪论体系,在三个阶层之间形成了逻辑上的位阶关系。首先要确定有没有构成要件,也就是说,要看刑法分则有没有规定,在确立了构成要件以后再来考察有没有违法性,在具有违法性以后再来考察有没有有责性。这样一种逻辑关系的确立,为我们正确认定犯罪提供了一种思维的方法论。而四要件的犯罪构成体系,在四个要件之间是一种"一有俱有,一无俱无"的关系,在四个要件之间随意去寻找哪个要件都是可以的,这样就破坏了犯罪成立条件之间的逻辑关系,导致定罪上的困难,这也正是三阶层的犯罪论体系和四要件的犯罪构成体系的一个重大差别。应该说,无论是三阶层的犯罪论体系还是四要件的犯罪构成体系,都经过了一个漫长的演变过程,我们今天来回顾这段历史是为了使我国的犯罪构成体系有一个更好的选择,能够推动我国刑法知识的发展。论坛的题目是"当代刑法思潮论坛",虽然我在这里讲的是德国和苏俄的刑法学家的刑法思想,但我认为这二者之间存在着内在的联系,我们需要理解这种联系,这才是对当今中国的犯罪论体系的发展具有现实意义的一个问题。谢谢大家!

(本文整理自2011年4月7日在中国人民大学"当代刑法思潮论坛"讲座的演讲稿)

专题十一　刑法教义学与刑事政策的关系：从李斯特到罗克辛

尊敬的储槐植教授,尊敬的三位评论嘉宾,尊敬的各位老师,同学们,晚上好！很高兴来到中国青年政治学院举办的“当代刑法思潮论坛”。今天我演讲的题目是“刑法教义学与刑事政策的关系:从李斯特到罗克辛”。在这里,我重点要讲的是中国语境下的展开。

“当代刑法思潮论坛”的第二讲是我讲的“构成要件论——从贝林到特拉伊宁”。我们今天讲的李斯特和罗克辛是德国的刑法学家。今天讲的题目主要涉及刑事政策与刑法体系的关系问题。这个问题长期以来在德国应该说是重点研究的问题,尤其是罗克辛教授在1970年发表了一篇重要的论文——《刑事政策与刑法体系》,由此拉开了关于刑法教义学与刑事政策关系的理论探讨。在我国,近年来才开始关注刑法教义学与刑事政策的关系问题。今天的内容,我想讲三个问题,第一个问题是李斯特鸿沟,第二个问题是罗克辛贯通,第三个问题是中国意识(这个问题在中国语境下展开)。

我今天要重点讲第三个问题,但是为了让大家对第三个问题的语境有所了解,我首先要从第一个问题讲起,这就是李斯特鸿沟。

“李斯特鸿沟”这个词是罗克辛教授在他的《刑事政策与刑法体系》一文中为李斯特关于刑法体系与刑事政策关系问题贴的一个学术标签。我认为,“李斯特鸿沟”这样一个学术标签非常生动、传神地描述了李斯特关于刑法教义学与刑事政策的关系。从这个词也可以看出,李斯特认为在刑法教义学与刑事政策之间有一个鸿沟。在论及刑法与刑事政策的关系时,李斯特提出了一个至今仍广为流传的命题——“刑法是刑事政策不可逾越的藩篱”,这句话也被译为“罪刑法定是刑事政策不可逾越的边界”。从这句名言可以看出,李斯特对刑法教义学和刑事政策所做的一种划界。

在李斯特看来,刑法教义学和刑事政策是两种不同的现象、不同的事物。对这两种不同的现象、事物的研究形成了两个不同的学科。对刑法现象进行研究形成的是刑法教义学。在李斯特看来,刑法教义学是以罪刑法定为中心的。它的主要机能是要限制刑罚权的滥用,尤其是要避免司法权滥用对公民个人权利和自由所造成的侵害。在这种情况下,李斯特把刑法看做一个实证的学科,看做一种实然的现象,必须要以现有的法律为基础展开研究,并由此形成刑法教义学的知识体系。在刑法教义学这个知识体系中,采取的是一种实证主义的、形式主义的并且也是客观的一种描述性的研究方法,这也就是所谓的刑法教义学。在刑法教义学中,主要采用的是一种法教义学的研究方法,我国也有学者称其为信条学。实际上,“教义”和“信条”是同一个含义,只是不同的译法。这两个词都是宗教用语,在宗教当中,“教义”和“信条”都具有先验的正当性和合理性,是不可以去怀疑的。教义是研究的逻辑起点,也是它的归宿。对于这种教义,只能去解释它,不能去批评它。在罪刑法定原则下,刑法本身就类似于宗教中的教义,应当作为司法实践中事先给定的逻辑出发点。在这个基础上进行演绎,就形成了一个知识体系,形成了刑法教义学。应当说,李斯特对刑法教义学的倡导,使刑法从政治的、宗教的纠葛中解放出来,且获得了一种知识上的自足性,为刑法学科的发展作出了重要贡献。我们知道,李斯特和贝林创立的是古典派的犯罪论体系,该古典派的犯罪论体系实际上是刑法教义学最初的一个模型。这是李斯特关于刑法教义学的一个基本构想。

与此同时,刑事政策必须置于刑法教义学之外。在李斯特看来,刑事政策是一种对犯罪人进行矫正、改造的措施,尤其是李斯特所采取的广义的刑事政策观念,他有句名言:“最好的社会政策就是最好的刑事政策。”因此,他把社会政策也纳入广义的刑事政策之中。李斯特在刑法目的上主张特别预防,主张对犯罪人进行矫正,并在此基础上建立了他的目的刑思想。因此,在刑事政策问题上,李斯特追求的是惩治犯罪的有效性和目的性,在刑事政策的研究上是一种应然的研究,区别于刑法教义学的实然研究。李斯特认为,刑事政策应当在刑法之外发生作用,不能侵入到刑法中来。在刑法与刑事政策之间有一道鸿沟,这道鸿沟是不可逾越的。李斯特之所以在刑法与刑事政策之间设立这样一道鸿沟,就是为了抵御刑事政策,使其惩治犯罪的实质性的价值内容无法进入刑法体系当中,使刑法能够遵循罪刑法定原则,充分发挥刑法作为犯罪人的大宪章的保障机能。

但是,李斯特并不完全否定刑法教义学和刑事政策之间的关联性,他只是揭示了二者之间的紧张关系,确立了刑事政策和刑法教义学之间的一种外在关系。李斯特有“整体刑法学”的构想,刑事政策、刑法教义学都属于“整体刑法学”的一部分,在“整体刑法学”的范围内两者得到统一。李斯特所建立的刑法教义学体系是一个形式的、客观的、实证描述的体系。李斯特把这种实证的思想贯穿到犯罪论三个阶层,所以他的犯罪论三个阶层是一种形式的判断。

在构成要件阶层,李斯特主张客观的、叙述性的构成要件论。在行为论上采取因果行为论,在因果关系上采取条件说。他认为,构成要件应当纯粹地从客观的、物理的角度加以描述。根据李斯特的描述,侮辱罪的构成要件被理解为发出声波震动时,造成了对当事人听觉的感官刺激。语言的侮辱被李斯特作了一个纯粹物理性的描述,以至于罗克辛说,听了李斯特对侮辱罪的描述,根本不知道是在赞美他人还是在批评他人。这样一种不加任何价值评判的客观描述,是纯粹物理性的,是一种客观的、叙述性的构成要件论。

在违法性阶层,李斯特主张一种客观的、规范限制的违法性论。形式违法性和实质违法性一对范畴,是李斯特首先提出来的。但是,在违法性阶层,即使是按照李斯特的观点,也只是一种纯形式的判断。因为只要具备了构成要件,形式违法性就具备了。违法性阶层需要解决的是正当化事由问题,而这是规定在刑法中的。只要排除了正当防卫和紧急避险,这个行为就具备了违法性,因此,在李斯特时代,即使是违法性也只是作形式判断,没有作实质判断。

在有责性阶层,李斯特主张一种主观的、叙述性的罪责论,主要包括故意、过失,是一种心理责任论。如果说构成要件是一种客观的、物理性的描述,在罪责论当中,则是一种心理性的描述。

从古典派的三阶层犯罪论体系可以看出,这个犯罪论体系是价值中立的,是一种实证主义、形式主义的判断。

面对李斯特的犯罪论体系,我们会有一种怀疑,即在认定犯罪时,完全根据这种客观的、形式的,或者主观的、形式的标准认定行为,是不是法律所应当惩罚的犯罪呢?在犯罪认定中,难道要完全付诸形式判断,没有任何实质判断,没有任何价值判断吗?这个问题在李斯特那里实际上是在法律之外解决的。根据李斯特的观点,立法者立法的根据是刑事政策。刑事政策在刑法外部,是立法者在制定刑法时要考虑的。立法者能够根据一定的刑事政策,非常完美地把有关的价值内容体现在刑法当中。因此,根据刑法规定进行形式性的判断,就能够完全实现正当的价值内容。所以在李斯特看来,刑法教义学完全是形式的。

但是这种形式判断是建立在立法时对实质价值内容的完美无缺的确认基础之上。所以,这样一种思想建立在立法中心主义之上,乃至于建立在法律的乌托邦之上,所以李斯特认为立法者是全能的,能够把所有应当作为犯罪处理的情形都在一个刑法典中完美无缺地表现出来。司法者只要严格按照法律的规定认定,甚至按照法律的规定作形式的判断,就足以体现这样一种实质的价值内容。而且刑事政策和刑法教义学两者有严格的分工。刑事政策主要对立法起作用,刑法教义学主要对司法起作用,两者在李斯特看来应严格加以区分,刑事政策不应该进入到刑法中。如果刑事政策进入到刑法中,就会破坏罪刑法定原则,就会侵犯公民个人的权利和自由。由此可见,在李斯特的思想中,通过立法来严格限制司法这样一种思想倾向表现得非常明显。这种思想倾向正是古典学派的一个思想基础。

以上是对李斯特鸿沟的简要描述,下面我们来讲罗克辛贯通。

李斯特的代表作是其在 1881 年出版的《德国刑法教科书》,该书是他刑法思想的集中体现。1906 年,贝林出版了《犯罪论》一书,从而形成了李斯特—贝林的犯罪论体系。李斯特—贝林的犯罪论体系可以说是一个纯粹的、存在论的犯罪论体系。但此后发生了一些变化。

20 世纪 20 年代,出现了新古典派的犯罪论体系。新古典派的犯罪论体系是建立在"新康德主义"上的一种研究方法。"新康德主义"的核心思想就是价值哲学。从新古典派体系开始就已经出现对"李斯特鸿沟"的冲击,已经把有关价值内容放入刑法教义学体系中。这主要体现在:在构成要件阶层,新古典学派发现了主观违法要素,破除了对"构成要件是纯客观的"理解;在违法性论中,新古典学派提出了超法规的正当化事由,违法性判断是一种包含了实质违法的非纯形式的判断;在罪责论中,新古典学派提出了规范责任论,破除了李斯特心理责任论的概念。规范责任论开始把非难可能性的价值判断引入罪责论中,这是新古典学派的一个突破。当然,新古典学派只是在贝林—李斯特的存在论的犯罪论体系中注入了一部分价值内容,整体上还是保留了古典派的基本框架。

20 世纪 30 年代中期到 40 年代初,德国出现了威尔泽尔的目的行为论的犯罪论体系。目的行为论在价值化方面又发展了一步,即古典行为论所关注的违法客观性和责任主观性命题,认为违法不是一个纯客观的现象,故意、过失这样一种主观要素同样也是违法要素,是一种构成要件要素。因此,目的行为论把故意、过失纳入构成要件,使李斯特客观的构成要件的框架被彻底打破。在违法性中,威尔泽尔提出了社会相当性说。根据社会相当性进行的判断,使对违法性的判断完全变为实质判断的内容。在罪责阶层,由于故意、过失已被抽离,纳入了构成要件,因此,罪责完全得以规范化。罪责指的是非难可能性、期待可能性,一种规范责难的要素,一种价值评判。目的行为论对犯罪论体系的改造,使犯罪论体系在规范论道路上走得更远。但目的行为论基本上仍属于存在论的犯罪论体系。行为的目的性,正如李斯特主张的行为的物理性一样,还是一个存在论的概念。因此,目的行为论的犯罪论体系仍然是一个存在论的犯罪论体系。

20 世纪 70 年代,在新古典学派和目的行为论的犯罪论体系基础上,罗克辛提出了目的理性的犯罪论体系。罗克辛把新古典学派的价值哲学和目的行为论的观点贯彻到底,由此跨越了“李斯特鸿沟”,形成了把刑事政策和刑法教义学有机统一的观点。我们把这个观点称之为罗克辛对李斯特鸿沟的跨越。德国著名刑法学家许乃曼教授是罗克辛教授的学生,他用过两个词:一个词用来形容李斯特的学说,即“鸿沟结构”;另一个词用来形容罗克辛的主张,即“架桥结构”。这里所谓的“架桥结构”,也就是我们所说的罗克辛贯通。

罗克辛是如何来贯通的呢?李斯特把刑事政策和罪刑法定两者从外在上对立起来,因此刑法是刑事政策不可逾越的一条鸿沟,是一条边界。刑法教义学和刑事政策是两个不能相交的圆,刑法将刑事政策拒之门外。刑事政策只能通过立法体现在刑法当中，但是一旦制定了法律，就一定要严格坚持罪刑法定，刑事政策就不能进入到刑法教义学中，因此两者是一种外在的对应关系。罗克辛把刑事政策引到刑法教义学体系中来，实现了罪刑法定和刑事政策的有机统一。罗克辛曾经说过，实现刑事政策和刑法之间的体系性统一，在我看来这是犯罪论的任务，也同样是我们今天法律体系的任务。

罗克辛是怎么跨越李斯特鸿沟的？他是如何将刑事政策纳入犯罪论体系的？我们可以看到，罗克辛并没有破除自古典犯罪论体系以来的三阶层的基本犯罪论结构，但是，在每个阶层都注入了刑事政策所具有的实质价值内容。例如，在构成要件阶层，李斯特认为构成要件是形式的，但罗克辛实现了构成要件的实质化。这种构成要件的实质化体现在对行为的看法等。李斯特根据实证主义的方法论，主要是从物理上描述这种行为，强调行为外部的举止，强调行为外部的物理性特征。这是一种典型的存在论意义上的行为。罗克辛把行为分为两种：一种是他所讲的支配犯，仍然注重行为对某种法益侵害结果的一种物理上的支配关系。当然，这种支配又可分为不同的情形。在这种支配犯的情形，尚可以描述行为的外在举止特征。另外一种行为形态即所谓的义务犯。对这种义务犯行为的把握，不是按照物理上的、存在论上的意义进行的，而是基于对构成要件所要求的特定的义务。因此，这种行为是一种规范论上的行为，它完全脱离了这种物理的、实证的观念，由此使构成要件行为实质化了。

另外，在构成要件环节，罗克辛还有另外一个重要的贡献，就是客观归责理论。在李斯特时代，是严格把归因和归责区分开来的。李斯特认为，因果关系只是解决归因的问题，归责是另外一个问题，他把归责看成一个主观问题，放在责任中解决。但是，罗克辛认为，构成要件本身也要解决客观上的归责问题。这种客观归责理论提出来以后，使得构成要件的判断需要借助刑事政策所带来的实质的价值标准来考察。罗克辛的客观归责理论形成了一套具体的归责体系,如创制法所不容许的风险、实现法所不容许的风险、这种风险是在构成要件范围之内等一系列规则。根据这些规则,就能够解决构成要件的归责问题。

在构成要件中,刑事政策的引入使得构成要件实质化。罗克辛认为,构成要件的实质化和罪刑法定并不矛盾。罪刑法定在构成要件中主要体现为刑法的明确性,而罗克辛理解的罪刑法定更强调罪刑法定实质的内容。罗克辛认为,能够将构成要件环节的明确性和刑事政策的价值判断有机地统一起来,因为罪刑法定并不否定刑法中的兜底性条款和罪名,这就会有一些缝隙,这些缝隙需要刑事政策加以填补,这是一种价值填补。这种价值填补本身是在罪刑法定范围之内的。正是在这个意义上,罗克辛认为构成要件的实质化并不违背罪刑法定的明确性要求,恰恰是实现了罪刑法定这种实质性的价值内容。由此可见,罗克辛对罪刑法定功能的看法与李斯特有所不同。李斯特更看重罪刑法定将不应作为犯罪处理的行为排除在犯罪之外的消极排除功能,而罗克辛强调罪刑法定原则在构成要件范围内实质审查的功能。某一行为虽然刑法有规定,但是不一定就作为犯罪处理,还可以将其排除在犯罪之外,所以发挥了罪刑法定原则这种积极的、在构成要件之内的排除功能。

在违法性环节,罗克辛实现了违法性的价值化。而李斯特在违法性阶层仅仅是根据是否具有法律所规定的正当化事由来判断,如果排除了正当化事由,就具有了违法性。因此,违法性也变成了一种形式判断。罗克辛认为,违法性要件所要承担的是从构成要件中排除不具有实质违法性行为的解决社会冲突的积极功能。罗克辛提出了一个重要概念,就是所谓的“干预权”。罗克辛认为,违法性的核心问题是法律的“干预权”。“干预权”就是法律对个人行为的一种干预。如果需要干预,说明行为应当作为犯罪来处理;如果不需要干预,意味着行为可以不作为犯罪来处理。法律是否干预,直接决定着犯罪范围的大小。这种“干预权”通过违法性阶层对犯罪起到实质性的控制功能。比如安乐死,是否承认它的非犯罪化以及正当化,直接关系到国家对公民个人自由干预的程度问题。如果认为安乐死仍然是应当禁止的,是一种犯罪,安乐死在违法性阶层就不能加以排除,仍然要进入罪责中去评价,可能最终在量刑时会轻一些。但是,如果认为安乐死应当被正当化、合法化,就可以在违法性阶层排除。所以在违法性阶层,“干预权”对于犯罪处罚的范围起到了一种动态的调节作用。刑法没有修改,但是犯罪范围可大可小,就看我们在违法性里面怎么来理解“干预权”。因此,在这种情形下,违法性阶层就不是一个消极排除的判断。毋宁说,法律不需要干预的行为都可以在违法性阶层予以排除。所以,违法性阶层就变成了一个实质的判断,而这种实质判断主要起到了对犯罪处罚范围的调节作用。因此,违法性阶层就变得价值化了。

罪责阶层则已变得目的化。这主要是指,罗克辛认为,规范责任论还是存在的,在规范责任论之上,还要引入处罚必要性、预防必要性要素。而预防必要性实际上是一种个别预防目的,是一种刑法目的的体现。把刑法目的纳入到罪责中来,作为一种实质性的评价因素。根据罗克辛的观点,罪责包括几个层次:首先是心理性的要素,其次是规范性的要素,最后是预防必要性的要素,只有三者同时具备,才能具有罪责,才能最终作为犯罪加以处理。预防必要性要素纳入罪责中来,就形成了罗克辛所说的实质罪责概念。罗克辛把之前的罪责概念都称为一种形式的罪责概念。不仅心理责任论是一种形式罪责概念,规范责任论也是一种形式罪责概念,只有包含预防必要性的罪责概念才是一种实质的罪责概念。

罗克辛还把罪刑法定贯穿在犯罪论中。一方面,罗克辛把刑事政策从罪责到违法性再到构成要件贯穿进去;另一方面,又把罪刑法定从构成要件到违法性再到罪责加以贯穿。一个是往后贯通,一个是往前贯通,最终将两条路线统一起来。贝林认为构成要件是罪刑法定实现的基本工具,但是罗克辛认为罪刑法定不仅仅在构成要件中有作用,即使是在违法性阶层,甚至是在罪责阶层仍然是起作用的。罗克辛认为,罪刑法定起作用,实际上是指罪刑法定所包含的一般预防功能。罪刑法定是由费尔巴哈较早提出来的。费尔巴哈用罪刑法定对人进行心理强制,进行威吓,所以罪刑法定本身具有一般预防功能。但是,李斯特放弃了罪刑法定的一般预防功能,而越来越强调罪刑法定的人权保障机能。罗克辛复活了罪刑法定的一般预防功能,就意味着在罪责环节,对于没有处罚必要性的行为不予处罚,同时也使它不至于违反罪刑法定,因而是与罪刑法定原则的基本精神相一致的。

从我们对罗克辛贯通所描述的情况看,罗克辛是在构成要件、违法性、罪责三个环节把罪刑法定原则和刑事政策统一起来。通过以上比较我们可以发现,就犯罪论体系的三个阶层而言,李斯特和罗克辛的看法是一致的,都认为有三个阶层。但是,三个阶层的内容是不同的。

我们发现一个很有意思的现象,李斯特所理解的刑事政策和罗克辛所理解的刑事政策是有区别的。李斯特所理解的刑事政策是一种本体论、存在论的刑事政策,它是指预防或者抗制犯罪的一种具体措施,尤其是强调对犯罪人进行矫正的一种具体措施。但罗克辛所理解的刑事政策是一种方法论意义上的刑事政策。对刑事政策罗克辛没有一个统一的定义,他所说的刑事政策在构成要件阶层相当于一种实质的判断;在违法性环节相当于一种实质的价值内容;而在罪责环节相当于刑法目的。因此,罗克辛的刑事政策在不同的阶层有不同的体现方式。另外,罗克辛的目的理性的犯罪论体系又被称为功能主义的犯罪论体系。“功能”这个词也可以等同于刑事政策。因此,我们可以看出,罗克辛的刑事政策本身就像是一个“筐”,它代表的是对立于形式的、实证的一种实质的价值内容。这就是罗克辛的刑事政策。

罗克辛把刑事政策灌输到刑法教义学中,使教义学内容发生重大变化,他跨越了李斯特鸿沟。但这种刑事政策和我们已经在研究的具体的刑事政策实际上没有任何关联。并不是说刑事政策纳入犯罪论体系后外面的刑事政策就没有了,外面的刑事政策还有,两者并不矛盾。正是在这个意义上,罗克辛的“刑事政策”这个词的用法是不是妥当,能不能用刑事政策代表所有有价值、有目的、有理性、实质的内容,是值得研究的。

罗克辛教授将刑事政策纳入刑法教义学后,使刑法教义学获得了内在的形式和实质的统一,具有了实质上的合理性。所以,在经过罗克辛改造以后的灌入了刑事政策的刑法教义学,与李斯特的充满形式的、实证特征的刑法教义学是完全不同的。罗克辛的目的理性的犯罪论体系纳入了刑事政策的价值判断的内容,但它仍然是建立在一个形式的、事实的、存在论的基础之上。

我们可以看到,在罗克辛之后,比罗克辛走得更远的是雅各布斯教授。如果说李斯特的犯罪论体系是一个纯粹的存在论犯罪论体系,新古典犯罪论体系和目的论的犯罪论体系就是一个非纯粹的存在论的犯罪论体系。雅各布斯的犯罪论体系是一个纯粹的规范论的犯罪论体系,而相比较之下,罗克辛的犯罪论体系是一个非纯粹的规范论的犯罪论体系,我们在罗克辛的著作中经常可以看到他对雅各布斯教授的批评。

我们可以看到犯罪论体系的演变,是一个从纯粹的存在论的犯罪论体系，逐渐实质化、价值化、规范化，向规范的犯罪论体系转变的历史。当然，这种演变合理的边界在什么地方，是我们需要考虑的。总体来说，刑法教义学逐渐的刑事政策化，将刑事政策所体现的实质价值内容纳入刑法教义学中来，有它的合理性。但这里也有一个边界，不能完全用规范的价值内容取代存在论的内容。我有一个比喻，存在论的犯罪论体系内容就相当于一个人的肉体，价值论的规范论的犯罪论体系就相当于一个人的灵魂。李斯特的犯罪论体系是一个纯粹的存在论的犯罪论体系，这样的犯罪论体系就相当于只有肉体没有灵魂；而雅各布斯的纯粹的规范论的犯罪论体系就相当于只有灵魂而没有肉体。中间的几个非纯粹的存在论的犯罪论体系和非纯粹的规范论的犯罪论体系都是有肉体和灵魂的，关键是看哪一个占主导的问题。这里还涉及肉体和灵魂在一个人的生命中谁者更重要的价值评判问题。有的人认为肉体更重要，有的人更追求精神生活。看来两者都很重要，但是肯定还是有个偏向。

我对李斯特鸿沟和罗克辛贯通作了简要的描述和勾画，具体内容不再展开。下面我来讲我最想讲的问题，就是中国意识。

我们今天所讨论的是一个德国问题。这个问题从 1881 年李斯特的《德国刑法教科书》出版开始，到 1970 年罗克辛的《刑事政策与刑法体系》一文，标志着目的理性犯罪论体系的形成，这是九十多年的历史。从 1970 年到现在又过去了四十多年，加起来就是一百三十多年。也就是说，这个问题在德国已经经过了一百多年的发展，但是那是一段德国的历史，而不是中国的历史。中国目前刚刚面临李斯特鸿沟，所以我们要不要像罗克辛一样重新进行一次跨越？还是可以直接享受罗克辛贯通的成果？这是一个值得研究的问题。我认为，我们当然不需要再进行一次跨越，但我们必须看到李斯特鸿沟对我们现在的意义。我们不需要像罗克辛那样去贯通一次，可以直接享受罗克辛贯通的成果,但我们需要在精神上经历这样一次贯通。我把这种思想经历的过程称为学术上的“忆苦思甜”。我们需要经历这样一种学术上的“忆苦思甜”,否则我们根本不知道这个成果是怎么来的,不知道如何跨越李斯特鸿沟,不去经历这样一个学术历程,我们无法解决中国当下的问题。

在中国当下,我认为有以下三个方面的问题:

第一,我们要完成从四要件到三阶层犯罪论体系的转变。李斯特鸿沟在我们现在还是有意义的。苏俄的四要件理论中有一个概念叫做“社会危害性”。“社会危害性”实际上是一个框,它代表了所有的实质价值判断内容,它对犯罪论体系起了一种主导作用。我们可以看到,苏俄的这种以社会危害性为中心的四要件犯罪论体系与李斯特的形式的、实证的刑法教义学体系是完全不同的。苏俄学者对李斯特古典派的犯罪论体系进行了批评,认为它们是形式主义的。就此而言,苏俄学者已经在一定程度上跨越了李斯特鸿沟。但苏俄学者在四要件中对社会危害性和四个犯罪成立条件之间的关系的理解,与罗克辛对李斯特鸿沟跨越的理解及其目的理性犯罪论体系是完全不同的。我认为这种根本的不同就在于,苏俄四要件的犯罪论体系是在否定罪刑法定原则主张类推的背景下建立起来的,它充满了实质化的冲动。苏俄四要件的犯罪论体系否定罪刑法定原则,否定在犯罪认定中形式性要素的重要性。因此,这种以社会危害性为中心的犯罪论体系和法治的精神与罪刑法定是矛盾的。

在我国《刑法》确立了罪刑法定原则以后,我们还是要建立一个刑法教义学体系,而且这个刑法教义学体系的基本框架还是三阶层的犯罪论体系的结构框架,是相对比较合理的,它是在违法与责任这一基本的框架基础之上建立起来的。当然,我们没有必要从李斯特开始建立一个纯形式的、实证的刑法教义学体系,我们可以直接采纳以罗克辛为代表的在刑法教义学中包含实质价值内容的这种犯罪论体系。罗克辛的目的理性的犯罪论体系虽然在犯罪论体系中包含了实质的价值评价,但我们可以看到,他所言的刑事政策的功能主要是在罪刑法定的框架内实现一种实质合理性的机能,是排除犯罪的机能,而不是像苏俄四要件犯罪论体系那样,社会危害性是一种入罪的机能,会对四要件的犯罪构成造成一种外在的破坏。这两者是完全不同的,我们要警惕那种实质的判断对罪刑法定原则带来的冲击。

第二,我们要强调刑事政策对刑法教义学的目的引导功能。在刑法教义学中,应当引入以刑事政策为代表的实质性的价值判断,只有这样才能使构成要件成为犯罪认定标准。所以,刑事政策对刑法教义学的引导功能,以及在刑法教义学的判断中采取价值判断的内容,是应当提倡的。事实上,我们在具体的犯罪认定中,经常有所谓的刑事政策的判断。这种刑事政策的判断和刑法教义学的判断是不同的。刑法教义学的判断是基于逻辑关系所得出的一种结论,而刑事政策是基于价值判断所得出的结论。在某种意义上,在构成要件范围内,刑事政策判断的效力要高于刑法教义学的判断,它可以在一定程度上否定刑法教义学判断的结论,形成对刑法中实质合理性的一种灌输。我们过去的司法解释中,也体现了这样一种刑事政策的判断。例如,1984 年最高人民法院、最高人民检察院、公安部《关于当前办理强奸案件中具体应用法律的若干问题的解答》中规定,如果第一次是违背妇女的意志强奸,但后来两人又同居甚至结婚,对第一次的强奸可以不按犯罪论处。这个判断就是刑事政策的结果。如果从刑法教义学角度来说,第一次强奸就既遂了,不管后来两人关系如何变化,都不能否定之前强奸罪的既遂。另外像“拆东墙补西墙”的诈骗,用骗张三的钱来还李四,再去骗王五的钱还张三这种循环的诈骗,从教义学角度来说,每次诈骗都构成诈骗罪,因此在量刑时应当将这些诈骗数额累计计算。但根据有关司法解释的规定,这种诈骗犯罪的诈骗数额按照最后没有归还的数额计算。这种结论也只能是由刑事政策得出的,它和刑法教义学的结论不一样。在这种情况下,我们还是要遵循刑事政策的精神,它对刑法教义学规则起补充作用,甚至是否定作用,从而实现一种更大程度上的实质合理性。

第三,刑法教义学要对刑事政策的边界进行控制。刑事政策进入到刑法教义学中来,但是刑事政策只能是在罪刑法定的范围内发挥它的实质性的价值评判功能,它要受到刑法教义学这种刑法边界的控制,不能跨越刑法教义学的范围。只有这样,才能有效发挥刑法教义学的人权保障功能。如果超出了刑法教义学的范围,使刑事政策的判断在刑法规定之外发挥作用,就会导致对罪刑法定原则的破坏。

最后,我还要简单地讲一点中国意识。从李斯特鸿沟到罗克辛的跨越就可以看出,在德国,这个问题经过了一个长期的思想演变过程。中国的法制建设是最近三十多年才恢复的,在最近十多年才开始引入德日的法学来建构我们的刑法教义学和刑事政策学。国内学者在这方面还有一些比较具有独创性的研究成果,这里我想特别指出的是储槐植教授在1993年提出的"刑事一体化"思想。"刑事一体化"思想强调了刑法、刑事诉讼法与刑事政策之间的动态平衡。"刑事一体化"思想本身和李斯特所讲的"整体刑法学"的观念是暗合的。当然,储老师所讲的"刑事一体化"有一个前后的思想变化。一开始"刑事一体化"强调的是一个现实的法律的概念,后来又提出了要把"刑事一体化"分为"方法论的刑事一体化"和"观念论的刑事一体化"。在这个意义上的刑事一体化就纳入了知识的、理论的形态,认为要把刑事政策和刑法贯通起来。所以,储老师这个思想在一定程度上也跨越了李斯特鸿沟。

但我也要说,储老师的"刑事一体化"的说法已提出二十多年,但从整体上来看还只是一个提法,原因是什么?我也思考了一下。我认为,这是因为“刑事一体化”缺乏一种中介和工具,而这个中介和工具就是刑法教义学。只有借助刑法教义学这样一个中介和工具,才能将“刑事一体化”的思想加以贯彻。刑法教义学是一种分析工具,是一种方法论,只有把“刑事一体化”的思想灌输到这个工具中去,才能使这个工具实现我们所追求的价值内容,这样才能真正地跨越李斯特鸿沟。

(本文整理自2013年5月21日在中国青年政治学院“当代刑法思潮论坛”讲座的演讲稿)

图书在版编目(CIP)数据

刑法的致知/陈兴良著.—北京:北京大学出版社,2019.2

ISBN 978-7-301-30093-0

Ⅰ.①刑… Ⅱ.①陈… Ⅲ.①刑法—文集 Ⅳ.①D914.04-53

中国版本图书馆CIP数据核字(2018)第274443号

书　　名 刑法的致知
XINGFA DE ZHIZHI

著作责任者 陈兴良

责任编辑 杨玉洁

标准书号 ISBN 978-7-301-30093-0

出版发行 北京大学出版社

地　　址 北京市海淀区成府路205号 100871

网　　址 http://www.pup.cn http://www.yandayuanzhao.com

电子信箱 yandayuanzhao@163.com

新浪微博 @北京大学出版社 @北大出版社燕大元照法律图书

电　　话 邮购部010-62752015 发行部010-62750672
编辑部010-62117788

印 刷 者 北京中科印刷有限公司

经 销 者 新华书店

880毫米×1230毫米 A5 9印张 214千字

2019年2月第1版 2020年3月第2次印刷

定　　价 35.00元
